国际货币体系多元化与
人民币汇率动态研究

Study on Multi-currency International Monetary System and
RMB Exchange Rate Dynamics

林 楠 著

图书在版编目（CIP）数据

国际货币体系多元化与人民币汇率动态研究/林楠著. —北京：经济管理出版社，2014.11
ISBN 978-7-5096-3371-7

Ⅰ.①国… Ⅱ.①林… Ⅲ.①国际货币体系—多元化—研究 ②人民币汇率—研究
Ⅳ.①F821.1 ②F832.63

中国版本图书馆 CIP 数据核字（2014）第 211120 号

组稿编辑：	宋　娜
责任编辑：	宋　娜　王　琰
责任印制：	黄章平
责任校对：	超　凡

出版发行：经济管理出版社
　　　　　（北京市海淀区北蜂窝 8 号中雅大厦 A 座 11 层　100038）
网　　址：www.E-mp.com.cn
电　　话：（010）51915602
印　　刷：北京晨旭印刷厂
经　　销：新华书店
开　　本：720mm×1000mm/16
印　　张：14
字　　数：244 千字
版　　次：2014 年 11 月第 1 版　2014 年 11 月第 1 次印刷
书　　号：ISBN 978-7-5096-3371-7
定　　价：75.00 元

·版权所有　翻印必究·

凡购本社图书，如有印装错误，由本社读者服务部负责调换。
联系地址：北京阜外月坛北小街 2 号
电话：（010）68022974　　邮编：100836

编委会及编辑部成员名单

(一) 编委会

主　任：李　扬　王晓初

副主任：晋保平　张冠梓　孙建立　夏文峰

秘书长：朝　克　吴剑英　邱春雷　胡　滨（执行）

成　员（按姓氏笔划排序）：

卜宪群　王　巍　王利明　王灵桂　王国刚　王建朗　厉　声
朱光磊　刘　伟　杨　光　杨　忠　李　平　李　林　李　周
李　薇　李汉林　李向阳　李培林　吴玉章　吴振武　吴恩远
张世贤　张宇燕　张伯里　张昌东　张顺洪　陆建德　陈众议
陈泽宪　陈春声　卓新平　罗卫东　金　碚　周　弘　周五一
郑秉文　房　宁　赵天晓　赵剑英　高培勇　黄　平　曹卫东
朝戈金　程恩富　谢地坤　谢红星　谢寿光　谢维和　蔡　昉
蔡文兰　裴长洪　潘家华

(二) 编辑部

主　任：张国春　刘连军　薛增朝　李晓琳

副主任：宋　娜　卢小生　姚冬梅

成　员（按姓氏笔划排序）：

王　宇　吕志成　刘丹华　孙大伟　曲建君　陈　颖　曹　靖
薛万里

本书获国家社科基金重大项目"人民币国际化进程中我国货币政策与汇率政策协调研究"(项目编号：11&ZD017)、国家自然科学基金青年项目"人民币国际化'三元相平衡'下汇率动态与货币能值测控研究"(项目编号：71203152)资助。

序 一

博士后制度是19世纪下半叶首先在若干发达国家逐渐形成的一种培养高级优秀专业人才的制度，至今已有一百多年历史。

20世纪80年代初，由著名物理学家李政道先生积极倡导，在邓小平同志大力支持下，中国开始酝酿实施博士后制度。1985年，首批博士后研究人员进站。

中国的博士后制度最初仅覆盖了自然科学诸领域。经过若干年实践，为了适应国家加快改革开放和建设社会主义市场经济制度的需要，全国博士后管理委员会决定，将设站领域拓展至社会科学。1992年，首批社会科学博士后人员进站，至今已整整20年。

20世纪90年代初期，正是中国经济社会发展和改革开放突飞猛进之时。理论突破和实践跨越的双重需求，使中国的社会科学工作者们获得了前所未有的发展空间。毋庸讳言，与发达国家相比，中国的社会科学在理论体系、研究方法乃至研究手段上均存在较大的差距。正是这种差距，激励中国的社会科学界正视国外，大量引进，兼收并蓄，同时，不忘植根本土，深究国情，开拓创新，从而开创了中国社会科学发展历史上最为繁荣的时期。在短短20余年内，随着学术交流渠道的拓宽、交流方式的创新和交流频率的提高，中国的社会科学不仅基本完成了理论上从传统体制向社会主义市场经济体制的转换，而且在中国丰富实践的基础上展开了自己的伟大创造。中国的社会科学和社会科学工作者们在改革开放和现代化建设事业中发挥了不可替代的重要作用。在这个波澜壮阔的历史进程中，中国社会科学博士后制度功不可没。

值此中国实施社会科学博士后制度20周年之际，为了充分展示中国社会科学博士后的研究成果，推动中国社会科学博士后制度进一步发展，全国博士后管理委员会和中国社会科学院经反复磋商，并征求了多家设站单位的意见，决定推出《中国社会科学博士后文库》(以下简称《文库》)。作为一个集中、系统、全面展示社会科学领域博士后优秀成果的学术平台，《文库》将成为展示中国社会科学博士后学术风采、扩大博士后群体的学术影响力和社会影响力的园地，成为调动广大博士后科研人员的积极性和创造力的加速器，成为培养中国社会科学领域各学科领军人才的孵化器。

创新、影响和规范，是《文库》的基本追求。

我们提倡创新，首先就是要求，入选的著作应能提供经过严密论证的新结论，或者提供有助于对所述论题进一步深入研究的新材料、新方法和新思路。与当前社会上一些机构对学术成果的要求不同，我们不提倡在一部著作中提出多少观点，一般地，我们甚至也不追求观点之"新"。我们需要的是有翔实的资料支撑，经过科学论证，而且能够被证实或证伪的论点。对于那些缺少严格的前提设定，没有充分的资料支撑，缺乏合乎逻辑的推理过程，仅仅凭借少数来路模糊的资料和数据，便一下子导出几个很"强"的结论的论著，我们概不收录。因为，在我们看来，提出一种观点和论证一种观点相比较，后者可能更为重要：观点未经论证，至多只是天才的猜测；经过论证的观点，才能成为科学。

我们提倡创新，还表现在研究方法之新上。这里所说的方法，显然不是指那种在时下的课题论证书中常见的老调重弹，诸如"历史与逻辑并重"、"演绎与归纳统一"之类；也不是我们在很多论文中见到的那种敷衍塞责的表述，诸如"理论研究与实证分析的统一"等等。我们所说的方法,就理论研究而论,指的是在某一研究领域中确定或建立基本事实以及这些事实之间关系的假设、模型、推论及其检验;就应用研究而言,则指的是根据某一理论假设,为了完成一个既定目标,所使用的具体模型、技术、工具或程序。众所周知,在方法上求新如同在理论上创新一样,殊非易事。因此,我们亦不强求提出全新的理论方法,我们的最低要求,是要按照现代社会科学的研究规范来展开研究并构造论著。

我们支持那些有影响力的著述入选。这里说的影响力,既包括学术影响力,也包括社会影响力和国际影响力。就学术影响力而言,入选的成果应达到公认的学科高水平,要在本学科领域得到学术界的普遍认可,还要经得起历史和时间的检验,若干年后仍然能够为学者引用或参考。就社会影响力而言,入选的成果应能向正在进行着的社会经济进程转化。哲学社会科学与自然科学一样,也有一个转化问题。其研究成果要向现实生产力转化,要向现实政策转化,要向和谐社会建设转化,要向文化产业转化,要向人才培养转化。就国际影响力而言,中国哲学社会科学要想发挥巨大影响,就要瞄准国际一流水平,站在学术高峰,为世界文明的发展作出贡献。

我们尊奉严谨治学、实事求是的学风。我们强调恪守学术规范,尊重知识产权,坚决抵制各种学术不端之风,自觉维护哲学社会科学工作者的良好形象。当此学术界世风日下之时,我们希望本《文库》能通过自己良好的学术形象,为整肃不良学风贡献力量。

中国社会科学院副院长

中国社会科学院博士后管理委员会主任

2012 年 9 月

序 二

在 21 世纪的全球化时代,人才已成为国家的核心竞争力之一。从人才培养和学科发展的历史来看,哲学社会科学的发展水平体现着一个国家或民族的思维能力、精神状况和文明素质。

培养优秀的哲学社会科学人才,是我国可持续发展战略的重要内容之一。哲学社会科学的人才队伍、科研能力和研究成果作为国家的"软实力",在综合国力体系中占据越来越重要的地位。在全面建设小康社会、加快推进社会主义现代化、实现中华民族伟大复兴的历史进程中,哲学社会科学具有不可替代的重大作用。胡锦涛同志强调,一定要从党和国家事业发展全局的战略高度,把繁荣发展哲学社会科学作为一项重大而紧迫的战略任务切实抓紧抓好,推动我国哲学社会科学新的更大的发展,为中国特色社会主义事业提供强有力的思想保证、精神动力和智力支持。因此,国家与社会要实现可持续健康发展,必须切实重视哲学社会科学,"努力建设具有中国特色、中国风格、中国气派的哲学社会科学",充分展示当代中国哲学社会科学的本土情怀与世界眼光,力争在当代世界思想与学术的舞台上赢得应有的尊严与地位。

在培养和造就哲学社会科学人才的战略与实践上,博士后制度发挥了重要作用。我国的博士后制度是在世界著名物理学家、诺贝尔奖获得者李政道先生的建议下，由邓小平同志亲自决策，经国务院批准于1985年开始实施的。这也是我国有计划、有目的地培养高层次青年人才的一项重要制度。二十多年来，在党中央、国务院的领导下，经过各方共同努力，我国已建立了科学、完备的博士后制度体系，同时，形成了培养和使用相结合，产学研相结合，政府调控和社会参与相结合，服务物质文明与精神文明建设的鲜明特色。通过实施博士后制度，我国培养了一支优秀的高素质哲学社会科学人才队伍。他们在科研机构或高等院校依托自身优势和兴趣，自主从事开拓性、创新性研究工作，从而具有宽广的学术视野、突出的研究能力和强烈的探索精神。其中，一些出站博士后已成为哲学社会科学领域的科研骨干和学术带头人，在"长江学者"、"新世纪百千万人才工程"等国家重大科研人才梯队中占据越来越大的比重。可以说，博士后制度已成为国家培养哲学社会科学拔尖人才的重要途径，而且为哲学社会科学的发展造就了一支新的生力军。

哲学社会科学领域部分博士后的优秀研究成果不仅具有重要的学术价值，而且具有解决当前社会问题的现实意义，但往往因为一些客观因素，这些成果不能尽快问世，不能发挥其应有的现实作用，着实令人痛惜。

可喜的是，今天我们在支持哲学社会科学领域博士后研究成果出版方面迈出了坚实的一步。全国博士后管理委员会与中国社会科学院共同设立了《中国社会科学博士后文库》，每年在全国范围内择优出版哲学社会科学博士后的科研成果，并为其提供出版资助。这一举措不仅在建立以质量为导向的人才培养机制上具有积极的示范作用，而且有益于提升博士后青年科研人才的学术地位，扩大其学术影响力和社会影响力，更有益于人才强国战略的实施。

今天，借《中国社会科学博士后文库》出版之际，我衷心地希望更多的人、更多的部门与机构能够了解和关心哲学社会科学领域博士后及其研究成果，积极支持博士后工作。可以预见，我国的博士后事业也将取得新的更大的发展。让我们携起手来，共同努力，推动实现社会主义现代化事业的可持续发展与中华民族的伟大复兴。

人力资源和社会保障部副部长
全国博士后管理委员会主任
2012年9月

摘 要

国际金融危机凸显国际货币体系弊端，在美元本位和浮动汇率制下，美元量化宽松进一步埋下美元贬值和通胀隐患。新兴市场经济体饱受热钱流入压力，外汇储备大国资产安全受到严重威胁。如何抵消美元的束缚，从战略层面尽快摆脱美元陷阱，构建债权国和债务国有效、对称责任框架之下稳定的国际货币体系已迫在眉睫！特别是建立在灵活汇率下稳定的国际货币体系的恢复，需要全球经济的思维方式的根本转变。尽管美元本位因全球金融危机受到质疑，但是美元主导的世界货币格局在未来可能不会出现根本性变革。中国的国际货币战略核心不在于谋求彻底改变国际货币体系，而是如何基于自身需要提出利益诉求，有效推进人民币国际化进程，与此同时，保证国内金融体系和资产定价体系在长期内免受重大冲击。后危机时代，如何为中国经济寻找新的国际增长引擎创造更为有效的汇率体制，进而使中国更积极有效地参与当前国际货币体系的治理结构改革具有非常重要的战略意义，也成为当前最需要"攻坚"的重大课题之一。

本书主要分析的是我国参与国际货币体系改革的汇率条件。按照问题的提出→美元本位下国际宏观金融理论及汇率动态拓展→国际货币体系多元化中美货币汇率宏观条件→迈向多元货币时代的人民币均衡实际汇率动态分析，依次展开。本书主要是从汇率角度对国际货币体系发展、多元货币体系微观行为的货币选择和宏观货币条件、汇率博弈战略决策下人民币汇率动态管理等进行分析。采取逐层推进方式扩展相关核心概念的内涵与外延，兼顾系统分析与因素分析，通过技术经济、理论建模、实证研究和对策建议相结合，进而为人民币汇率改革提供了一些政策性建议。

本书主要内容：从"三元悖论"角度梳理国际货币体系演变的历史逻辑，分析美元本位向加快多极化体系的过渡。综合汇率博弈、国际收支、总供求以及本外币政策协调四维视角分析均衡汇率动态的理论逻辑与技术逻辑。基于两国模型投资组合权重分析了汇率波动与储备资产竞争及宏观经济约束，结合中美汇率的经验事实进行人民币汇率相关观点辨析。从东亚货币博弈均衡的汇率条件入手，结合资本项目与贸易账户不同角度对人民币实际汇率动态进行了回溯。基于总供求分析框架，分析微观行为优化的宏观货币汇率条件，引入国内外相对货币结构差异因素，对均衡实际汇率进行拓展分析，进而对中国经济转型资本项目管制条件下实际汇率及其主要影响因素进行协整检验和动态回归。从均衡名义汇率入手，构建人民币均衡汇率的"回溯—前瞻"分析框架，从外汇市场微观主体行为分析出发，分析均衡条件下货币供给流动性与人民币名义汇率之间的稳定关联，测算中短期内人民币汇率的合理均衡水平。在此基础上，进一步求解涉外经济微观行为的宏观条件，并尝试结合相对于均衡名义汇率的汇率失调以及人民币汇率风险溢价，进行本外币政策协调性的量化评估。

本书研究表明：保持人民币汇率在合理、均衡水平上的基本稳定对于人民币国际化具有重要意义。近期人民币名义汇率已接近均衡，但本外币政策协调较为迫切，人民币实际汇率失调并不严重，为此应审慎升值。在后危机时代美元量化宽松货币政策冲击下，应实现在人民币国际化进程中我国货币政策与汇率政策相互协调，以加快汇率形成机制改革，而非追求现实汇率接近均衡水平，进一步推进人民币汇率市场化。

关键词： 国际货币体系　汇率动态　人民币汇率　人民币国际化

Abstract

International financial crises highlighted the problems of the international monetary system. With dollar standard and exchange rate floating, dollar quantitative easing policy further buried a weak dollar and inflation risks. Emerging market economies are suffering from the pressure of hot money inflows. The countries' asset security with large reserves is seriously threatened. How to offset the dollar's trap? From a strategic level as soon as possible, building effective and symmetrical responsibility between creditor and debtor countries under the framework of a stable international monetary system is imminent. Especially under flexible exchange rates, the establishment of a stable international monetary system recovery, which in turn requires a fundamental change in the way of thinking of global economy. Although the dollar standard due to the global financial crisis challenged, the dollar-dominated world currency pattern may not change in the near future. China's core strategy for international money might not to seek to change the international monetary system, but to make concerns based on own needs, which effectively promote RMB internationalization, and at the same time, to ensure domestic financial systems and asset pricing system keep from major shocks in the long run. In Post-crisis era, how to find a new engine of international growth for Chinese economy and create more effective exchange rate regime, thus making China more actively and effectively involved in the governance structure of the current international monetary system reform is of great strategic significance and has become the most important one of the major topics.

This study is focused on China's participation in the international monetary system reform and its exchange rate condition. Through the following sections: Issues raised→International macro-finance development and exchange rate dynamics in dollar standard→Multi currency exchange rates macroeconomic conditions between China and the international monetary system→Dynamic analysis on RMB's equilibrium real exchange rates, which are organized logically. From the perspective of exchange rate, this book analyzes the development of international monetary system, the micro-behavior currency options and macro monetary conditions of the multi currency system, and the RMB exchange rate dynamic management under the currency game strategic decisions. Layer-by-layer promoting and expanding the intension and extension of relevant core concepts, the book combines system analysis and factor analysis, through technical economics, theoretical modeling, empirical research and policy suggestions, and also provides some policy recommendations on the international monetary system reform and RMB exchange rate dynamics.

From the perspective of "impossible trinity", we analyze the evolvement of the international monetary system, and its movement from the dollar standard to the multi-polarity system transition. Based on two-country model portfolio analysis, we identify what might be the consequences for exchange rate fluctuation, reserve assets competition and macroeconomic discipline. Combined with the dollar and RMB exchange rate empirical and theoretical facts, from the perspective of the East Asian currency in the international monetary system, we analyze the multi currency system's game strategic decisions of internal restriction mechanism, and the dynamic management of RMB exchange rate fluctuations, and put forward policy suggestions to the reform of international monetary system and the RMB inter-nationalization for post crisis era. From the aggregate supply and aggregate demand perspective, we analyze the macro-economic conditions for the micro-economic, introduce difference

Abstract

factors of domestic and foreign relative monetary structure, and make three margins expansion analysis of equilibrium real Exchange rate. As for China's economic transition and capital account control, we sum up the key factors, as the real exchange rate's main determinants, and with the help of cointegration test and dynamic analysis, the study presents a framework, under which the RMB real exchange rate misalignment is not serious. As for the equilibrium nominal exchange rate, we construct a "backward-looking" and "forward-looking" analysis framework. Starting from the analysis on microeconomic subject in the foreign exchange market, the study analyzes the interconnectedness between the RMB nominal exchange rate and money supply liquidity under balanced conditions, and estimates the RMB equilibrium exchange rate in the short and medium term. On this basis, the macroeconomic conditions of foreign economic micro-units' behaviors are further solved. Exchange rate misalignment and the RMB exchange rate risk premium are used to assess the coordination pressure between monetary policy and exchange rate policy.

This book shows that it is significant to keep RMB exchange rate stable in a reasonable and balanced band for RMB internationalization. The empirical analysis results show that the RMB nominal exchange rate has been close to its equilibrium level, but the policy coordination is more urgent. On the basis of cointegration and dynamic regression analysis, in recently, REER has already come to its equilibrium level. So we should be careful with appreciation of RMB REER. In the post-crisis era, under the shock of dollar quantitative easing monetary policy shocks, the central bank should coordinate monetary policy and exchange rate policy, and promote the RMB exchange rate market-oriented processing.

Key Words: International Monetary System; Exchange Rate Dynamics; RMB Exchange Rate; RMB Internationalization

目 录

第一章 导 论 … 1

第一节 问题的提出 … 1
一、现行国际货币体系是否是国际金融危机的原因 … 2
二、美元"嚣张的特权"是否可维持 … 3
三、后危机时代国际货币体系目标模式何去何从 … 5
四、汇率调整是否是缓解国际失衡的有效措施 … 6
五、美元本位下后危机时代是否"汇率无关紧要" … 7

第二节 相关研究现状 … 9
一、全球失衡与迈向多元货币时代的国际货币体系 … 9
二、国际资本流动与资本流动管理 … 11
三、国际金融网络不对称下国际调节与汇率定价受到新的审视 … 13
四、货币竞争力对比下人民币国际化进程不可一蹴而就 … 16
五、货币国际化进程中人民币汇率与中国金融开放备受关注 … 18

第三节 全球失衡下美元汇率不稳定的外部性与人民币国际化契机 … 21
一、美元汇率的不稳定性 … 22
二、美元汇率不稳定的外部性 … 23
三、人民币国际化契机 … 24

第二章 国际货币体系：汇率体制和国际流动性及其协调 … 27

第一节 相关概念 … 27
一、国际货币体系概述 … 27

二、货币化与货币供给流动性概述 …………………………… 29
三、国际流动性与汇率体制概述 ……………………………… 30

第二节 汇率动态：国际宏观金融质点货币能级的体现 …………… 31
专栏：以美元为例 ……………………………………………… 34

第三节 国际流动性：世界多极化与特里芬难题 …………………… 41
专栏：国际流动性与国际外汇储备 …………………………… 44

第三章 国际货币体系多元化的宏观货币条件与微观货币选择 …… 49

第一节 "三元悖论"视域下国际货币体系多元化演变 …………… 49
一、"三元悖论"与蒙代尔"不可能三角"和克鲁格曼三角 …………………………………………………………… 50
二、"三元悖论"视域下国际货币体系的演变 ……………… 51
三、国际货币体系多元化 ……………………………………… 55

第二节 "三元悖论"在国际货币体系演进中的理论与现实体现 …………………………………………………………… 56
一、资本管制下货币政策的独立性与固定汇率制矛盾——米德冲突 …………………………………………………… 57
二、资本自由流动下货币政策有效性与汇率稳定矛盾——蒙代尔—弗莱明模型 …………………………………… 57
三、资本自由流动下的固定汇率制度——最适货币区理论 ………………………………………………………… 58
四、与汇率动态相关的国际宏观金融理论 …………………… 58
专栏：基于微观优化的内外均衡汇率分析 …………………… 60

第三节 国际货币体系多元化微观行为之货币选择 ………………… 65
一、美国代表性投资者的微观行为分析 ……………………… 65
二、中国代表性投资者的微观行为分析 ……………………… 67
三、基于"均值—方差"模型分析的基本结论 …………… 68

第四章 国际货币体系多元化汇率博弈与均衡汇率 ………………… 71

第一节 美元国际地位及其变化的政策讨论 ………………………… 71
专栏：两国模型下储备货币发行国汇率动态 ………………… 75

第二节　汇率压制：货币博弈下的汇率较量 …… 77
　　一、货币博弈下美元本位"嚣张的特权" …… 78
　　二、美元本位"估值效应"下中美汇率博弈的现实落差 …… 80
　　三、后美元本位东亚货币博弈汇率条件分析 …… 83
　　四、人民币币值悖论：对内价值与对外价值偏离 …… 86
第三节　内外均衡视角下人民币均衡实际汇率 …… 88
　　一、理论分析 …… 88
　　二、实证研究 …… 90
　　三、国际货币体系多元化与人民币实际汇率动态 …… 92

第五章　国际收支视角下人民币汇率动态与政策边界 …… 95
第一节　中国国际收支及其视角下人民币实际汇率动态回溯 …… 95
　　一、中国国际收支的新特点 …… 95
　　二、影响中国国际收支的政策考量 …… 99
　　三、贸易账户与资本项目视角下人民币实际汇率动态回溯 …… 101
第二节　贸易失衡下汇率调整与人民币汇率政策边界聚焦 …… 104
　　一、全球贸易失衡下美元贬值诉求 …… 104
　　二、中美贸易失衡下人民币汇率调整政策边界 …… 109
　　三、美元货币压制下人民币汇率政策成本损失分析 …… 111
　　四、人民币汇率体制改革回溯与评价 …… 111
第三节　人民币汇率改革的政策空间 …… 114
　　一、从外汇市场组织的经济效率出发，大力拓展市场参与者的层次结构 …… 114
　　二、面对美元货币压制，要忍辱克制，后发制人，蓄势择机反击 …… 115
　　三、加强人民币汇率预期管理的政府宣传与引导优化 …… 116
　　四、结合中国自身实际，因地制宜制定人民币汇率战略 …… 116

第六章　总供求视角下汇率动态与人民币均衡实际汇率 …… 119
第一节　相关文献综述概览 …… 119
第二节　理论分析 …… 122

一、微观基础：价格变化的工资、货币表达 …………… 122

二、实际汇率动态的分解：基于外部实际汇率的定义表达 …………………………………………………… 123

三、均衡汇率的宏观条件：总供求视角下的"市场调整" …………………………………………………… 124

四、连接总供求与货币供求的均衡实际汇率"三元边际" ………………………………………………… 127

第三节 实证研究 ………………………………………… 129

一、变量选取与数据说明 ………………………………… 129

二、协整检验与均衡分析 ………………………………… 130

三、实际汇率失调测度 …………………………………… 135

第四节 结论与政策含义 ………………………………… 137

一、建立适应人民币国际化的汇率动态管理机制 ……… 137

二、实现参考"一篮子"货币有管理浮动的"动态稳定" ……………………………………………………… 138

三、建立均衡实际汇率目标区，实现人民币汇率制度的动态转换 ……………………………………………… 138

第七章 人民币均衡名义汇率与本外币政策协调性测算 …… 139

第一节 文献综述 ………………………………………… 140

第二节 理论模型 ………………………………………… 143

一、模型的基本假设 ……………………………………… 143

二、人民币均衡汇率分析的基本框架 …………………… 145

三、人民币均衡汇率的应用分析 ………………………… 149

第三节 实证研究 ………………………………………… 152

一、变量选取与初步的数据分析 ………………………… 153

二、单整与协整分析 ……………………………………… 155

三、人民币均衡汇率的测算与应用 ……………………… 157

第四节 结论与政策含义 ………………………………… 159

第八章　对策建议 …… 163

第一节　现存问题与争论：基于人民币国际化路线图的再思考 …… 163

一、推进人民币国际化，解决中国外汇储备"美元陷阱"问题 …… 164

二、处理好人民币国际化推进与资本项目可兑换之间的相互关系 …… 165

三、人民币国际化与汇率稳定，跨越"中等收入陷阱"与汇率动态之间的联系 …… 166

第二节　后危机时代人民币汇率改革的政策空间优化 …… 167

第三节　加快汇率机制改革，助推人民币国际化 …… 169

一、当前我国已开始进入人民币跨境使用与循环的新阶段 …… 170

二、保持人民币汇率动态稳定是人民币国际化的重要基础 …… 171

三、加快人民币汇率机制平衡转轨是人民币国际化的关键 …… 172

参考文献 …… 175

索　引 …… 187

后　记 …… 189

Contents

1 Introduction ·· 1
  1.1 Questioning ··· 1
    1.1.1 Whether the Current International Monetary System is the Cause of the International Financial Crisis ··················· 2
    1.1.2 Whether the Dollar's "Exorbitant Privilege" Can be Maintained ··· 3
    1.1.3 What is the Target Mode of International Monetary System in Post-crisis Era ·· 5
    1.1.4 Whether the Exchange Rate Adjustment is an Effective Measure to Ease International Imbalances ···················· 6
    1.1.5 Whether the Exchange Rate Does not Matter in the Post-dollar Standard ··· 7
  1.2 Literature Review ·· 9
    1.2.1 Global Imbalances and Moving Towards the Era of Multi-currency International Monetary System ············· 9
    1.2.2 International Capital Flow and Capital Flow Management ··· 11
    1.2.3 New View on International Adjustment and Exchange Rate Pricing in Asymmetric International Financial Network ··· 13
    1.2.4 It is Better not to Promote RMB Internationalization so Fast ··· 16

1.2.5 Financial Liberalization and Exchange Rate Appreciation Attracts Attention in the Currency Internationalization Process 18
1.3 Unstable Dollar Exchange Rate in Global Imbalances and RMB Internationalization 21
 1.3.1 Unstable Dollar Exchange Rate 22
 1.3.2 Externality of Unstable Dollar Exchange Rate 23
 1.3.3 Opportunity for RMB Internationalization 24

2 International Monetary System: Exchange Rate Regime and International Liquility and Coordination 27
 2.1 Some Concepts 27
  2.1.1 International Monetary System 27
  2.1.2 Monetization and Liquility of Money Supply 29
  2.1.3 International Liquility and Exchange Rate Regime 30
 2.2 Exchange Rate Dynamics 31
  Columns: The Case of the Dollar 34
 2.3 International Liquility 41
  Columns: International Liquility and International Forgein Exchange Reserve 44

3 Macro-monetary Conditions and Micro-currency Choice for Multi-currency International Monetary System 49
 3.1 Multi-currency International Monetary System Progress and "Impossible Trinity" 49
  3.1.1 Impossible Trinity, Mudell's Impossible Triangle and Krugman's Impossible Triangle 50
  3.1.2 International Monetary System Progress in Aspect of "Impossible Trinity" 51
  3.1.3 Multi-currency International Monetary System 55
 3.2 "Impossible Trinity" for the Theory and Reality in the Evolution of the International Monetary System 56

　　　　3.2.1　Meade's Conflict ··· 57
　　　　3.2.2　Mundell-Fleming Model ·· 57
　　　　3.2.3　The Theory of Optimum Currency Areas ··················· 58
　　　　3.2.4　Relevant Theory of Exchange Rate Dynamics and
　　　　　　　International Macro-finance ····································· 58
　　　　Columns: Analysis of Internal and External Equilibrium
　　　　　　　Exchange Rate Based on the Microscopic
　　　　　　　Optimization ··· 60
　　3.3　Micro-currency Choice for Multi-currency International
　　　　Monetary System ··· 65
　　　　3.3.1　Micro-currency Choice of US's Investor ··················· 65
　　　　3.3.2　Micro-currency Choice of China's Investor ··············· 67
　　　　3.3.3　Basic Conclusions Based on the Model of "Mean-
　　　　　　　Variance" Analysis ··· 68

4　Currency Game Analysis in Multi-currency International
　　Monetary System and the Equilibrium Exchange Rate ··············· 71

　　4.1　The Role of the U.S. Dollar and Policy Discussions in the
　　　　International Status Changes ·· 71
　　　　Columns: Reserve Currency Issuing and Exchange Rate
　　　　　　　Dynamics in Two Countries Model ··························· 75
　　4.2　Monetary Game ·· 77
　　　　4.2.1　Monetary Game and the Dollar's "Exorbitant
　　　　　　　Privilege" ·· 78
　　　　4.2.2　The Reality Gap Between China and the U.S. in the
　　　　　　　Dollar Standard with "Valuation Effect" ··················· 80
　　　　4.2.3　Currency Game Analysis on the East Asian Exchange
　　　　　　　Rate Conditions in Post-dollar Standard ···················· 83
　　　　4.2.4　Renminbi Value Paradox: Internal and External Value
　　　　　　　Deviation ·· 86
　　4.3　RMB Equilibrium Real Exchange Rate in Perspective of
　　　　Internal and External Equilibrium ······································· 88

  4.3.1 Theoritical Analysis ……………………………… 88
  4.3.2 Empirical Study ……………………………………… 90
  4.3.3 Multi-currency International Monetary System and RMB Real Exchange Rate ……………………………… 92

5 RMB Exchange Rate Dynamics and Policy Borders in Perspective of Balance of Payment …………………………… 95

5.1 RMB Exchange Rate Dynamics in Perspective of Balance of Payment …………………………………………………… 95
  5.1.1 New Features of China's Balance of Payment ………… 95
  5.1.2 Policy Considerations on China's Balance of Payment …………………………………………………… 99
  5.1.3 RMB Real Exchange Rate Dynamics in Perspective of Current Account and Capital Account ……………… 101

5.2 Focus on Exchange Rate Adjustment Under the Trade Imbalance and RMB Exchange Rate Policy Border ………… 104
  5.2.1 Depreciation of the Dollar in Global Trade Imbalances ……………………………………………… 104
  5.2.2 China and U.S. Trade Imbalance and RMB Exchange Rate Policies Adjustment ……………………………… 109
  5.2.3 Costs and Loss Analysis on RMB Exchange Rate Policy under the U.S. Currency Suppression ………………… 111
  5.2.4 Review and Evaluation of the RMB Exchange Rate Reform ………………………………………………… 111

5.3 Policy Space on RMB Exchange Rate Reform …………… 114
  5.3.1 Expanding the Participants Hierarchy of Foreign Exchange Market ……………………………………… 114
  5.3.2 Shame Restraint and Poised to Choose the Counter Attack When Facing U.S. Dollar Currency Repression ……… 115
  5.3.3 Strengthening the Management and Optimize Guidence ………………………………………………… 116

Contents

      5.3.4 Making RMB Exchange Rate Strategy Combined with the Local Actual Conditions of China ················· 116

6 Exchange Rate Dynamics and the RMB Equilibrium Real Exchange Rate in Aggregate Supply and Aggregate Demand Perspective ··· 119

  6.1 Some Literature Review ················· 119
  6.2 Theoritical Analysis ················· 122
      6.2.1 Microscopic Basis: Price Changes in Wages and Monetary Expression ················· 122
      6.2.2 Decomposition of the Real Exchange Rate Dynamics ················· 123
      6.2.3 Macroeconomic Conditions of the Equilibrium Exchange Rate: Market Adjustment in Perspective of Aggregate Supply and Aggregate Demand ················· 124
      6.2.4 "Three Marginal" Analysis on the Equilibrium Real Exchange Rate for Connecting betweenMonetary Supply/ Demand and Aggregate Supply/Demand ················· 127
  6.3 Empirical Study ················· 129
      6.3.1 Variable Selection and Data Description ················· 129
      6.3.2 Cointegration and Equilibrium Analysis ················· 130
      6.3.3 Real Exchange Rate Misalignment ················· 135
  6.4 Conclusions and Policy Implications ················· 137
      6.4.1 Establishment of the Exchange Rate Dynamic Management Mechanism for RMB Internationalization ················· 137
      6.4.2 Managed Float "Dynamic Stability" Reference to a Basket of Currencies ················· 138
      6.4.3 Establishment of the Equilibrium Real Exchange Rate Target Zones, and Dynamic Conversion of RMB Exchange Rate Regime ················· 138

7 Estimates on RMB Equilibrium Nominal Exchange Rate and the Coordination Between Monetary Policy and Foreign Exchange Rate Policy ⋯⋯⋯⋯⋯⋯⋯⋯⋯⋯⋯⋯⋯⋯⋯⋯⋯⋯⋯⋯⋯⋯⋯⋯⋯⋯⋯⋯ 139

    7.1 Literature Review ⋯⋯⋯⋯⋯⋯⋯⋯⋯⋯⋯⋯⋯⋯⋯⋯⋯⋯⋯ 140
    7.2 Theoritical Analysis ⋯⋯⋯⋯⋯⋯⋯⋯⋯⋯⋯⋯⋯⋯⋯⋯⋯⋯ 143
        7.2.1 The Basic Assumption of the Model ⋯⋯⋯⋯⋯⋯⋯⋯ 143
        7.2.2 The Basic Framework of RMB Equilibrium Exchange Rate ⋯⋯⋯⋯⋯⋯⋯⋯⋯⋯⋯⋯⋯⋯⋯⋯⋯⋯⋯⋯⋯⋯⋯⋯⋯ 145
        7.2.3 Application Analysis of RMB Equilibrium Exchange Rate ⋯⋯⋯⋯⋯⋯⋯⋯⋯⋯⋯⋯⋯⋯⋯⋯⋯⋯⋯⋯⋯⋯⋯⋯⋯ 149
    7.3 Empirical Study ⋯⋯⋯⋯⋯⋯⋯⋯⋯⋯⋯⋯⋯⋯⋯⋯⋯⋯⋯⋯ 152
        7.3.1 Variable Selection and Data Description ⋯⋯⋯⋯⋯⋯ 153
        7.3.2 Cointegration Analysis ⋯⋯⋯⋯⋯⋯⋯⋯⋯⋯⋯⋯⋯⋯ 155
        7.3.3 Estimation and Application Analysis of RMB Equilibrium Exchange Rate ⋯⋯⋯⋯⋯⋯⋯⋯⋯⋯⋯⋯⋯⋯⋯⋯⋯⋯ 157
    7.4 Conclusions and Policy Implications ⋯⋯⋯⋯⋯⋯⋯⋯⋯⋯ 159

8 Policy Suggestions ⋯⋯⋯⋯⋯⋯⋯⋯⋯⋯⋯⋯⋯⋯⋯⋯⋯⋯⋯⋯⋯⋯ 163

    8.1 Existing Problems and Controversy: Rethinking the Roadmap of RMB Internationalization ⋯⋯⋯⋯⋯⋯⋯⋯⋯⋯ 163
        8.1.1 Promote RMB Internationalization, Solve the "Dollar Trap" Problem of China's Foreign Exchange Reserves ⋯⋯⋯⋯⋯⋯⋯⋯⋯⋯⋯⋯⋯⋯⋯⋯⋯⋯⋯⋯⋯ 164
        8.1.2 Handle the Relationship Between Promoting RMB Internationalization and Convertibility of Capital Account ⋯⋯⋯⋯⋯⋯⋯⋯⋯⋯⋯⋯⋯⋯⋯⋯⋯⋯⋯⋯⋯⋯ 165
        8.1.3 RMB Internationalization and Exchange Rate Stability ⋯⋯⋯⋯⋯⋯⋯⋯⋯⋯⋯⋯⋯⋯⋯⋯⋯⋯⋯⋯⋯⋯⋯ 166
    8.2 Optimization Policy Space of RMB Exchange Rate Reform in Post-crisis Era ⋯⋯⋯⋯⋯⋯⋯⋯⋯⋯⋯⋯⋯⋯⋯⋯⋯⋯⋯ 167

- 8.3 Accelerate the Exchange Rate Reform Mechanism, Boost RMB Internationalization ⋯⋯ 169
  - 8.3.1 China Has Entered a New Phase with a Circulation of RMB Cross-border Use ⋯⋯ 170
  - 8.3.2 Keep Exchange Rate Dynamic Stable is Basis of RMB Internationalization ⋯⋯ 171
  - 8.3.3 Accelerate Exchange Rate Reform Mechanism is Key to RMB Internationalization ⋯⋯ 172

References ⋯⋯ 175

Index ⋯⋯ 187

Acknowledgements ⋯⋯ 189

第一章 导 论

后危机时代,国际货币体系改革成为国内外关注的焦点。当前国际货币体系并不稳定,在黄金非货币化、储备货币多元化、汇率制度多样化的条件下,各国在追求内部稳定的同时,全球失衡下外部不稳定加剧,美元本位具有"嚣张的特权"(Exorbitant Privilege),发达国家与发展中国家之间国际收支调节不对称,危机管理可信赖度低,国际流动性供求的"特里芬两难"仍待破解。鉴于现有国际分工格局和网络效应以及国际经济秩序的长期持续导致国际货币体系存在较强的惯性,改善国际货币体系的现实选择究竟为何,已成为当下具有重要意义的研究课题。

第一节 问题的提出

虽然美元本位因全球金融危机受到质疑,但是美元主导的世界货币格局在未来可能不会很快出现根本性变革。中国的国际货币战略核心也许并不在于谋求国际货币体系的重大变革,而在于如何基于自身发展需要提出利益诉求,稳步推进人民币国际化进程;与此同时,保证国内金融体系和资产定价体系在长期内免受重大冲击。欧洲央行执行理事会斯塔克曾指出:"稳定的国际货币体系恢复的基本前提在于新兴经济体的汇率更加灵活,但是建立在灵活汇率下的稳定的国际货币体系的恢复需要全球经济的思维方式根本转变。"后危机时代,如何为中国经济寻找新的国际增长引擎、创造更为有效的货币汇率机制,进而使中国更积极有效地参与当前国际货币体系的治理结构改革具有非常重要的战略意义。

一、现行国际货币体系是否是国际金融危机的原因

本次国际金融危机由美国房地产泡沫破灭而引发,并在全球范围内迅速蔓延,反映出当前国际货币体系的系统性风险和内在缺陷。国外代表性的观点认为,这主要是由全球经济不平衡,新兴经济体和发展中国家积累大量外汇储备并用以购买美国国债,进而压低美国利率所引起的。[①] 对此,国内学者进行了回应:林毅夫[②]指出,全球经济不平衡实际上是由作为国际储备货币的美元自身所导致的,由于美元是国际储备货币,面对美国政策变化——20世纪80年代开始的放松金融管制政策,允许金融机构高杠杆运作,2001年互联网泡沫破灭,美联储采取了低利率政策刺激经济——所引发的流动性过剩,发展中国家的中央银行只能将外汇收入用于购买美国的政府公债或其他金融资产,从而造成了发展中国家资金大量外流到美国而压低了美国利率的假象。李扬、张晓晶[③]指出,纵观布雷顿森林体系建立以来的全球经济发展脉络,可以清晰看到:美国作为唯一的超级大国,始终居于失衡的逆差一方;在失衡的顺差一方,不断变化的角色包括德国和日本,自20世纪70年代,先是亚洲"四小龙",继而是亚洲"四小虎",而后才是中国和石油输出国。因此,如果全球失衡是本次国际金融危机的根源,那么最重要的根源在美国。

实际上,早在布雷顿森林体系时期,美国开始积累大量贸易逆差就已导致外国中央银行不得不购买美元。以美元标价的金融资产通过美国资本项目顺差的形式流向全球,美国利用美元和汇率政策,加大国际不平衡对其的好处,即通过美元的汇率调整循环在引起价值和财富转移的同时,一定程度上缓解美国持续的经常项目逆差——强势美元下美国贸易逆差不断累积,各国以更高代价逐步积累美元资产,当各国美元资产积累到一定程度后,美元贬值使这些美元资产价值迅速缩水,减少美国

[①] 美国前财政部部长阿尔特曼(2009)在《大崩溃:2008》中写到:这场危机较为深刻的原因是低利率与过度泛滥的流动性……流动性反映了美联储主席伯南克的"世界储蓄过剩"论。转引自李扬等:《美国经常账户失衡:表现、理论与政策——兼驳伯南克"世界储蓄过剩"论》,载裴长洪等:《中国金融服务理论前沿(6)》,社会科学文献出版社2010年版,第3页。
[②] 林毅夫:《从西潮到东风》,中信出版社2012年版,第4—5页。
[③] 李扬、张晓晶:《失衡与再平衡——塑造全球治理新框架》,中国社会科学出版社2013年版,前言第2页。

贸易逆差并以较低价格收回美元①。诚然，国际金融危机也许未必是出于储备货币发行当局的故意，却是制度性缺陷的必然②，国际金融危机的爆发以及全球范围内迅速蔓延，反映出当前国际货币体系的内在缺陷和系统性风险。从机制上讲，国际货币体系的不平衡与国际金融危机存在根本联系③，是过去30年间频繁发生的众多金融危机的重要原因之一，并且在主权货币作为国际储备货币的国际货币体系下，无论储备货币国选择（或被动处于）国际收支盈余、赤字还是平衡的政策，都难以避免引发金融危机和全球经济的不稳定④。总之，国际经济结构之所以造成失衡，是国际货币的问题⑤。

二、美元"嚣张的特权"是否可维持

在过去60多年中，美元在全球范围内一直占据着至高无上的主导地位。布雷顿森林体系奠定了美元的霸权地位，美元本位下，美国主导国际贸易与国际金融。即使1971年美元与黄金脱钩以后，美元仍享有"嚣张的特权"（Exorbitant Privilege）。在美元本位下，该体系呈现"中心—外围"特征（见图1-1(a)）。其中，美元占据核心位置，位于这一构架外围的是两类国家：一类是执行出口导向战略的国家（主要是东亚国家），这些国家依然把美国作为最主要的出口市场，它们通过经常项目顺差积累了大量的美元储备，然后以购买美国国债等资产的形式保留这些储备。美国通过出售金融资产，向外围国家融入了大量的真实资本，并且把这些资本运用于国内建设或者对外直接投资。另一类是欧洲国家（包括一些经济合作与发展组织成员），这些国家的投资者购买了大量由美国公司或者美国政府发行的金融资产（如股票和债券等）。美元之所以会成为占主导地位的国际货币，原因在于美元缺少替代品及尚未违约，美元的命运将最终取

---

① 夏斌、陈道富：《中国金融战略：2020》，人民出版社2011年版，第139页。
② 周小川：《关于改革国际货币体系的思考》，中国人民银行官网，2009年3月23日，http://www.pbc.gov.cn/publish/hanglingdao/36/2010/20100914193900497315048/20100914193900497315048_.html。
③ 李若谷：《国际货币体系改革与人民币国际化》，中国金融出版社2009年版，第90页。
④ 王道平、范小云：《现行的国际货币体系是否是全球经济失衡和金融危机的原因》，《世界经济》2011年第1期。
⑤ 吴晓灵、乔依德：《国际货币体系改革：过去、现在和未来》，上海远东出版社2013年版，第34页。

决于美国的预算政策①。2010~2013 年，美国的预算赤字已有所改善，2013 年末，美国联邦赤字已不到 2009 年和 2010 年的一半，成为近期美元国际地位稳固回升的重要原因②。

进入后美元本位时代，与国际分工和贸易格局相适应（见图 1-1 (b)），美国与欧元区以及金砖国家（BRICS）巴西、俄罗斯、印度、中国和南非等成为当前左右全球经济格局演化的重要力量。伴随重要的贸易国和拥有充裕流动性金融市场的国家越来越多，欧元创立，人民币崛起，美元竞争者的出现以及美国自身债务负担，美元的垄断地位正受到侵蚀。虽然从美元的可转换性（美元能够转换成国际性实际资产的能力）来看，基于货币替代模型修正，尽管由于国际金融危机美元本位受到质疑，但不会出现根本性变革③。但是从长期来看，基于以货币为媒介的国际贸易模型，美元"嚣张的特权"不可持续，因为这要求美元持续被高估，这会摧毁美元被选为储备货币的根基④。布雷顿森林体系崩溃后至今，美元相关指标已经偏离美元国际储备稳定条件，美元主导的国际货币体系的前景不容乐观，美元困境预示美元主导的国际货币体系亟待变革⑤。

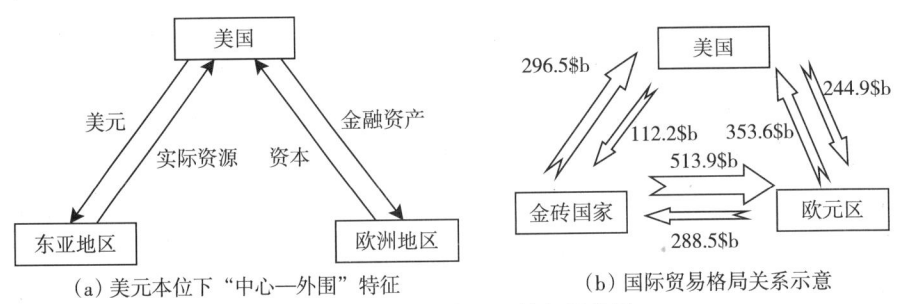

(a) 美元本位下"中心—外围"特征　　(b) 国际贸易格局关系示意

图 1-1　美元本位下的经贸格局

---

① [美] 巴里·埃森格林：《嚣张的特权——美元的兴衰和货币的未来》，陈召强译，中信出版社 2011 年版，第 79 页。
② Jeffrey Frankel, "The Latest on the Dollar's International Currency Status", Vox, 6 December 2013, http: //www.voxeu.org/article/dollar-s-international-status.
③ 李天栋、张卫平、薛斐：《国际美元本位制能继续维系吗?》，《统计研究》2010 年第 8 期。
④ 张定胜、成文利：《"嚣张的特权"之理论阐述》，《经济研究》2011 年第 9 期。
⑤ 陈建奇：《破解"特里芬"难题——主权信用货币充当国际储备的稳定性》，《经济研究》2012 年第 4 期。

三、后危机时代国际货币体系目标模式何去何从

世界经济的快速发展增加了国际流动性的需求，但是美国财政能力对于全球经济的增长相对下降。在一个增长的世界中，美国将不可避免失去其储备货币垄断权。因此，这意味着多元核心货币将成为必然。世界银行2011年报告给出了到2025年国际货币体系的三种变化情景：一是美元仍占统治地位，二是国际货币体系多元化，三是特别提款权SDR将成为主要的全球货币。其结论是，第二种情景最有可能。对此，就目前而言，哪种储备货币会与美元竞争？从经济规模来看，欧元和人民币是最佳的可能选择。多级的国际货币体系将对整个世界产生影响，值得期待的是，伴随跨境业务中的交易成本降低，实体经济与货币经济之间的平衡恢复，关键货币国家的政策制定受到约束，国际货币金融体系系统性风险将会减少[1]。诚然，以黄金为基础的单一储备货币体系和多元储备货币制度下都存在不稳定问题[2]，但是，储备货币多元化将是未来国际储备货币体系改革最可能的发展方向[3]。

储备货币多元化为市场主体提供了更多选择，可在不同储备货币间形成竞争和制衡[4]。通过增加不同储备资产之间的替代程度，既增加了国际储备资产的供给，减轻了传统储备货币发行国的压力，也引入了约束储备货币发行国的市场选择纪律。从这一角度而言，加快多元储备货币体系的转轨是值得期待的。但是，多元储备货币和浮动汇率也加大了非储备货币国的汇率风险，各个储备货币之间的汇率变动，会增加该体系的使用成本，如果中央银行和民间机构通过改变其持有的外币资产的资产结构来应对汇率的变动，那么，这种行为本身就是助长汇率不稳定性的行为。因此，建立在多元核心货币基础上的国际货币体系稳定机制是有条件的，即需要为相对稳定的汇率创造必要的条件。

---

[1] 张宇燕：《人民币国际化：赞同还是反对?》，《国际经济评论》2010年第1期。
[2] 姜波克：《国际金融新编》（第五版），复旦大学出版社2012年版，第279-283页。
[3] 高海红等：《国际金融体系：改革与重建》，中国社会科学出版社2013年版，第31页。
[4] 吴晓灵、乔依德：《国际货币体系改革：过去、现在和未来》，上海远东出版社2013年版，第18页。

四、汇率调整是否是缓解国际失衡的有效措施

本次全球金融危机凸显当前国际货币体系弊端，是 1971 年美元和黄金脱钩后，全球进入信用货币时代所积累矛盾的大爆发。伴随 1969 年以后美国经常项目出现逆差（见图 1-2 (a)），全球贸易失衡逐渐恶化（见图 1-2 (b)），进而在世界经济结构失衡条件下各国经济结构也是失衡的。与 1977 年相比，目前全球不平衡快速发展：全球跨国公司实行了扁平化战略，使得国际贸易分工更加垂直化，以美国为代表的发达国家贸易逆差增加，新兴经济体贸易顺差增加；发达国家的低储蓄与新兴市场经济体的高储蓄互为对偶，也加剧了全球失衡；近年来美国低利率政策又过度刺激了美国的房贷和消费①。全球经济和国际收支再平衡必然涉及汇率问题。相对此美国等发达国家普遍认为由于人民币汇率严重低估，发达国家的产品在国际市场中的竞争力丧失，而中国出口大量增加，外汇储备大量积累。对于贸易盈余国可通过汇率升值以减少贸易盈余的经济学基本观点，美国的实践却是汇率贬值、贸易逆差大规模发生。伴随 1969 年以后美国经常项目出现逆差，全球贸易失衡逐渐恶化，进而在世界经济结构失衡条件下各国经济结构也是失衡的。值得注意的是，在浮动汇率美元本位下，美元汇率自身并不稳定，国际货币无体系状态下根本无货币秩序可谈，更不用说相对于全球贸易不平衡静态调整而言的国际货币体系不可持续下的（Unsustainable）动态（Dynamic）调整了。尽管美国爆发次贷危机引发全球金融海啸，但在国际货币层面仍然没有被引起足够的重视和切实的行动。

回顾 2005~2008 年国际贸易不平衡和中美贸易不平衡，伴随人民币对美元汇率升值 20%，不但没有降低反而继续扩大。中美的现实实践均没有对汇率和贸易平衡做出验证，这是否意味着存在某些汇率理论的误区②？或者说汇率只是影响国际贸易的一个因素，而非唯一因素，更不是根本机制。因此，人民币汇率是否低估并不是国际贸易和美国贸易不平衡的主要原因。否则，中国对其他发达经济体（如德国、日本、韩国和中国台湾地区）的贸易顺差也应增加，但事实并非如此，中国对这些经济体的贸易出

---

① 李波等：《国际汇率监督——规则的嬗变》，中国金融出版社 2012 年版，第 44 页。
② 王国刚：《走出"全球经济再平衡"的误区》，《财贸经济》2010 年第 10 期。

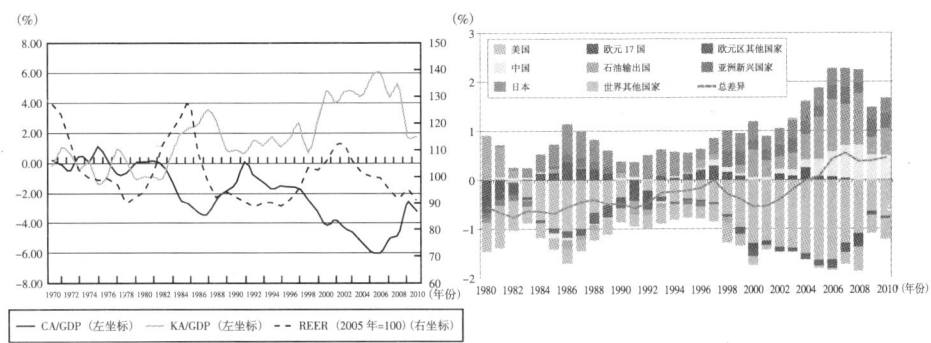

(a) 美国经常项目和资本金融项目相对于国民收入和实际有效汇率指数走势

(b) 经常项目不平衡（相对全球 GDP 占比，1980~2010 年）

图 1-2 美国国际收支失衡与全球经济不平衡

资料来源：美国国家经济分析局（http://www.bea.gov）；IMF 世界经济展望数据库和 IFS 相关数据整理。

现逆差[①]。此外，如果人民币汇率是中国贸易顺差的主要原因，那么在国际市场上与中国相竞争的其他发展中国家的贸易盈余和外汇储备应该会减少，但事实是，发展中国家整体上的外汇储备从 2000 年的不到 1 万亿美元，急剧增加到 2008 年的 5 万多亿美元。正如麦金农[②]所言，汇率和贸易平衡难道不是与"菲利普斯曲线"发展有些似曾相识吗？对于汇率和贸易平衡的谬误，也是形成一个更加国际化、更外向型因而也更稳定的美国货币政策过程中最大的观念障碍[③]。

五、美元本位下后危机时代是否"汇率无关紧要"

美元本位下布雷顿森林体系时期，各国都采取固定汇率，但是由于美国财政过度扩张并传递到欧洲形成通胀，鉴于汇率浮动可将国内经济与外部干扰相隔离，政府为了追求国内政策的独立性，浮动汇率成为政策选

---

① 林毅夫：《从西潮到东风》，中信出版社 2012 年版，第 24 页。
② [美]麦金农：《美国经常账户赤字与美元本位的可维持性：一个货币方法》，载[美]埃里克·赫莱纳、乔纳森·柯什纳：《美元大趋势》，东北财经大学出版社 2012 年版，第 51 页。
③ [美]罗纳德·麦金农：《失宠的美元本位制：从布雷顿森林体系到中国崛起》，李远芳等译，中国金融出版社 2013 年版，第 8-9 页。

择。这部分解释了布雷顿森林体系解体,国际货币体系为何一下子从"固定汇率"转变为"浮动汇率"。在浮动汇率美元本位下,伴随着美元汇率自身不再稳定,国际货币体系根本无货币秩序可谈。这是否意味着克鲁格曼①曾提出的"汇率无关紧要"的命题是正确的?克鲁格曼认为由于世界经济的不完全一体化以及汇率与现实经济之间的隔离,同时内外均衡冲突条件下实现内部均衡更为重要,汇率既不稳定也不重要,没有必要为了维护汇率稳定而牺牲国内价格的稳定。从某些方面来看,国际货币体系的全部作用还是在于解决通货膨胀问题的联合措施。例如:1973年6月,20国集团决定抛弃固定汇率体系,全部采取浮动汇率,直到解决通货膨胀问题为止②。就此而论,国际货币体系的主要功能在于创造一个稳定的国际通货环境,以某种方式将各国货币"锚"住,以防通货膨胀③。

从政治经济角度来看,国际汇率体系反映的是国际政治经济权力结构。汇率即使不一定是客观价格的真实反映,但的确与国家间的政治经济冲突相关,是大国实现或巩固有利于自身世界政治经济安排的重要工具,反映的是国际政治的权力结构④。基于两国经济权力的博弈,决定了汇率的变动,经济权力越大的国家主体,在汇率变动中越能争取到有利于自身的结果,进而获得更大的国家经济利益⑤。正如货币专家弗拉茨·皮克所言,"货币的命运也将成为国家的命运"。目前,中国已经是世界第二大经济体、第一大贸易国和第一大外汇储备国。对于世界第一大经济体——美国,其理想的全球模型是其所推崇的金融和贸易自由开放的世界体系。在这个体系中,需要把中国纳入保障美国自身国家利益的格局里,使中国经济依赖于美国(市场),并且在金融上尽可能控制中国。作为国际货币体系的核心货币,美元具有至高的强势地位,美元汇率也成为美国战略的一部分。在以美元为主导的全球化时代,美国长期的高消费、低储蓄、低利

---

① [美] 保罗·克鲁格曼:《汇率的不稳定性》,张兆杰译,北京大学出版社、中国人民大学出版社2000年版,第38页。
② [加拿大] 蒙代尔:《蒙代尔经济学文集(第六卷)》,向松祚译,中国金融出版社2003年版,第127页。
③ [加拿大] 蒙代尔:《蒙代尔经济学文集(第四卷)》,向松祚译,中国金融出版社2003年版,第39页。
④ 李波等:《国际汇率监督——规则的嬗变》,中国金融出版社2012年版,第16页。
⑤ 张屹山、孔灵柱:《基于权力范式的汇率决定研究》,《经济研究》2010年第3期。

率和美元环流，使其自身完全占据主动，而其对手却深陷"美元陷阱"、进退两难。后美元时代，从战略层面尽快摆脱美元陷阱，运用我们的人民币去抵消外部束缚已迫在眉睫。

第二节 相关研究现状

在国际货币金融领域，伴随狭义的"通货膨胀定标"（Inflation Target）逐步被货币政策的"信贷周期"（The Credit Cycle View of Monetary Policy）所替代，国际经济由"不可能三角"的"三元悖论"向货币政策独立与资本自由流动的"两难选择"转换，单一美元本位的国际货币体系向多化储备货币体系迈进。尽管"国际合作"仍不断推进（如 G7 和 G20 等平台），但"货币战争"也不时发生，"汇率操纵"仍然是全球博弈的内容之一。

一、全球失衡与迈向多元货币时代的国际货币体系

当前国际货币体系远没有达到理想状态，即汇率浮动和资本自由流动在通货膨胀目标制下无须严格货币政策协调，而能够抵御外部冲击和维护金融稳定。对于发展中国家，资本项目管制和宏观审慎政策成为应对冲击的重要工具，有管理浮动汇率制成为很多国家的选择①②③。对于新兴市场经济体的汇率管理而言，贸易竞争发挥重要作用④，无论是从金融还是从

---

① Qureshi, M.S., Ostry, J.D., Ghosh, A.R., & Chamon, M., "Managing Capital Inflows: The Role of Capital Controls and Prudential Policies", NBER Working Papers 17363, National Bureau of Economic Research, Inc., 2011.
② Rose, A.K., "A Stable International Monetary System Emerges: Inflation Targeting is Bretton Woods, Reversed", *Journal of International Money and Finance*, 2007, 26 (5): 663-681.
③ Ball, L. & Sheridan, N., "Does Inflation Targeting Matter?" In B. Bernanke & M.Woodford (Eds.), *The Inflation-Targeting Debate*, University of Chicago Press, 2005.
④ Victor Pontines and Reza Y. Siregar, "Exchange Rate Asymmetry and Flexible Exchange Rates under Inflation Targeting Regimes: Evidence from Four East and Southeast Asian Countries", August 2010, Mimeo.

宏观经济全局考虑,全球失衡仍然是政策关注的必要目标①。在全球经济失衡格局尚未发生根本性变化的形势下,学者试图从新的角度找到失衡根源,从而为人们尽快找到治理方法提供有益线索。例如,Caballero 和 Farhi②认为全球经济失衡问题在于全球缺乏安全资产。基于全球失衡新解释的"资产短缺"假说,范从来、邢军峰③指出,我国货币政策要学会权衡领域风险和总风险,以防泡沫破裂带来破坏性影响,根本措施在于金融发展,增加安全资产供给。

尽管金融全球化进程中美元仍主导国际货币格局,在缺少多国协调共同政策机构的假设下考虑各自福利后纳入人民币的多元货币合作机制仍有待完善④,但在方向上毋庸置疑⑤——国际货币体系将进入美元、欧元和人民币的多元货币时代⑥。通过增加不同储备资产之间的替代程度,多元储备货币体系可以限制汇率波动以及储备资产价格(利率)波动。从这一角度而言,加快多元储备货币体系的转轨是值得期待的。另外,多元储备货币机制也会产生由于一种货币突然失去其储备货币地位而伴随其价值的信心缺失所导致的货币选择转换过程,这将可能导致资本流动以及较大幅度的汇率和利率波动。这种"突然骤停"(Sudden Stop)的影响将会持续,从而会(内生)降低安全资产在全球经济的供给,仍然无法破除特里芬难题。那么,国际货币体系走向多元化储备货币体系是由于当前美元本位下特里芬难题以及安全资产的短缺,还是由于官方储备持有者希望分散化其投资组合?对此,Papaioannou 等⑦研究发现,货币当局倾向持有主要贸易

---

① Obstfeld, M., "Financial Flows, Financial Crises, and Global Imbalances", *Journal of International Money and Finance*, 2011 (10): 3.
② Ricardo J. Caballero & Emmanuel Farhi, "A Model of the Safe Asset Mechanism (SAM): Safety Traps and Economic Policy", NBER Working Papers 18737, National Bureau of Economic Research, Inc., 2013.
③ 范从来、邢军峰:《全球失衡的新解释:资产短缺假说》,《学术月刊》2013 年第 2 期。
④ Kuo-chun Yeh, "Renminbi in the Future International Monetary System", *International Review of Economics and Finance*, 2012 (21): 106-114.
⑤ Barry Eichengreen, "The Renminbi as an International Currency", *Journal of Policy Modeling*, 2011 (33): 723-730.
⑥ Marcel Fratzscher and Arnaud Mehl, "China's Dominance Hypothesis and the Emergence of a Tri-polar Global Currency System", European Central Bank Working Paper Series, No 1392 / October 2011.
⑦ E. Papaioannou et al., Optimal Currency Shares in International Reserves: The Impact of the Euro and the Prospects for the Dollar, J. Japanese Int. Economies (2006).

伙伴国的货币作为其储备货币,而外债的货币构成是中央银行持有的储备资产的显著因素,从1999年欧元发行以来,官方和私人发行的以欧元计值的债券不断增加,表明中央银行倾向于提升其欧元储备比重,从而实现国家资产与负债的匹配。

在一个多极的世界当中,由于并不存在需要全球共同应对的外部竞争压力,国际货币体系倾向于选择多元储备货币体系①。鉴于美国和欧洲的经济规模和政治实力在全球的主导地位,现有国际分工格局和国际经济秩序的长期持续以及网络效应导致的国际货币体系存在极强的惯性,改善国际货币体系,稳步推进国际货币体系多元化应当是现实的选择②。追溯国际货币体系的演进,以储备货币多元化为基本趋向的国际货币体系改革,早在发生第一次美元危机的时候便已经启动,并历经 SDR 推出、布雷顿森林体系解体、20 世纪 80 年代全球经济危机、90 年代亚洲金融危机、90 年代末的欧元面世,以及 2008 年全球金融危机的推波助澜,当前国际货币制度进入"多元货币时代"已成不可逆转之势③。

二、国际资本流动与资本流动管理

在国际货币金融交往过程中,外国居民对国内资产的净购买即为国际资本流入,国内居民对外国资产的净购买即为国际资本流出。国际资本流动一方面会对经济增长产生一定的正向影响,另一方面,特别是国际资本流动结构又与一个国家经历货币危机的可能性密切相关。Frankel 和 Rose ④ 对新兴市场 1971~1992 年中所有货币危机的研究,发现很少有变量对随后的货币危机有很强的解释作用,但是资本流动的结构是和货币危机发生概率稳健相关的少数几个变量之一。具体而言,一国总资本流入中,外商直接投资 FDI 所占比例和金融危机的概率负相关。结构的其他方面还包括外

---

① 陈雨露、罗伯特·蒙代尔:《关于"后危机时代"国际货币体系改革的八点建议》,中国人民大学国际货币研究所工作论文,2010 年 6 月。
② 李扬:《推动国际货币体系多元化的冷思考》,《上海金融》2009 年第 4 期。
③ 李扬、张晓晶:《失衡与再平衡:塑造全球治理新框架》,中国社会科学出版社 2013 年版,第 34—35 页。
④ Frankel, Jeffrey A., and Andrew Rose, "Currency Crashes in Emerging Markets: An Empirical Treatment", *Journal of International Economics*, 1996, 41 (3-4): 351-366.

债期限结构（短期外债比例越高，金融危机可能性越大）和外债的货币种类（外币债务比例越高，危机可能性越大）①②。此外，国际资本流入的"激增"显著增加了随后发生"突然中断"的概率。

对国际资本流动突然中断，从内涵界定及形成机制、经济社会影响以及研究新动向等不同方面，范小云、潘赛赛、王博③指出新兴市场国家金融体系的发展水平恰好处于最易发生资本流动突然中断的位置，因此，资本流动突然中断在新兴市场国家扎堆发生。从全球金融危机以来的国际资本流动来看，余永定、张明④指出，在亚洲金融危机结束后的2002~2007年，流向发展中国家的资本大幅度增加。但是，雷曼兄弟倒闭之后，国际资本迅速回流美国，使发展中国家出现流动性短缺、信贷紧缩和经济衰退。2009年下半年至2011年上半年，由于发达国家央行集体实施零利息率与量化宽松政策，国际资本又重返发展中国家，导致发展中国家资产泡沫和通货膨胀急剧恶化。2011年9月之后，欧债危机的恶化又导致国际资本迅速流出发展中国家，回流美国（国债市场避险）和欧洲（商业银行去杠杆化）。

全球金融危机的教训使支持资本项目自由化的主流观点受到冲击，包括国际货币基金组织在内的国际社会与国际经济学界关于资本管制的观点开始发生转变。资本管制措施及其有效性成为各国政府和经济学界需要重新思考的问题。从国际资本流动的管理来看，Ostry等⑤提出了管理资本流动的政策框架（Capital Flow Management Measures，CFMs），对各国当局使用应对资本流动的政策工具进行了排序，其中资本管制是"最后防线"，认为各国当局首先应实施结构改革和审慎政策管理政策，以增强国内资本市场深度和流动性，提高金融体系抗冲击能力；其次，考虑本币汇率升

---

① Radelet, Steven, and Jeffrey Sachs, "The East Asian Financial Crisis: Diagnosis, Remedies, and Prospects", *Brookings Papers on Economic Activities*, 1998, 1: 1–74.
② Rodrik, Dani and Andres Velasco, "Short-term Capital Flows", *Annual Bank Conference on Economic Development*, Washington: World Bank, 1999.
③ 范小云、潘赛赛、王博：《国际资本流动突然中断的经济社会影响研究评述》，《经济学动态》2011年第5期。
④ 余永定、张明：《资本管制和资本项目自由化的国际新动向》，《国际经济评论》2012年第5期。
⑤ Ostry, Jonathan D., Atish Ghosh, Karl Habermeier, Marcos Chamon, Mahvash S. Qureshi, and Dennis B.S. Reinhardt, "Capital Inflows: The Role of Controls", *IMF Staff Position Note*, 10/04 (Washington: International Monetary Fund), 2010.

值、增加储备、实施财政和货币政策等宏观手段；最后，只有在上述措施不明显且满足汇率未低估、外汇储备充裕而经济出现过热等前提下，才应考虑采用资本管制措施（见图1-3）。国内研究表明，资本管制对国际资本流动的作用取决于资本管制对国内产出冲击的影响，当资本管制导致产出冲击过度时，资本管制将不能降低国际资本流动规模[①]。

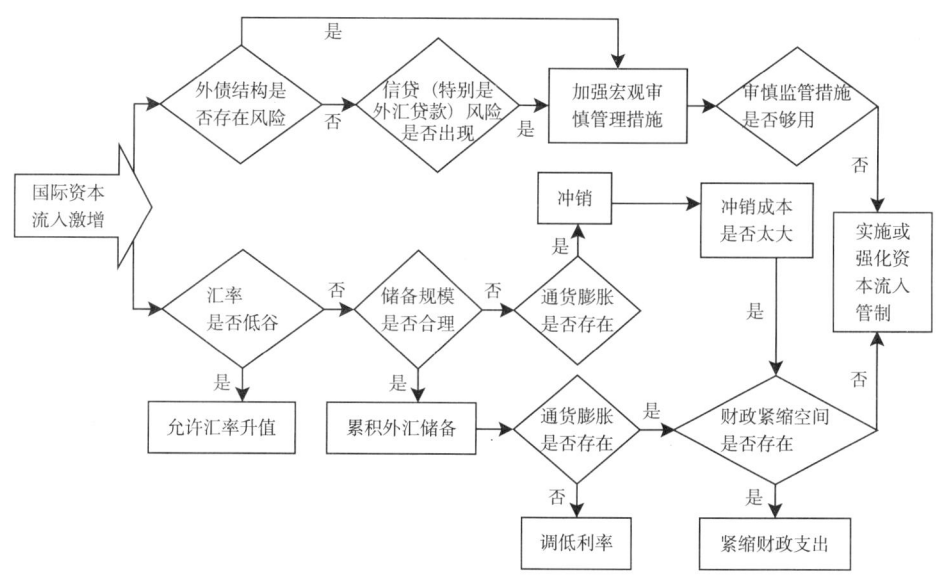

图1-3 对国际资本流入的管理

三、国际金融网络不对称下国际调节与汇率定价受到新的审视

在国际资本流动频繁条件下，内外均衡的可维持越发困难，汇率转向浮动（或货币联盟）成为调和自由与稳定的重要途径，而国际货币安排的网络外部性又成为一国货币政策自主性的重要制约。国际货币体系在多大程度上是"自发（自我调节的）体系"，又在多大程度上是有管理的体系？

---

① 刘莉亚、程天笑、关益众、杨金强：《资本管制能够影响国际资本流动吗？》，《经济研究》2013年第5期。

是很难回答的一个问题。从金融危机产生来看,历史上导致银行危机的一些破坏性信贷繁荣发生在顺差国(如"大萧条"前的美国和20世纪80年代的日本),金融危机的真正根源并不是"超额储蓄",而在于国际货币体系"超弹性",即现有货币金融框架并没有能够限制不可持续的信贷和资产价格繁荣所潜含的金融失衡的累积①。长期以来,全球金融网络表现出显著的不对称性(美、英、法、德少数发达国家之间的双边外部金融存量占GDP的比例超过20%,见图1-4)②。面对这样一个"既强健又脆弱"的系统,开放经济国际调节日益重要。

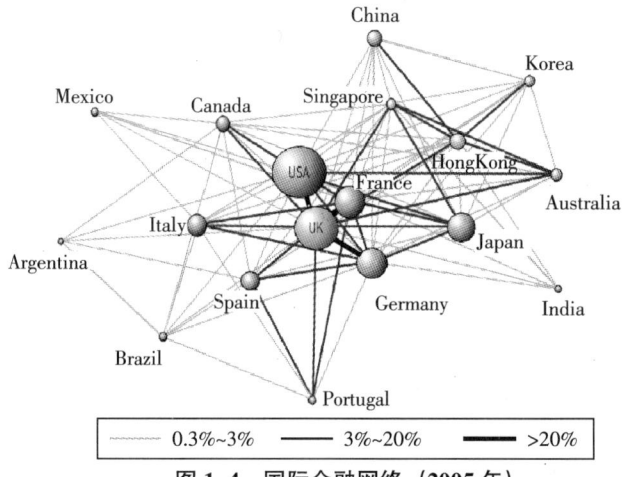

图1-4 国际金融网络(2005年)

从政策选择来看,汇率动态赋予政策制定者使用汇率作为外部冲击吸收器,汇率稳定作为货币锚,能稳定物价,并通过减少不确定性降低风险溢价,从而促进投资和国际贸易③。在标准的资产定价框架下,对

---

① Borio, C., Disyatat, P., Global Imbalances and the Financial Crisis: Link or No Link? BIS Working Papers No. 346, May. Revised and Extended Version of "Global Imbalances and the Financial Crisis: Reassessing the Role of International Finance", *Asian Economic Policy Review*, Vol. 5, 2011: 198-216.

② Chris Kubelec and Filipa Sá, "The Geographical Composition of National External Balance Sheets: 1980-2005", Bank of England Working Paper No. 384, 2010.

③ Aizenman, J., Chinn, M.D. and Ito, H., "Trilemma Configurations in Asia in an Era of Financial Globalization", In (Eds.), *Asia and China in the Global Economy*, 2010.

数表示的汇率 s_t 可表示为私人部门对未来经济基本面 f_{t+i} 预期的折现函数 $s_t = (1-\phi)\sum_{i=0}^{\infty}\phi^i E_t(f_{t+i}|\Omega_t)$（其中 Ω_t 为可得公共信息，ϕ 为贴现因子）。对于汇率变动的评估和预测，Obstfeld 等[①]研究发现，全球金融危机前外汇储备相对于基于金融动机的预测持有量之比，是 2008 年危机期间汇率变动的显著预测指示。其中，这些金融动机主要涉及可转换为外币的国内金融负债规模、金融开放程度、从债券市场获得外币能力以及汇率政策等，并且货币量 M 及外汇储备 R 是决定汇率 e 的重要变量。结合经济基本面决定的本国经济在未来状态的指示变量 θ，在时期 1 名义汇率可表示为 e(θ) = αθ，结合外汇市场的供求均衡条件 $\frac{M}{2\bar{\varepsilon}}\left(\bar{\varepsilon} + \frac{e}{\alpha} - \theta\right) = \frac{R}{e}$，均衡汇率可表示为 $e = \dfrac{\alpha(\theta-\bar{\varepsilon}) + \sqrt{\alpha^2(\theta-\bar{\varepsilon})^2 + \dfrac{8\alpha\bar{\varepsilon}R}{M}}}{2}$[②]。

从均衡汇率来看，从中短期考虑，人民币对美元汇率自 2005 年汇改以来大幅升值已超过 30%，2011 年中国国际收支经常项目与 GDP 之比降至 2.8%，人民币汇率正逐步趋于合理均衡水平[③]。从长期而言，人民币对美元汇率取决于中美两国劳动生产率变化和货币政策松紧程度，目前及未来可预见时间内人民币汇率非常接近均衡汇率[④]。从经济基本面来看，近年来中国经济出现一系列结构性变化[⑤]，最显著的变化之一是外汇储备累积（见图 1-5（a））。对中国而言，作为未来经济基本面因素，外汇储备

[①] Obstfeld, M., Shambaugh, J. C. and Taylor, A. M.,"Financial Instability, Reserves, and Central Bank Swap Lines in the Panic of 2008", *American Economic Review*, 2009, 99 (2): 480-486.

[②] Obstfeld, Maurice, Jay C. Shambaugh and Alan M. Taylor,"Financial Stability, the Trilemma, and International Reserves", *American Economic Journal: Macroeconomics*, Volume 2, Issue 2, April 2010.

[③] 中国人民银行金融研究所：《人民币汇率形成机制改革回顾与展望》，中国人民银行官网，2011 年 10 月。

[④] 易纲：《抓住机遇、防范风险，以平常心看待企业"走出去"》，北京大学国家发展研究院中国宏观经济中心：《CRMC 中国经济观察》第 30 次季度报告，2012 年 7 月。

[⑤] Cheung, Y-W and H. Ito,"Cross-sectional Analysis on the Determinants of International Reserves Accumulation", Mimeo, *University of California*, Santa Cruz, 2007.

多元化和汇率制度转换是影响市场参与者对汇率变化预期的重要驱动因素①。从预期调整来看,新国际货币的影响方式主要是通过预期来实现的②,在中国外汇市场上预期形成机制主要是推定预期③,人民币汇率则具有向后看的适应性预期特征④。

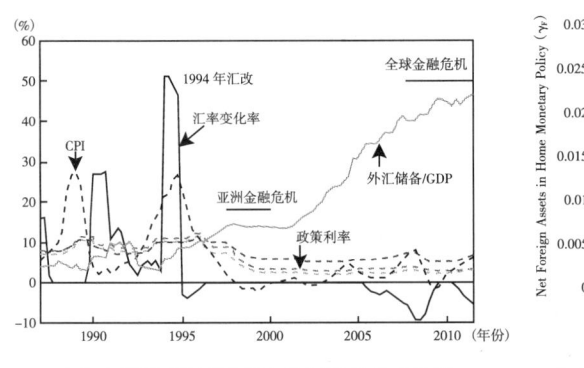
(a)中国货币汇率政策与外汇储备动态特征

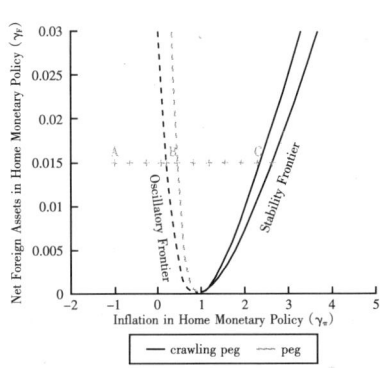
(b)人民币汇率爬行盯住的稳定边界

图1-5 中国货币政策及涉外金融状况

四、货币竞争力对比下人民币国际化进程不可一蹴而就

对于货币状态,从不同国际货币的可转换性(该货币能转换成国际性实际资产的能力)而言,通常会在汇率突变状态下差异显著,李天栋、张卫平、薛斐⑤对货币替代模型进行修正,得出汇率与货币可转换性之间的函数关系,实证表明我国国际货币战略的核心并非谋求改变该体系,而是如何参与国际货币体系的治理结构。基于DSGE模型结合中

---

① Marcel Fratzscher and Arnaud Mehl, "China's Dominance Hypothesis and the Emergence of a Tri-polar Global Currency System", *European Central Bank Working Paper Series*, No. 1392 / October 2011.
② 元惠萍:《国际货币地位的影响因素分析》,《数量经济技术经济研究》2011年第2期。
③ 陈蓉、郑振龙:《结构突变、推定预期与风险溢酬:美元/人民币远期汇率定价偏差的信息含量》,《世界经济》2009年第6期。
④ 丁志杰、郭凯、闫瑞明:《非均衡条件下人民币汇率预期性质研究》,《金融研究》2009年第12期。
⑤ 李天栋、张卫平、薛斐:《国际美元本位制能继续维系吗?》,《统计研究》2010年第8期。

央银行损失函数估计，Ales 和 Martin① 研究表明稳定通胀与稳定汇率在宏观经济稳定性方面无较大差异。对于新兴经济体而言，由于国内金融体系以及市场分割导致货币政策传导效率低下，通过规范化货币传导及汇率传递，汇率渠道非常重要甚至可以替代小国开放经济的货币政策传导②。

货币的国际作用在贸易计价中主要体现为使用发行国的货币，例如，大多数国家在与美国进行贸易时主要使用美元③，另外，"外围"国家间的贸易中使用媒介货币会对外围国家的政策有效性、福利水平和冲击在国际间的转移产生重要影响④。对于某一货币是否在外汇市场上广泛交易可依据交易量、是否存在远期市场，以该货币计值交易的买卖价差等指标进行评估⑤。与庞大的进出口贸易量相比，人民币在外汇市场上的周转量占进出口贸易量2009年仅为3，远小于美元的270.0⑥，美元市场的流动性也是人民币市场所无法比拟的⑦。鉴于有效推进货币国际化进程的关键在于增加非居民持有本币金融资产比重⑧，尽管人民币可能成为主要的国际（或至少是区域）货币开始被提及⑨，人民币跨境贸易结算和人民币国际化受到关注⑩，但未来要想与美元并驾齐驱还有

---

① Ales Melecky, Martin Melecky, "From Inflation to Exchange Rate Targeting: Estimating the Stabilization Effects for a Small Open Economy", *Economic Systems*, 2010 (34): 450–468.
② Rudrani Bhattacharya, Ila Patnaik and Ajay Shah, "Monetary Policy Transmission in an Emerging Market Setting", Working Paper 2011-78, January 2011, *NIPFP-DEA Research Program on Capital Flows and Their Consequences*, National Institute of Public Finance and Policy, New Delhi, 2011.
③ Goldberg, Linda, "Currency Invoicing of International Trade", In Jean Pisani-Ferry and Adam S. Posen (Eds.), *The Euro at Ten: The Next Global Currency?* July 2009: 252.
④ Goldberg, Linda, & Cedric Tille, Macroeconomic Interdependence and the International Role of the Dollar, NBER Working Paper 13820 (February), Cambridge, MA: *National Bureau of Economic Research*, 2008.
⑤ *International Monetary Fund*, "Review of the Method of Valuation of the SDR", October 26, 2010.
⑥ Chen, Xiaoli, and Yin-Wong Cheung, "Renminbi Going Global", *China and the World Economy*, 2011, 19, No.2: 1–18.
⑦ Eichengreen, Barry, Exorbitant Privilege: The Rise and Fall of the Dollar and the Future of the International Monetary System, New York: Oxford University Press, 2011.
⑧ Y. Li, Matsui, A., "A Theory of International Currency: Competition and Discipline", *Journal of the Japanese and International Economics*, 2009, 23: 407–426.
⑨ Li, David Daokui and Linlin Liu, "RMB Internationalization: An Empirical Analysis", *Presentation at Hong Kong Institute for Monetary Research Conference: Currency Internationalization: International Experiences and Implications for the Renminbi*, 15–16 October, 2007, Hong Kong.
⑩ Eiichi Sekine, "Yuan-denominated Trade Settlement and the Internationalization of China's Currency", *Nomura Journal of Capital Markets*, Spring 2010, Vol.2, No.1.

很长的路要走。

对于人民币国际化的经验、影响和路径，国内学者从多方面进行了深入研究。借鉴美元国际化的经验，陈雨露等[1]估算了人民币的国际化利益。基于 Chinn 和 Frankel 模型，李稻葵、刘霖林[2]模拟了未来人民币在国际货币体系中可能占据的比重，指出采取双轨制（境内实现资本项目可兑换，境外建中国香港地区的"香港金融中心"）、渐进式的人民币国际化步骤。运用可计算一般均衡 CGE-MCHUGE 模型，胡宗义、刘亦文[3]分析了人民币国际化对中国经济的影响，研究不同人民币国际化程度下的经济走势。从贸易损失角度，李绍荣、李四光[4]构建了三经济体的贸易模型，对中国和东盟人民币贸易结算进行经济学分析，指出中国和东盟进行货币联盟可以提升东盟地区的整体福利。结合当前形势下以人民币贸易结算为突破口的国际化会导致新增美元外汇储备增加，余永定[5]指出推行本币计价比推行本币结算更为重要，人民币国际化不能简单地理解为在贸易和金融交易中尽可能多地使用人民币，而忽视资产与货币的币种结构问题。更关键的是，要有人民币计价的金融产品，最终还是制度建设、基础建设和市场建设[6]。只有人民币市场产品丰富，市场流动性达到一定程度，利率市场化取得一定进展，人民币各类产品才会逐渐在市场上自由估价，人民币的价值也才可以根据市场因素评估，人民币国际化的基础才会逐步打牢[7]。

五、货币国际化进程中人民币汇率与中国金融开放备受关注

全球经济和国际收支再平衡必然涉及汇率问题，人民币汇率升值将带

---

[1] 陈雨露、王芳、杨明：《作为国家竞争战略的货币国际化：美元的经验证据——兼论人民币国际化问题》，《经济研究》2005 年第 2 期。
[2] 李稻葵、刘霖林：《人民币国际化：计量研究及政策分析》，《金融研究》2008 年第 11 期。
[3] 胡宗义、刘亦文：《人民币国际化的动态 CGE 研究》，《当代经济科学》2009 年第 11 期。
[4] 李绍荣、李四光：《中国和东盟人民币贸易结算的经济学分析》，《经济研究》2010 年第 2 期。
[5] 余永定：《再论人民币国际化》，《国际经济评论》2011 年第 5 期。
[6] 李增新：《人民币国际化是长期过程——专访 IMF 总裁特别助理朱民》，《新世纪周刊》2011 年 2 月 14 日。
[7] 张光平：《人民币国际化与产品创新》（第 4 版），中国金融出版社 2013 年版，第 37 页。

动亚洲生产链其他国家的货币升值(见图 1-6①),并且人民币主导比日元或美元下的东亚货币区能产生更高的福利收益②。对于人民币国际化进程中的汇率分析,短期内货币国际化将使汇率超调程度降低,长期内货币国际化面临长期升值趋势③。从实际因素考虑,杨长江、皇甫秉超④研究发现,从 2015 年开始中国人口红利逐步消失,意味生产率增长与资本密集度的减缓,人民币实际汇率的升值趋势将中止,在经过震荡后可能会在 2027 年后出现逆转。对于人民币的币值压力,只要存在不平衡,市场力量一定会调整,调整的选择一是涨价,二是人民币升值,汇率在市场经济体中通常是快变量,能对不平衡快速调整⑤。在由国内产品市场、货币市场、资本市场和货币当局政策反应函数构成的中国开放经济宏观模型分析中,卜永祥⑥指出,均衡汇率移动的时间路径为 $e_t = (e_0 - \bar{e})(0.9452)^t + \bar{e}$,人民币对美元走向自由浮动的均衡水平需要 25 年左右的时间。在中国的产出的汇率预期弹性大于资本可流动下产出的利率弹性条件下,用动态优化方法求解的政府主导型升值最优路径是"先贬后升",而非单一的升值路线⑦。对人民币汇率动态路径进行分析,"升值强国论"认为,一国经济真正强大是在汇率升值过程中实现的,应使人民币币值经常低估,当劳动生产率及其他重要宏观经济变量指标变化累积到一定程度时,进行一次性货币升值⑧。

人民币国际化与人民币汇率改革之间存在排序问题,其实质是,如何在资本项目加快开放与人民币汇率改革之间排序。在梳理相关争论的基础上,张明⑨指出,适当资本项目管制是中国经济应对国际级金融危机的最后一道防火墙,人民币汇率市场化改革应优于人民币国际化⑩。当前,人

---

① IMF, "People's Republic of China: Staff Report for the 2011 Article IV Consultation", *Country Report* No. 11/193. 2011.
② Kazuko Shirono, "Yen Bloc or Yuan Bloc: An Analysis of Currency Arrangements in East Asia", *IMF Working Paper* WP/09/3, 2009.
③ 徐奇渊、刘力臻:《人民币国际化进程中的汇率变化研究》,中国金融出版社 2009 年版,第 14-15 页。
④ 杨长江、皇甫秉超:《人民币实际汇率和人口年龄结构》,《金融研究》2010 年第 2 期。
⑤ 易纲:《中国金融改革思考录》,商务印书馆 2009 年版,第 233 页。
⑥ 卜永祥:《中国外汇市场压力和官方干预的测度》,《金融研究》2009 年第 1 期。
⑦ 金雪军、王义中:《人民币汇率升值的路径选择》,《金融研究》2006 年第 11 期。
⑧ 姜波克:《均衡汇率理论和政策的新框架》,《中国社会科学》2006 年第 1 期。
⑨ 张明:《人民币国际化的最新进展与争论》,《经济学动态》2011 年第 12 期。
⑩ 何帆:《人民币国际化的现实选择》,《国际经济评论》2009 年第 4 期。

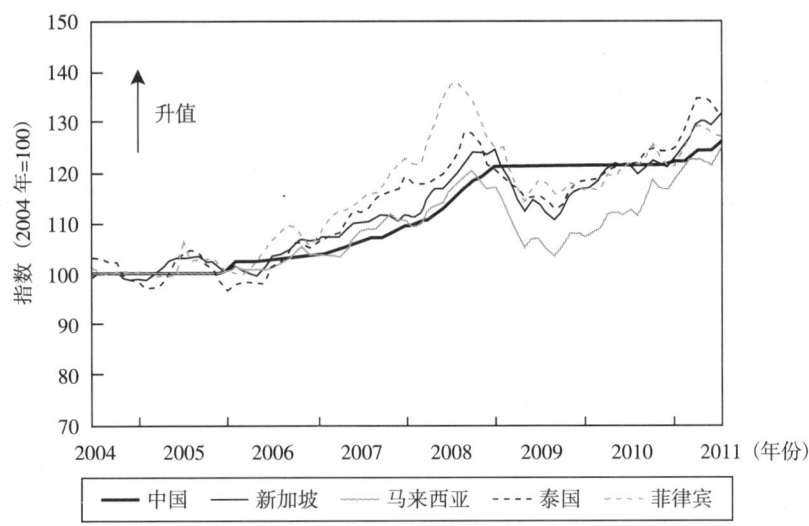

图 1-6 亚洲货币与人民币的区域性联动

资料来源：IMF Country Report No. 11/193。

民币汇率改革的主要问题是，汇改目标没有细化到具体指标，缺乏一套按照目标行事的、透明的人民币汇率管理规则，进一步改革方向是，将目标具体分为几个中间目标，如经常项目余额/GDP 占比目标（以反映外部平衡目标）、外汇占款目标（以反映内部平衡目标）、有效汇率目标（以反映稳定进出口目标），具体操作中对每个目标赋予相应权重，并按照透明的规则人民币汇率浮动[1]。从国家对外资产负债表分析来看，对于人民币与美元之间的汇率波动究竟会对我国外部头寸产生怎样的作用，以及当前针对中国均衡汇率水平及持有美国国债资产的争议。范小云、肖立晟、方斯琦[2]指出，需要考虑"估值效应"[3]的作用。中国对外金融战略可分为两大步骤：第一步，近期调整重点在对外资产方，主要涉及人民币汇率形成机制改革、外汇储备管理体系改革、资本流出管理改革和推进对外直接投

---

[1] 张斌：《中国对外金融的政策排序——基于国家对外资产负债表的分析》，《国际经济评论》2011 年第 2 期。
[2] 范小云、肖立晟、方斯琦：《从贸易调整渠道到金融调整渠道——国际金融外部调整理论的新发展》，《金融研究》2011 年第 2 期。
[3] 吴信如、潘英丽：《美元汇率与美国国际投资头寸》，《华东师范大学学报》（哲学社会科学版）2011 年第 6 期。

资；第二步，更多涉及负债方，主要是人民币国际化和资本流入管理①。人民币国际化金融"走出去"是关键，应注意防范可能发生的信用危机，开放过程要循序渐进、加强监督管理、精心设计、巧妙控制，保留对资本管制的空间，同时做好相应的预案，避免突发的大规模资本外流带来的风险②。

以上这些分析，为研究奠定了基础，但是由于经济基本面在不断变化，作为实现内部均衡和外部平衡及其相互协调发展的核心变量，汇率的特殊之处在于，其既是当下资源约束以及经济增长方式运行转变进程中的状态变量，又是进入下一个时期开放经济宏观经济运行的控制变量。采用标准的经济变量难以捕捉结构变化的本质，人民币与国际货币（特别是与美元）之间的相互较量反映在综合角度下是内在实质价值底线的动态博弈，在人民币国际化过程中进行运筹帷幄要比简单的经济学博弈过程复杂得多，这是因为其中还将掺杂很多政治因素，但目前对于囊括制度性因素及其变迁的模型相对较少，因此，在模型构建和计算方法的处理上需要进一步改进。

第三节　全球失衡下美元汇率不稳定的外部性与人民币国际化契机

从国际角度看，美国要想获得国际铸币税收入，就需要美元贬值，既可以是汇率贬值也可以是通货膨胀，从而降低对外债务，同时获得国际铸币税收入。但其界限是尽量避免由于不履行国际义务、不承担国际责任所导致的自身核心货币的不稳定，以及所带来的国际货币体系的不稳定。鉴于市场循环机制的控制是调节价格的核心，美元定价地位的保障与美元报价地位的扩张是价格调节市场的独特工具和手段，美元通过调动全球价格的同步性与非对称性，使得价格引起的判断力分化乃至混乱，进而更加顺

---

① 张斌：《中国对外金融的政策排序——基于国家对外资产负债表的分析》，《国际经济评论》2011年第2期。
② 李稻葵等：《人民币国际化道路设计》，科学出版社2013年版，第408页。

畅地实施美元价格和价值的通道与定律①。

一、美元汇率的不稳定性

从稳定性来看，以实际有效汇率指数 REER 来衡量，自 20 世纪 70 年代以来美元 REER 上下波动。结合主要货币双边汇率，美元对英镑和美元对欧元的名义双边汇率波动较为剧烈（见图 1-7（a）和图 1-7(b)）。并且当美元汇率处于弱势并不断下跌时，热钱会纷纷逃离美国，引起美国国内货币需求的下降。美元的每一次贬值都会引起全球大宗商品及资产价格的上涨，最终也将会反作用于美国。从货币购买力来看，以黄金标价来衡量美元实际购买力贬值超过 90%——每盎司黄金的美元价格从布雷顿森林体系时期的 35 美元上涨到 2011 年的将近 1600 美元（见图 1-7（a））。回顾 1774~2008 年，每 10 年美元购买力的变化（见图 1-8），以 1980 年为基准 1，近年来美元购买力已低于 0.4，美元贬值程度似乎是惊人的。

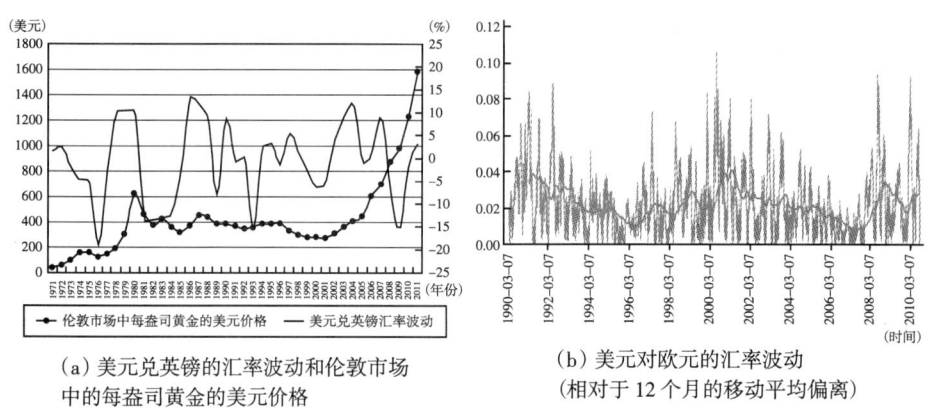

(a) 美元兑英镑的汇率波动和伦敦市场中的每盎司黄金的美元价格

(b) 美元对欧元的汇率波动（相对于 12 个月的移动平均偏离）

图 1-7　美元汇率的波动性

---

① 谭雅玲：《美元之作与人民币之痛的经验教训》，《国际贸易》2013 年第 9 期。

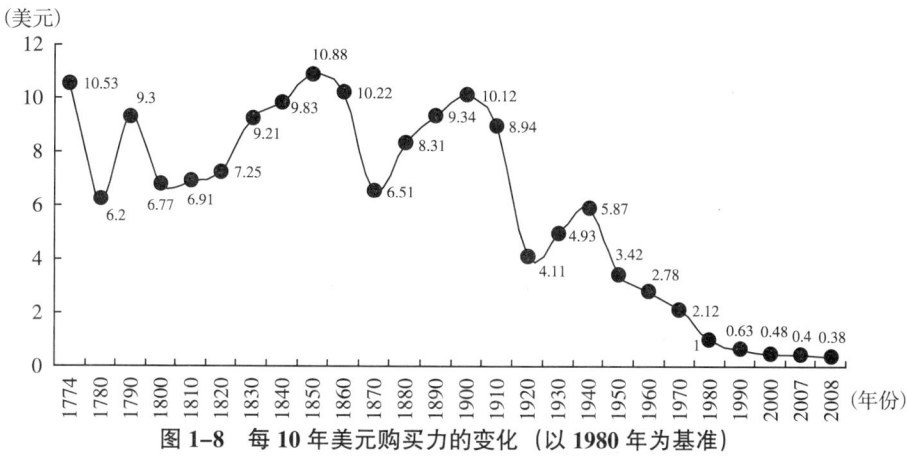

图 1-8 每 10 年美元购买力的变化（以 1980 年为基准）

二、美元汇率不稳定的外部性

近年来中美货币博弈纷争不断，美国不断对人民币进行汇率压制，迫使人民币加快汇率升值，其背后反映的是全球失衡下的美元贬值诉求。对于中心国美国，美元汇率波动具有对自身有利的估值效应（Valuation Effect），这与美元作为国际货币从而具有美国对外资产负债美元计值优势有关。2010 年末美国对外总负债 22.79 万亿美元，超过 95%（18.36 万亿美元）以美元计值。显然，美元汇率贬值可使其对外净债务缩水，这对其自身极为有利。对于外围国，特别是经济崛起的中国，该比例不足 20%。进入"后美元"时代，人民币货币状态提升与国际货币体系非均衡下美元货币束缚存在矛盾。

伴随人民币国际化不断推进，美元核心地位受到挑战。2011 年 10 月 11 日，美国国会参议院通过了《2011 年货币汇率监督改革法案》，以所谓汇率失衡为名，行保护主义之实，再次施压人民币汇率升值。在美元本位和汇率浮动下，美元倾销既无约束又无清偿保障，量化宽松进一步埋下美元贬值和通胀隐患。美元贬值驱动资产重估（Dollar Devaluation-led Revaluation），估值效应导致国家间财富非对称转移，最大限度地保护了美国的利益。中美镜像下，人民币对美元汇率外部升值压力加大，外汇储备大国资产安全受到严重威胁。如何从货币汇率战略层面提升自身货币状态抵消美元的束缚，尽快摆脱美元陷阱，在有效推进人民币国际化进程的同时保证国内金融体系和资产定价体系在长期内免受重大冲击已迫在眉睫！

本次国际金融危机已凸显国际货币体系不对称的弊端。中国等新兴经济在被动承担更多国际调节责任的同时，存在相对于世界其他国家资产和负债的货币错配以及"升值浮动恐惧"。对此，人民币国际化正是解决中国货币错配和舒缓人民币汇率升值压力的重要战略举措。实际上，人民币国际化初衷来自"美元陷阱"评价，但在近期人民币国际化似乎尚不能破解"美元陷阱"问题。近两年来的人民币国际化实际上是境外居民和企业将手中的美元、港元资产与中国居民和企业手中的人民币资产相互置换的过程，该过程中用强币（人民币）资产置换弱币资产，在人民币汇率升值条件下将导致国内福利损失。尽管2011年第四季度以来中国外汇储备已出现阶段性减少，但是在中国的国际收支及货币运行机制下外汇储备可能会继续积累，从而导致国内基础货币和广义货币量增加的压力仍在，国内金融政策的自主权仍受到制约。

三、人民币国际化契机

以史为鉴，英镑、美元国际化的成功都借助各自与白银、黄金之间兑换率的稳定机制；浮动汇率背景下，流通渠道合理透明，马克稳定，马克国际地位不断上升；保护体制根深蒂固，日元升值日本难以适应，日元国际化却并不成功。伴随人民币大规模跨境使用，必然会要求资本项目可兑换；而要推动货币可兑换，不论是自由浮动汇率制还是有管理浮动汇率制，其汇率均要反映并接近均衡值。

从实践来看，近期人民币汇率弹性进一步增强，2012年4月人民币对美元汇率波动幅度由0.5%扩大至1%；利率浮动区间被放宽，2012年6月以来我国央行两次下调存贷款基准利率；境外人民币回流渠道得以进一步拓宽，2013年7月金融机构贷款利率管制全面放开；2012年通过前海金融改革，2013年借力中国（上海）自由贸易试验区金融改革试点，一系列新政措施的出台体现出政府协调推进人民币国际化更深层次内涵。根据环球银行金融电信协会（SWIFT）的数据，人民币于2013年11月和12月间，首次进入全球以价值额计算的支付货币排行榜的前10名。总体而言，当前人民币国际化进程及其发展具有特殊性。第一，自跨境贸易人民币结算 2009 年开始试点以来，人民币虽然充当贸易结算货币，但尚未成为计价货币，进出口贸易的汇率风险规避及巨额外汇储备化问题仍然存在，人民币国际化的初衷尚未实现。第二，伴随中国香港地区离岸金融市场发展，尽管自 2010 年以后海外投资者获得人民币资产更为容易，人民币国际化的实质虽然得以初步体现，但是在资本项目尚未完全可兑换条件下，由政府部门主动推动离岸市场发展少有先例。第三，人民币汇率单边升值预期驱动下套利和投机成为中国香港地区离岸市场发展主流，在人民币计价结算金融产品缺乏情况下，回流机制不健全，人民币国际化的路径仍需优化。

中国外汇储备和人民币对美元汇率曾出现的新动态（储备曾经出现减少，汇率曾连续跌停）是否表明人民币汇率已接近其均衡水平？人民币国际化与汇率稳定，跨越"中等收入陷阱"与汇率动态之间有何联系？对于人民币国际化是否要求一个与之相适应的人民币汇率稳定机制？这些问题的回答依赖于我国经常账户顺差下降可持续以及中国经济结构调整有效推进。从趋向真正市场意义上的市场均衡汇率来看，我国央行冲销"被动发钞"外汇政策成本巨大且不可持续，如何实现市场力量引导汇率接近可持续水平，改变市场化不充分情况，即使汇率弹性增加，人民币汇率中间价较为稳定，汇率波动的趋势仍然被限定等问题已迫在眉睫。从更多反映消费者和生产者最大化的一般均衡的实际汇率水平来看，尽快实现人民币汇率在市场价格形成过程中向符合自身国民利益的价值水平的理性回归，既是人民币汇率改革的重点所在，也是人民币国际化的重要节点所在。后危机时代国外经济修复，全球贸易投资规则重构加速，面对美国发起的 TPP（跨太平洋战略经济伙伴协定）和 TTIP（跨大西洋贸易与投资伙伴协定）以及中日韩 FTA（自由贸易协定）等，以中国（上海）自由贸易试验区为载体，人民币国际化将进入制度创新的改革红利驱动下的新阶段。

第二章 国际货币体系：汇率体制和国际流动性及其协调

如前文所述，全球金融危机爆发与国际货币体系存在关联。在国际金融危机爆发之前，已出现了全球失衡。"全球失衡"（Global Imbalance）是指，一国拥有大量贸易赤字，与该国贸易赤字相对应的贸易盈余则集中在其他一些国家。其主要表现是，美国贸易赤字庞大、债务增长迅速，东亚经济体（尤其是中国）贸易盈余越来越大，外汇积累越来越多。究其实质，美国的对外贸易逆差在根本上是由美元作为国际货币体系中的核心货币所决定的。实际上，全球金融危机与美元本位密切相关。国际经济结构之所以造成失衡，是由于国际货币的问题，未来出路是以多元储备货币体系分解美元的压力，实现国际货币体系多元化。

第一节 相关概念

国际货币体系具有重要的作用：第一，从贸易和金融方面联系世界经济；第二，协调各个独立国家的经济活动；第三，促进贸易和支付过程的顺利进行；第四，加速国际贸易和信贷的发展；第五，使世界生产和就业达到更高水平。

一、国际货币体系概述

所谓国际货币体系是指国际货币制度、国际货币金融机构以及由习惯和历史沿革形成的约定俗成的国际货币秩序的总和，是国际间的货币安排（国际资本流动及货币往来而引起的货币兑换关系），以及相应的国际规则或惯例组成的有机整体。一般包括三层五个方面内容（见图 2-1）①：核心层：国际间的汇率及汇率制度选择；紧密层：国际本位币的确定，国际储备货币选择，国际收支不平衡调节；松散层：国际经济政策协调。松散层要通过一定的创导机制和较长的时滞才能间接引起核心层变动，但是由于国际间宏观经济政策存在溢出效应（Spillover Effect），加强各国经济政策合作与协调，已成为维护国际货币体系的重要保障。

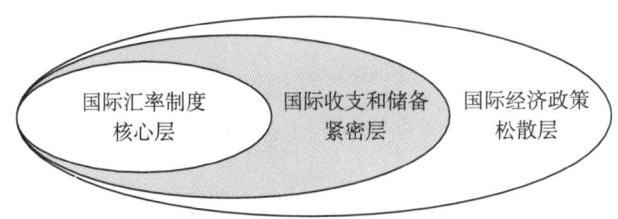

图 2-1 国际货币体系的一般框架

第一，对于国际货币制度，主要包括三方面内容：①确定某种形式的国际储备货币（用于国家之间的债务余额的清算，维持国际支付原则和满足国际收支调整的需要）；②相应的汇率制度安排（以便一国货币与其他各国货币之间的汇率按照相应的规则确定和维持）；③国际收支调节方式。

第二，对于国际货币金融机构（在国际货币关系中起协调、监督作用），主要包括：国际货币基金组织和其他一些全球或地区性的多边官方金融机构。

第三，对于国际货币秩序（秩序代表的是一种框架，使体系在这种框架内运行，秩序表示法律、惯例、规则等建立起来的系统框架以及参与者对这些秩序的认同），货币体系是货币秩序的操作方式，也常常被称为"博弈规则"，对其评判，主要包括这些规则是否确定了参与国当时的汇率目标、官方持有的储备、国内货币政策调节、为价格水平选定"货币锚"等②。

理想的国际货币体系应既可以实现稳定的汇率安排，又能保证充足的

---

① 陈雨露：《国际金融》（第四版），中国人民大学出版社 2011 年版，第 470 页。
② [美]麦金农：《麦金农经济学文集第四卷（上册）》，覃东海、郑英译，中国金融出版社 2006 年版，第 17 页。

清偿手段，具有中性的国际收支调整办法和有效的经济政策协调机制，为国际交往和经济长远发展提供保障，即具有承诺（Commitment）、协调（Coordination）和信心（Confidence）的"3C"特性，国际货币体系改革的方向不外乎汇率体制和国际流动性两大方面。

二、货币化与货币供给流动性概述

货币化是指通过货币进行的经济活动的比例不断增加。任何事物都有价值，并通过货币化形成价格。任何一个经济领域或经济行为完全货币化，实际上就是一种市场的带动作用。从个人角度而言，货币赋予人们购买的自由；从国家的角度来看，货币给整个经济系统带来更大的弹性。从一个国家的货币供给来看，按照流动性强弱，货币供应量被分为 M_1 和 M_2，其中 $M_2=M_1+$ 准货币。M_1 主要充当交易媒介，准货币（储蓄存款、定期存款）则具有价值储藏和财富积累作用。当讨论货币供给时，其流动效率是高还是低，与货币供给数量的多少具有同等重要意义。结合当今对货币供给有关 M 系列的概念，有一个较为具体的指标，即货币供给流动性——M_1/M_2，它表明狭义货币供给相对于广义货币供给的比重。当 M_1/M_2 的值趋于增大，表明代表现实流通（即现实将用于购买和支付）的货币在广义货币供给量中的比重上升，货币供给的流动性增强，货币流通速度加快；反之亦然。对于流动性的观察，可以有多方面的目的。例如，可作为判断经济发展态势的指标之一：M_1/M_2 的值趋大，可能表明人们的消费信心和投资信心增强，经济趋热；反之亦然①。

从国民经济整体层面来考察，执行价值储藏功能的具有资产性的准货币（M_2-M_1），主要是定期存款和储蓄存款等，主要影响居民未来的资产选择行为（如购置房产等），并构成未来潜在总需求。在当期，商业银行作为吸收存款发放贷款的金融中介，可将居民在定期内不提取的存款贷给企业。对于不同企业，不论是生产可贸易品还是不可贸易品的厂商，可从商业银行获得信贷支持，用于实现生产经营过程中的购买与支付（如向家庭支付工资）。对于微观行为主体的购买与支付行为，主要以现实流通中的货币（即狭义货币 M_1）为载体，对应于当期现实的总供给。

---

① 黄达：《金融学（第二版）精编版》，中国人民大学出版社 2009 年版，第 231 页。

从本国货币的替代资产——国债的需求效应来看,对于居民购买国债可能有两种情形:一种是居民用现金购买本国国债,形成货币供应量中 M_1 的缩减,而财政用于支付时形成准货币 M_2,会降低货币的流动性,从而对社会需求起到抑制作用。另一种是居民用储蓄或定期存款购买国债,形成 M_2 的缩减,而支用时却形成 M_1,则 M_2 的规模不变,M_1 的规模增加,从而增强货币的流动性,也可以对社会需求起到扩张作用[①]。

从国际层面来看,对于储备资产全球需求中相当大一部分是出于预防战略,对此可结合消费者理论中"预防性储蓄"的概念。预防性储蓄理论认为,消费者的收入是随机波动的。考虑到熨平其消费的收入冲击的影响,消费者希望累积无风险资产(如国债)进行缓冲。这种储蓄行为是一种自保险的形式。然而,这是一个不完善的保险形式。事实上,这相当于累积或有资产。即消费者在经过一系列正面的冲击之后储蓄过多,但在一系列的负面冲击之后没有足够的积蓄。通过签订一份保险合同保证了更好的平滑消费是更好的选择。对于国际货币,储备货币多元化将是市场选择的结果,国际金融危机则源于国际货币体系的"超弹性"。

三、国际流动性与汇率体制概述

对于货币的职能,可归纳为交易媒介和资产职能两大类别,其中的资产职能是指,货币作为人们总资产的一种存在形式,成为实现资产保值增值的一种手段,"流动性"(Liquidity)则是指,资产变成现实购买力而不受损失的能力[②]。对于国际流动性,并非是所有国家流动性的简单加总,主要是针对储备货币(通常涉及美元、欧元、日元和英镑,有时也包括瑞士法郎)的核心流动性(即传统的货币供应量)与非核心流动性(即以抵押为基础的融资)之和,并且通过入境人员携带现金以及国内流动性从居民存款账户向非居民存款账户转移两种渠道受到储备货币发行国国内流动性的影响[③]。

在国际货币体系改革中,就货币本位达成广泛的国际协议(例如:未

---

① 陈共:《财政学》(第七版),中国人民大学出版社2012年版,第221-222页。
② 李健:《金融学》,高等教育出版社2010年版,第39页。
③ 金中夏:《全球流动性管理与中央银行的作用》,《国际经济评论》2011年第6期。

第二章 国际货币体系：汇率体制和国际流动性及其协调

来是否可采取多元储备货币作为货币本位）是首先需要考虑的问题，国际货币体系改革的根本问题是汇率体制的选择。划分国际货币体系的一个标准是汇率体制。汇率在一切国际货币体系中都占据中心地位，因为汇率体制的健全与否，在很大程度上会影响金融市场的稳定与世界经济的发展，所以，在国际货币改革中，采用哪种汇率体制一直是西方学者以及各国政府激烈争论的核心问题。固定汇率与浮动汇率的争论进行了七八十年，至今尚无定论。

所谓汇率体制，一般是指关于汇率决定及其调节的一系列制度安排，其构成内容：一是汇率的形成机制，即确定合理的汇率水平的依据、汇率的波动幅度的确定；二是维护汇率水平的手段和调节方式①。以国际货币体系的核心——汇率体制划分，可分为固定汇率制和浮动汇率制，以及介于两者之间的可调整盯住汇率制、有管理浮动汇率制等。根据国际货币体系的基础（国际本位币或国际储备货币）划分，可分为金本位制、金汇兑制和信用本位制。两种划分结合，形成在国际金本位下的固定汇率制（1870~1914年，以及两次世界大战期间），以不兑换的纸币（如美元）为本位的固定汇率制（1946~1976年，布雷顿森林体系），以黄金和外汇作为储备的可调整固定汇率制（1979~1998年，欧洲货币体系）和（有管理）浮动汇率制（1976年至今，牙买加体系）。

第二节　汇率动态：国际宏观金融质点货币能级的体现

货币的传统定义还包括"价值储藏"职能，而其中的价值又是资本和劳动力的产出。实际上，资本和劳动力是能量密集的，而货币就好像电池一样，可以充电并存储一段时间，然后在需要的时候把能量释放出来②；如果货币是能量的一种储备形式，那么就可以作为投入产出的度量，并且伴随社会经济复杂性不断增强，需要以指数增加的货币的支持，因为货币

---

① 李波等：《国际汇率监督——规则的嬗变》，中国金融出版社2012年版，第67页。
② [美]詹姆斯·里卡兹：《谁将主导世界货币？》，常世光译，中信出版社2012年版，第195-196页。

具有集结各种生产要素从而启动社会生产的能力。正如马克思在《资本论》中所概括的货币在资本周转和社会生产中的能力，货币是"第一推动力"①②。显然，不同经济体的能量大小及其可持续性是不同的，从而不同主权货币的货币化程度以及货币国际竞争力（特别是国际定价权）差异也很大；从货币"价值储藏"职能出发，货币不但是能量存储的载体，货币状态还对应一定的能量状态③。因此，作为"货币能级"（和货币量值），即一国货币在国际货币体系金融网络中的货币竞争力和定价权，称为货币能级（以及货币量值和货币化 M_2/GDP 的综合集成），可作为开放经济货币国际化的重要指示。显然，国际核心货币较非核心货币的货币能级更高，相关决定条件主要是：第一，本国国民经济总体规模；第二，对本国货币价值的信心；第三，本国金融市场的发展。

国际金融市场作为开放条件下连接各国总供给和总需求的重要网络渠道，包含了数量庞大的微观主体（交易者、投资者和投机者），如图 2-2 所示，对于大国经济，在满足市场主体足够多的条件下，对于某些重要指示向量（如货币能值等），微观层面具有不同风险偏好的个体不同方向的货币选择行为力量在市场交互过程中相互抵消，最终表现为大国经济整体上某一行为方向的净效果。这种抽象类似物理中质点的概念，称为"国际宏观金融质点"。在此基础上，可引入不同国际宏观金融质点进行不同货币能级下的动态特征分析。

第一，汇率动态。汇率升值（或贬值）路径及汇率变化速率是动态变化的，从而由于货币能级环境条件改变，汇率从短期波动向长期均衡区间收敛，汇率对外生冲击的反应及汇率变动和相关重要内生变量之间的相互关系即为"汇率动态"。

第二，宏观货币杠杆。对于宏观金融分析，考虑货币结构因素，执行价值储藏功能的具有资产性的准货币（这部分货币对于居民资产选择行为和购置房产等具有较大影响）与执行交易和支付功能的具有高流动性的狭义货币之比 $(M_2-M_1)/M_1$ 即为宏观货币杠杆。

第三，实体经济与虚拟经济。实体经济对应于形成商品和服务的一般

---

① 黄达：《金融学（第二版）精编版》，中国人民大学出版社 2009 年版，第 247 页。
② 李健：《金融学》，高等教育出版社 2010 年版，第 40 页。
③ 需要特别指出的是，本研究中的能量主要是指实体经济潜在产出的增长。

价格调整机制的供给层面。与之相对应，虚拟经济是以进入可交易金融资产领域（如虚拟经济发展重要平台的资本市场）具有投机性货币需求并且能够产生宏观货币杠杆效应的超额货币作为实现手段和载体的市场支出行为。

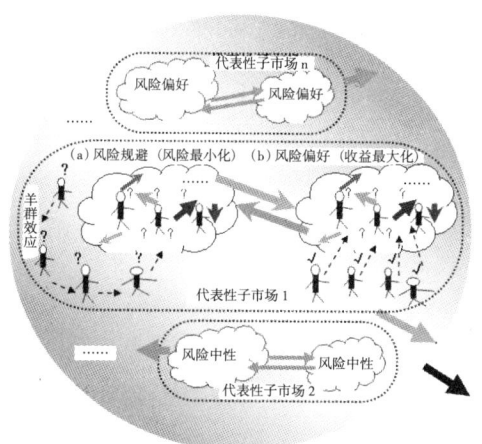

图2-2 国际宏观金融质点示意

结合2001年以来中、美、英、日、欧等经济体的有效汇率指数及其波动（见图2-3（a））以及各国货币供给流动性及其宏观货币杠杆（见图2-3（b））可展开开放经济货币能级分析。

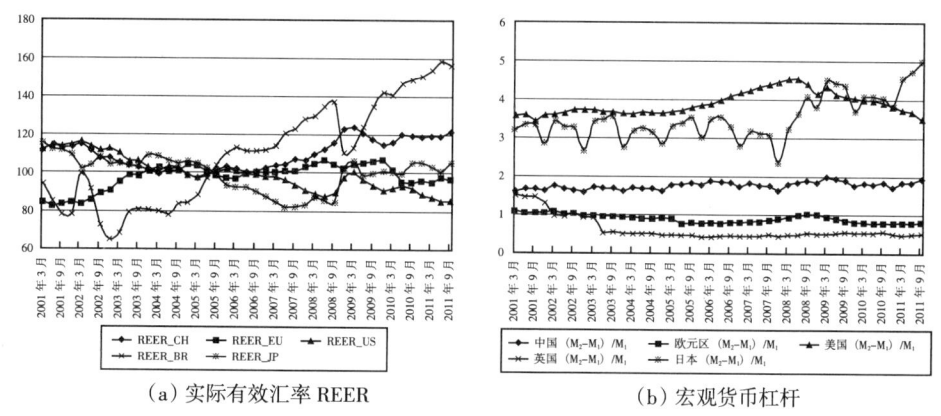

(a) 实际有效汇率REER　　　　　(b) 宏观货币杠杆

图2-3 有效汇率与宏观货币杠杆

专栏：以美元为例

对于货币供给的产出效应，马克思在《资本论》中曾提出"第一推动力"的说法。在本专栏分析中，以货币作为分析起点，关注宏观经济周期性波动的虚拟经济（Fictitious Economy）和实体经济（Real Economy）的双轮驱动。

1. 模型的概念界定与假设前提

在宏观范畴下，将虚拟经济定义为，进入可交易金融资产领域（如虚拟经济发展重要平台的资本市场）具有投机性货币需求并且能够产生宏观杠杆效应的超额货币作为实现手段和载体的市场支出行为。与之相对应，把实体经济定义为，形成商品和服务的一般价格调整机制的供给层面。本部分研究的假设前提如下：

（1）基于大国分析视角。由于其内部的微观经济主体数量庞大，微观层面不同方向的行为力量可以相互抵消，最终经济体表现为宏观经济整体上的行为方向，这种抽象类似物理的质点概念，我们称为"宏观货币质点"。

（2）虚拟经济（F）更多体现宏观经济总需求（AD）变动，实体经济（R）更多反映的是总供给（AS）变动，AD-AS 与 F-R 关联运行。

（3）作为微观主体对货币需求的外在体现，将宏观杠杆作为货币需求的代理变量，进而参与到货币供给的派生循环之中。对于宏观杠杆概念，本书作如下解释说明：在微观金融分析中，财务杠杆等于风险资产与资本金之比。对于宏观金融分析，把宏观杠杆界定为 $(M_j - M_i)/M_i$。从时空二维进行解释如下：当 $i=1$，$j=2$ 时，$(M_j - M_i)/M_i = (M_2 - M_1)/M_1$，其所反映的是空间维度上的货币供给流动性（$M_1/M_2$）的放大效应；当 $i=t_0$，$j=t_1$ 时，$(M_j - M_i)/M_i = (Mt_1 - Mt_0)/Mt_0$，其所反映的是时间维度上货币供给跨期放大效应，即通胀水平。

2. 模型构建

模型的构建思路是把标准的汇率超调的比较静态分析，如图 2-4（Ⅰ）所示的（a→b→c）过程，通过图 2-4（Ⅱ）和图 2-4（Ⅲ）逐一对应于图 2-4（Ⅳ）。

第二章 国际货币体系：汇率体制和国际流动性及其协调

在资本完全流动条件下，货币供给的增加使得资产市场线QQ向右上方移动，宏观经济先后经历了点a、b和c，并出现汇率超调（见图2-4（Ⅰ））。如图2-4（Ⅱ）的AS-AD分析所示，其反映了本专栏的基本假定，是引入总供给和总需求以及虚拟经济和实体经济的关联运行的重要环节。图2-4（Ⅲ）报告了本专栏分析的创新所在，即在货币供需分析中引入可交易金融资产，把凯恩斯货币需求拓展为$L(Y, i, R_F) = L_R + L_F = L_1(Y) + L_2(i) + L_3(R_F)$。与之相应，货币存量分解为$M^S = M_R^S + M_F^S$，其中，$M_R^S$为存在于实体经济和不可交易金融产品市场（如存款）中的货币存量，M_F^S为存在于可交易金融资产市场中的货币存量。通过图2-4（Ⅲ）类似于微观经济学"预算线"的过渡，实现货币需求在L_R和L_F之间的转换。

在基本假设前提下，当只考察总供给曲线移动时（AS→AS'），图2-4（Ⅰ）中（a→b→c）对应于图2-4（Ⅱ）中（a→b→c），进而对应于图2-4（Ⅲ）中（a→b→c），将（a, b, c）的点对点关系对应于图2-4（Ⅳ），可确定出这3个点在图2-4（Ⅳ）中的位置，依次相连，可得到名义汇率与宏观杠杆组合下的实体经济行为曲线RR。与之相似，当只考察总需求曲线移动时（AD→AD'），图2-4（Ⅰ）中（a→b→c）对应于图2-4（Ⅱ）中（a→b'→b'），进而对应于图2-4（Ⅲ）中（a→b'→c'），将（a, b', c'）的点对点关系对应于图2-4（Ⅳ），可确定出这3个点在图2-4（Ⅳ）中的位置，依次相连，可得到名义汇率与宏观杠杆组合下的虚拟经济行为曲线FF。

RR线和FF线的交点为合意的名义汇率与宏观杠杆水平。资本完全流动且突出大国分析，表明经济体在国际经济中具有定价权，并且AS-AD抵御来自国外冲击的能力很强。显然，如图2-5所示的"宏观货币质点"可用以表征美国经济。作为宏观货币质点，对于美国自身而言，名义汇率和宏观经济杠杆可作为开放经济体货币能级的体现。由于将宏观杠杆m作为货币需求的代理变量，进而参与到货币供给的派生循环之中，从而图2-4（Ⅰ）转化为图2-5。如图2-5所示的二维平面内，当名义汇率（S）和宏观经济杠杆（$(M_2-M_1)/M_1$）的组合位于RR-FF相交的合意点A时，意味着经济质点的货币能级相对较低

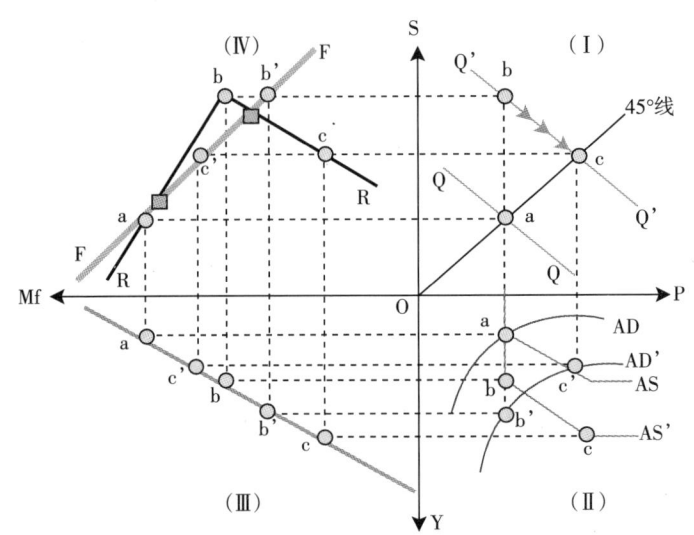

图 2-4　标准超调模型下汇率动态的 FF-RR 分析框架

(但较为稳定)，S 升值和 (M_2-M_1)/M_1 提升表征经济质点货币能级不断提升。当 S 和 (M_2-M_1)/M_1 的组合位于 RR-FF 相交的合意点 B 时，意味着经济质点处于相对较高的货币能级（活跃且不稳定）。

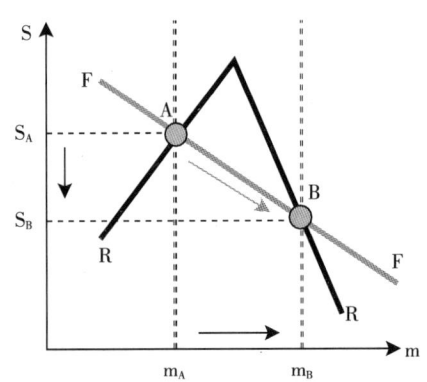

图 2-5　FF-RR 框架下汇率动态

实现如图 2-5 所示 A→B 的过程，实体经济发展（RR 线向右下方移动）是货币能级提升的根本动力源，虚拟经济则充当货币能量的吸收器，并发挥激活较低货币能态经济质点的作用，经济质点在货币能量的积聚和膨胀过程中产生由较低的货币能量层级至较高的能量层级的跃迁。当经济质点处于相对较高的货币能级 B 时，如果控制不好虚拟经济的发展，经济质点将会由 B→A 产生受激辐射，表现为本币汇率名义贬值和宏观经济去杠杆化。因此，实现适度规模虚拟经济与实体经济协同发展对货币能级十分重要。

3. 实证研究

下面基于向量自回归（VAR）模型进行协整检验，并建立美元名义有效汇率的误差修正模型（ECM），结合 VAR 进行脉冲响应函数分析。基于理论模型分析，进一步建立关于美国虚拟经济与实体经济关联运行下的联立方程模型并进行系统估计。数据的样本跨度为 2000 年第一季度至 2009 年第二季度，共包含 38 个季度样本点。所有数据无特殊说明均取自 IMF 的国际金融统计（IFS），使用的计量软件是 EViews6.0。为避免异方差性，对相关变量取对数，并对样本数据进行季节调整以消除季节性因素对模型的影响。首先选取美国的国民收入（GDP_US）作为实际经济的代理变量，道琼斯工业股票价格指数（EQ_US）为虚拟经济的代理变量，进而纳入美元名义有效汇率（E_US）、美国宏观杠杆（M_{21}_US=（M_2-M_1）/M_1）作为内生变量，选取美元实际有效汇率（REER_US）和联邦基金利率（i_US）作为外生变量进行实证研究。采用 AIC 准则来确定 VAR 模型中恰当的滞后长度为 2 阶，VAR 平稳性检验结果表明无特征根在单位圆外，表明序列是非平稳定的，经检验各变量均为一阶单整序列 I（1），可以进行 Johansen 协整检验，结果如表 2-1 所示，存在协整关系，其中一个协整方程为：

GDP_US = −0.071582 EQ_US + 1.758165 E_US + 0.224197 M_{21}_US
+ 0.711440

t =　　　（1.67308）　　　　（−9.08750）　　　（−11.6408）

表 2-1　Johansen 协整检验结果

原假设	最大特征根统计量	迹统计量	5%临界值	P 值
无*	0.889142	122.0714	47.85613	0.0000
至多 1 个*	0.565827	45.08885	29.79707	0.0004

续表

原假设	最大特征根统计量	迹统计量	5%临界值	P值
至多2个*	0.364866	15.88792	15.49471	0.0436
至多3个	2.06E-05	0.000721	3.841466	0.9796

注：*表示在5%的显著水平下拒绝原假设。

在上述协整方程基础上进一步建立如下的美元名义有效汇率的误差修正模型，进而可确定相关经济变量在短期内如何作用于美元名义有效汇率。误差修正项 ecm 系数为正，表示美元名义有效汇率不存在长期均衡误差对短期波动的逆向调整。对于美国国民收入和股指而言，误差修正项 ecm 系数分别为 -0.015578 和 -0.036637，表明存在长期均衡误差对短期波动的逆向调整。参见下式，由于美元名义有效汇率滞后 1 期和滞后 2 期的系数均为负数，表明当美元名义有效汇率处于升值通道时，前期连续贬值积累了当前名义有效汇率不断上涨的动力。美元实际有效汇率升值以及联邦基金利率下降会带来美元名义有效汇率的升值压力。

$$\Delta E\_US = 0.3663 ecm_{t-1} - 1.2359\Delta GDP\_US_{t-1} - 0.8504\Delta GDP\_US_{t-2}$$
$$t = (10.0090) \quad (-4.62636) \quad (-2.99507)$$
$$+ 0.0208\Delta EQ\_US_{t-1} + 0.0432\Delta EQ\_US_{t-2} - 0.1278\Delta E\_US_{t-1}$$
$$(0.72745) \quad (1.37729) \quad (-1.56603)$$
$$- 0.1714\Delta E\_US_{t-2} + 0.0401\Delta M_{21}\_US_{t-1} + 0.0410\Delta M_{21}\_US_{t-2}$$
$$(-2.04077) \quad (1.48453) \quad (1.46578)$$
$$+ 0.4972 REER\_US - 0.0017 i\_US + 2.3212$$
$$(11.5293) \quad (-1.25212)$$

进一步考察美元名义有效汇率对自身以及宏观杠杆和实体经济与虚拟经济的代理变量一个标准差冲击的动态累积响应。如图 2-6 所示，美元名义有效汇率（E_US）的一个脉冲对自身具有持续微弱的正向影响；E_US 对实体经济（GDP_US）和虚拟经济（EQ_US）的脉冲响应函数图反向对称，E_US 对 GDP_US 的冲击反应较为迅速，但在半年以后基本冲击被消化。正向的 EQ_US 冲击和 M_{21}_US 冲击对 E_US 在开始时的影响均不显著，分别产生了正负方向影响，并在大约 3 年后形成负向的、持续的、微弱的贬值压力。

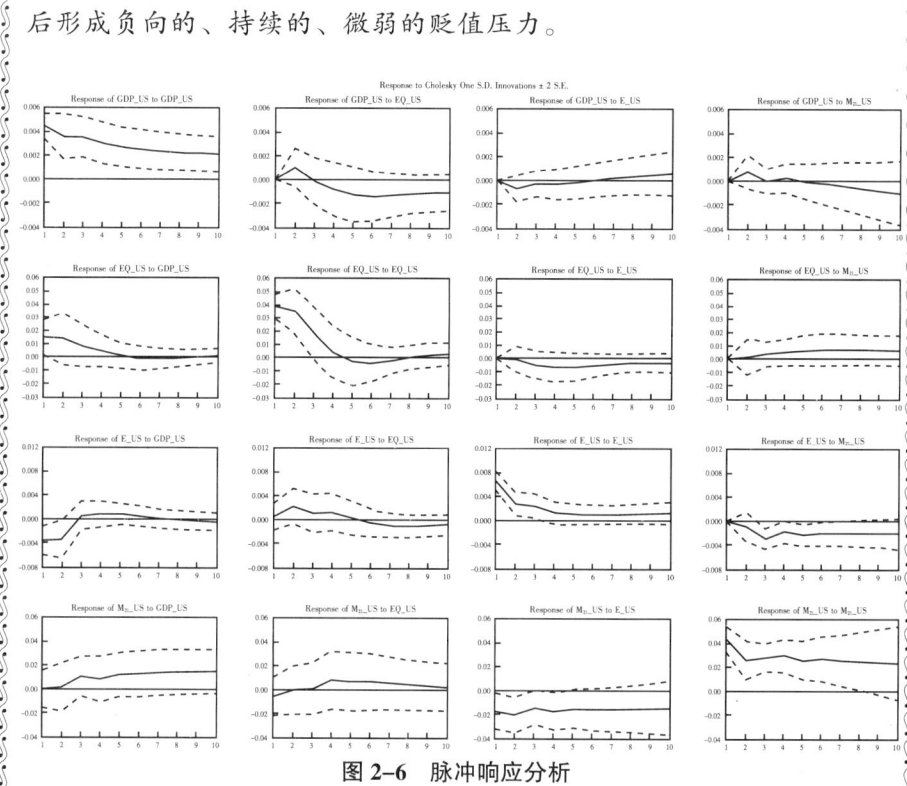

图 2-6 脉冲响应分析

在理论分析中，构建了名义汇率与宏观杠杆的二维坐标平面反映虚拟经济和实体经济的 FF-RR 线，它们交点是合意点。鉴于由虚拟经济与实体经济所构成的开放经济系统特征，进一步运用联立方程模型的估计与模拟技术进行中美汇率的实证分析，样本区间为 2000 年第一季度至 2009 年第二季度。采用三阶段最小二乘法估计表征美国实体美元名义有效汇率（E_US）、美国宏观杠杆（M_{21}_US）为因变量，美元实际有效汇率（REER_US）和联邦基金利率（i_US）为自变量。

对系统模型的基本选项进行设置，构建实体经济、虚拟经济、名义有效汇率和宏观杠杆的联立方程系统，估计选择的工具变量为 NEER_US、M_{21}_US、EQ_US、GDP_US、REER_US 和 i_US。利用 EViews

6.0 提供的模拟功能,对于上面的美元系统选择动态模拟(Dynamic Solution),其他选项采用默认方式,通过 EViews6.0 绘图可得到如图 2-7 所示的关于实际序列与分析情景(联立方程的模型系统求解)之间偏差。

美国实体经济方程:GDP_US = 9.31533 − 0.1090 REER_US + 0.1585M_{21}_US
         t = (65.64565) (−4.121970) (17.41784)

美国虚拟经济方程:EQ_US = 7.6085 − 0.7376E_US + 0.0822M_{21}_US + 0.0344i_US
        t = (8.265297) (−4.234204) (2.268302) (6.587168)

美元名义汇率方程:E_US = 1.4383 + 0.6852REER_US
        t = (17.51083) (39.09180)

美元宏观杠杆方程:M21_US = −44.2256 + 5.1038GDP_US
        t = (−16.13234) (17.49201)

在此基础上,可进一步测算出 2000 年第一季度至 2009 年第二季度美元汇率失调与宏观经济偏差的对比情况(见图 2-7)。失调及偏差表示为 MIS =(现实值 − 均衡值)/均衡值。其中,均衡值由代表实体经济和虚拟经济所构成的联立方程组模型求解而得。值得注意的是,虽然美国爆发次贷危机并引发全球金融海啸,但无论是名义汇率失调还是宏观经济运行的偏差,美国的偏离幅度均不显著。

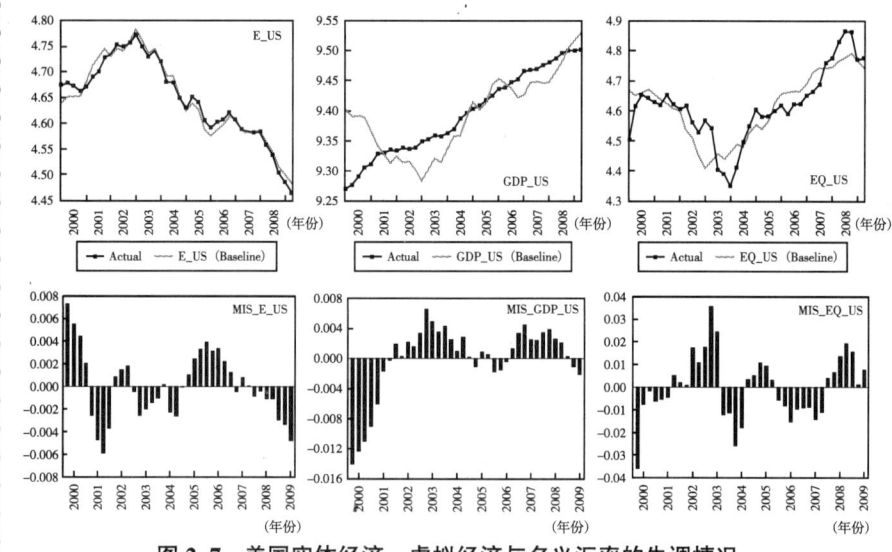

图 2-7 美国实体经济、虚拟经济与名义汇率的失调情况

4. 初步的结论

以汇率超调模型及其拓展为基础，突出虚拟经济与实体经济双轮驱动（FF-RR）及其与宏观经济总供给和总需求（AS-AD）关联运行的作用机理，结合非线性宏观金融理论在货币供需分析中引入可交易金融资产，进而尝试构建新的分析框架。并对美元汇率进行了实证研究，为美元汇率和经济失调提供经验支持。本部分的模型显示，实现适度规模虚拟与经济实体经济协同发展对于货币能级十分重要。虚拟经济成为货币能量的吸收器。本币汇率在货币能量的积聚和膨胀过程中产生跃动，由较低的货币能量层级跃升至较高的能量层级，完成了一个类似于原子在光场作用下的受激跃迁过程，表现为本币汇率升值和宏观杠杆化加大，反之表现为贬值和杠杆化。

当前不论是曾经处于金融危机旋涡中心的欧美金融强国，还是需要金融创新支持实体经济快速发展的中国，如何保证虚拟经济与实体经济的协调发展，并在此过程中发挥好汇率政策的调控作用已成为当务之急。虽然美国不断抨击或指责他国操纵和干预汇率，但实际上就汇率干预以及经济调整而言，美国自身作为全球的典范无论从货币能级优势还是经济调整上都要"高明"很多。因此，中国更应重视虚拟经济合理规模作为助推国家宏观经济发展整体战略实施，并且在勇于承担国际货币体系美元主导下应对经济扰动进行调整的责任同时审慎考虑所付出的代价。

第三节　国际流动性：世界多极化与特里芬难题

作为国际货币的信用货币的产生，主要有两种渠道：一是主权国家货币的职能国际化，二是人为创设超国家主权的国际货币，如特别提款权（SDR）。现实中，超主权货币存在局限，如需要全球央行与之相配套，但这样的全球央行在操作上存在问题。此外，目前全球尚不可能成为一个最优货币区，并且实施全球一致的货币政策，在缺乏约束下，很难避免可能存在的内在通胀。因此，国际货币仍然主要由主权国家货币来充当。但是，只要由主权国家货币充当国际流动性载体，国际流动性供求匹配发展中就存在不可避免的"特里芬难题"。

早在20世纪60年代，美国耶鲁大学特里芬教授就提出了所谓"流动性困境"（Liquidity Dilemma），即美元的供应取决于美国的国际收支状况，美国国际收支持续逆差，美元泛滥，美元不稳；如果美国平衡国际收支，则国际储备断绝来源，引起国际清偿能力不足的问题，这是一种两难困境，称为"特里芬难题"。"特里芬难题"意味着，如果美国保持其国际收支平衡（或顺差），尽管可以强化美元信心，但是国际流动性将不能够充分提供。因此，"特里芬难题"主要体现了国际流动性增加与汇率稳定可维持之间的二元矛盾。

布雷顿森林体系下美元作为单一核心储备货币，各成员国的货币能够以一个固定的比率与美元兑换，同时美元的价值是固定的，美元与黄金挂钩，每盎司35美元。特里芬①指出，随着全球经济的增长，全球流动性需求增加。当时，世界经济正在经历着强劲的增长，尤其是在欧洲和日本"二战"后的重建工作。正如世界各地经济的增长，境外持有美元的存量也在增长。在此期间，美国的黄金存量（境外持有美元的后盾）仍然相当稳定。维持美元的黄金价值已变得越来越困难，美元危机不可避免，除非美国采取通货紧缩的货币政策。布雷顿森林体系结束的10年前，特里芬曾预测到它的崩溃。尽管美元的黄金价值已不再是固定的，但仍然生活在特里芬世界里。在20世纪60年代，问题的根源是美国联邦储备委员会（美元的"后盾"）的黄金持有量与境外持有的未支付的美元之间的不匹配。

如今的不匹配体现为在美国的财政能力（美国国债的供给"后盾"）与他国持有美元储备资产（需求不断增长）之间的不对称。世界经济的强劲增长提升了美元计价储备资产的需求，但美国的财政能力相对全球经济规模态势显然力不从心。牙买加体系下所谓的新"特里芬难题"，其实质是已呈现多元竞争态势的国际经济仍然对单一国际货币的过度依赖。对于一个美国，欧元区和以中国为代表的亚洲所共存的多极世界，如果不同区

---

① [美] 罗伯特·特里芬：《黄金与美元危机——自由兑换的未来》，陈尚霖、雷达译，商务印书馆1997年版，第72-73页。

域拥有自己的核心货币,并且储备资产在流动性、安全性等方面可以相互替代,假设欧元区发生金融危机,需要财政干预,投资者会立即切换所持有的欧元资产,选择转换为其所认为风险较小其他储备资产(以人民币或美元计价)。由于投资者微观选择的投资战略互补,这种现象很可能会得到加强。事实上,对一个投资者来说,一种货币的价值在很大程度上取决于其他投资者的预期。因此,随着对其货币价值集体失去信心,这种货币就很可能会失去其储备货币的地位。

当然,这样转变将伴随着大规模的资本流动以及潜在的剧烈的汇率和利率的波动。这种大规模的资本流动变化很可能是"突然骤停"(Sudden Stop)。显然,这类事件的发生会减少全球经济中的安全资产的(内源性)供给,从而加剧"特里芬难题"。因此,一个多极化的世界可能会经历稳定时期与危机时期的相互交替。那么,多极化世界的出现,本身是否还是世界经济稳定的来源?通过增加储备资产的供给,一个多极化的世界能否解决"特里芬难题"?从目前全球经济发展趋势来看,国际流动性的供求新变化主要体现为:

第一,在经济追赶下的"大趋同"过程中,由于新兴经济体国内的金融市场不完善,对于安全资产的需求在经历金融危机后不断加大。因此,对国际流动性的需求提升主要是经济全球化下的"大趋同"以及国际金融危机不断爆发下的危机应对。

第二,美元国际流动性并非可以无限供给,要受到其自身财政能力的制约。以欧元为代表的替代储备货币的出现,以及人民币国际地位的逐步提升,一定程度上可以缓解国际货币流动性的供给压力。

第三,在央行之间以货币互换方式对国际流动性供给进行重要维持,并通过系统化、网络化,实现央行货币互换在全球范围内的发展与完善,将在一定程度上缓解"特里芬难题"。

第四,在一个多极化的世界中,不同货币计价的安全资产相互共存、相互替代。其结果是在经济基本面或在基于基本面的预期发生很小变化时可能会引起较大规模的国际资本流动(如作为储备货币发行国之一的国家的财政负面消息可能会引发资本外逃)。

在一个多极化的世界里,发行储备资产的国家将能够从流动性溢价(过高的特权)中受益,只要它们的财政能力使它们能够保持其作为储备资产发行人的地位。财政竞争的结果可能会鼓励审慎的财政政策,以维持财政能力——任何储备货币的定义特征。通过不同储备资产之间替代程度的增加，世界多极化将限制汇率和储备资产的价格波动（利率）。从这个角度看，加快向世界多极化过渡是可取的。但这需要制定具体措施来建立一个稳定的、流动的、以欧元和人民币计价的国债市场。对于中国，应促进以美国国债为主导的储备资产的替代选择的发展，以加快向多元化体系的过渡，由于金融发展水平相对有限，因此，应特别鼓励逐渐形成一个以人民币计价的国债市场，稳步实现人民币资本项目可兑换。

专栏：国际流动性与国际外汇储备

近年来国际外汇储备的累积快速增长，从1999年欧元发行到2009年国际金融危机全面爆发的10年间，国际储备相对GDP的比重已经增长了3倍（主要是美元储备）。对于大部分发展中国家，2008年所持有的国际外汇储备已可以满足10个月的进口，达到了短期外部债务的475%[①]，国际金融危机后的储备累积的速度回升，反映出GDP、贸易和金融资本流动的复苏。伴随贸易和金融开放的进一步加快以及一些国家从危机中认识到需要更多的外汇储备，这一速度将继续提升。尽管外汇储备累积不是越多越好，但是对于新兴市场经济体，更高外汇储备的确有助于降低危机对增长的影响[②]。

如图2-8所示，自欧元发行以来，全球的美元储备总额从1999年初的0.88万亿美元不断累积至2012年初的35.48万亿美元，相应地，欧元储备从0.22万亿美元增长到14.23万亿美元（显著高于日元储备和英镑储备总额）。如图2-9所示，国际货币体系潜在的脆弱性和市场失灵成为储备累积的重要驱动，持有储备动机已远远超过了诸如平滑消费冲击的影响或确保跨期代际股权（如石油生产国）等传统动机，金融危机中的国际流动性可得的不确定性，以及作为储备资产

[①] Ghosh, A., M. Chamon, C. Crowe, J. Kim, and J. Ostry, "Coping with the Crisis: Policy Options for Emerging Market Countries", *IMF Staff Position Note* SPN/09/08, 2009.
[②] International Monetary Fund, The Fund's Mandate –Future Financing Role (http://www.imf.org/external/np/pp/eng/2010/032510a.pdf), 2010.

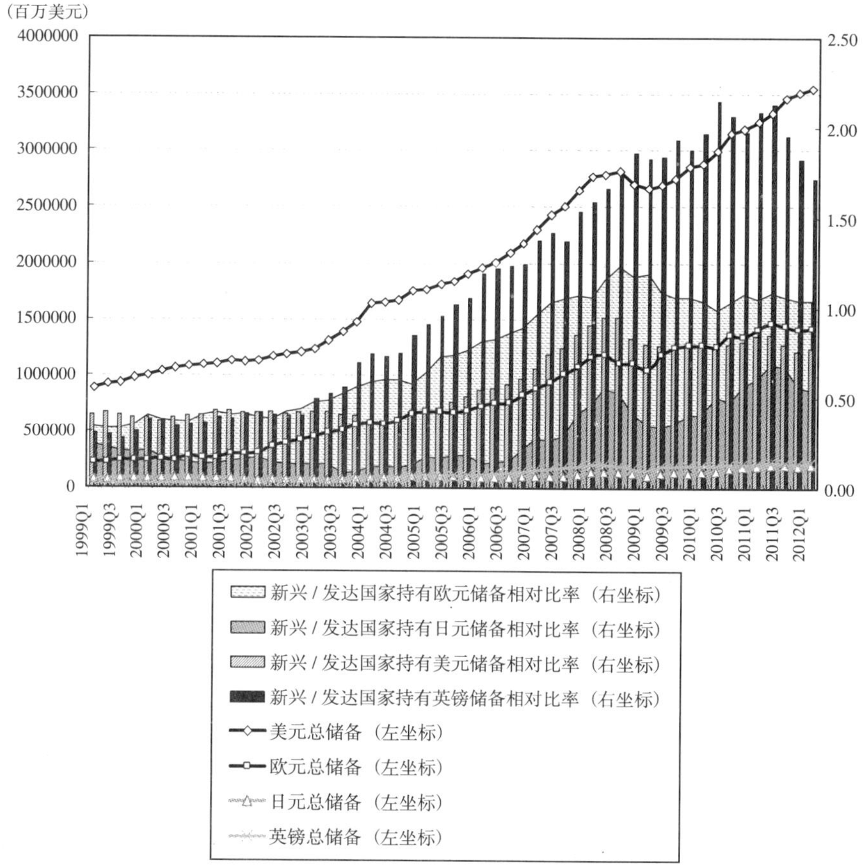

第二章 国际货币体系：汇率体制和国际流动性及其协调

图2-8 国际货币外汇储备及新兴/发达国家持有相对比率结构

对美元的替代缺失，反映出货币趋势仍趋于自然垄断。

在完善的金融市场中（即在理想的情况下，金融资产允许所有风险对冲），一个金融资产组合，可以实现完善金融市场的保险合同。但是在实践中，存在许多障碍阻止这样一个复杂的保险合同的实施。其中一些涉及代理问题（如道德风险，信息不对称，合同的非排他性，时间不一致，等等），其他障碍源于为金融工具建立金融市场基础设施的成本。如果没有保险合同或完善的市场，那么通过预防性储蓄进行自我保险是唯一的选择。自我保险的愿望使消费者在微观层面

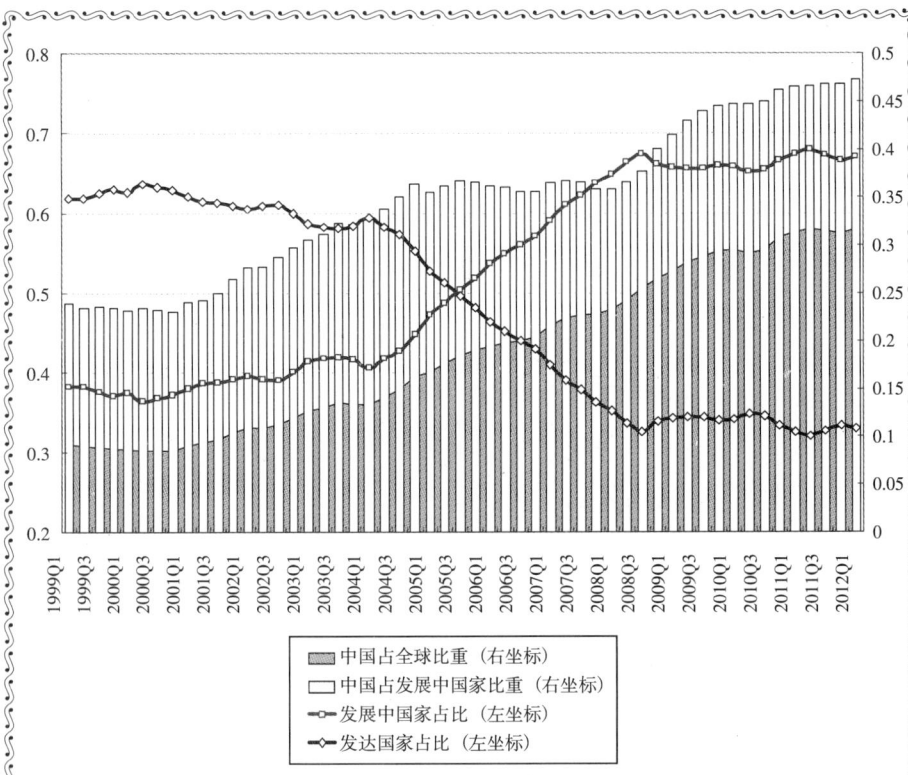

图 2-9 外汇储备持有占比（发达国家、发展中国家与中国）

存在满足感，但它可能是宏观效率低下的根源。这种低效率是市场不完善的结果，即货币外部性。也就是说，消费者没有考虑到他们的储蓄决定对利率的影响。类似的分析适用于外汇储备积累的情况，即只需要将消费者转换为国家，将收入的冲击转换为宏观经济冲击，将资产的积累转换为储备的积累。在没有更复杂的保险计划的情况下，积累外汇储备事关一个国家的利益，可以抵御其可能需要面对的各种宏观经济冲击。

近年来，全球经济中存在的外汇储备过度积累，对全球实际利率产生了向下的压力。实际利率下降增加了流动性陷阱发生的概率（名义利率等于零），这对全球经济产生了抑制影响：一是低利率激励杠杆的使用，这往往会导致脆弱性和不稳定性，尤其是在金融部门。事实上，对于一个给定的冲击，金融杠杆越高，对资产负债表的影响越大。二是过低的利率引发不正当的冒险行为。低利率的环境特征也容易出现投机泡沫。例如，在住房或商品市场，这样的泡沫，就其性质而言，是脆弱的。其出现和消失，将会产生过度的宏观经济波动，这又加强了预防性储蓄行为，从而形成了一个恶性循环。

总之，考虑储备资产的性质是十分重要的，因为"国际储备"涉及货币传统的三大功能之一，即价值储藏。对储备资产的强劲需求产生创造安全资产的激励动机。因此，安全资产的稀缺，使金融部门处于压力之下。对此，一些政府通过放松财政政策来回应压力。这个过程会导致准安全资产的出现。然而，如果微观行为主体逐渐意识到，这种资产实际上并不安全，将引起剧烈的市场调整。这些市场调整可能会加剧宏观经济的波动。目前，尽管美元在全球外汇储备中所占的比重仍然最大（截至2013年9月，以美元标价的储备占世界储备的61.4%），但与20世纪70年代初期相比，其重要性已有所下降。这又与美元汇率贬值不无关联。美元贬值主要是在：1977~1979年、1985~1988年、1993~1995年和2002~2008年。实际上，美元汇率的每一次贬值都会引起美国和其贸易伙伴之间的冲突，加之美国财政部经常对美元汇率贬值"善意忽视"，从而自1977年起，美元在国际货币储备中的份额开始出现下降。

第三章 国际货币体系多元化的宏观货币条件与微观货币选择[①]

在这个复杂多变的世界中,存在这样一种矛盾的趋势:无论国际金融还是世界经济,既有离心的力量,造成分崩离析的局面;又有向心的力量,在一体化中形成相互依存的关系。任何一个新兴的国际主导货币必然会对旧秩序构成强有力的冲击,并激发旧秩序产生本能的应激反应。在这种动态发展中,世界究竟是逐步走向稳定,还是走向混乱?国际货币体系的演进及健全与否,是关键因素之一。

第一节 "三元悖论"视域下国际货币体系多元化演变

国际货币格局演变的历史显示:国际货币体系的演进表现为以美元本位为分界,在此之前是从"三元悖论"的一边向另一边转换(体现了美国的诉求),在此之后是从蒙代尔"不可能三角"的一角转向另一角(分别体现了欧洲和亚洲的诉求),并在此过程中形成了过去、现在乃至未来的国际货币格局(见图3-4)。

[①] 本章部分内容已在《金融评论》上发表,林楠:《国际货币体系多元化、美元估值效应与人民币汇率政策》,《金融评论》2013年第1期。

一、"三元悖论"与蒙代尔"不可能三角"和克鲁格曼三角

作为对国际货币体系演变过程的理论归纳,"三元悖论"(The Impossible Trinity)是一种普遍认同,其在国际宏观金融(International Macro-finance)中含义非常广泛。克鲁格曼(1998)以蒙代尔"不可能三角"理论为基础,扩展了这一理论,特别是比较了资本流动情况下 3 种基本汇率制度,反映在图 3-1 中,"三元悖论"是指图中心位置的灰色三角形。

在图 3-1 中,灰色三角形(Ⅳ)的 3 个角点分别代表 3 个目标:固定汇率制、独立的货币政策和资本完全流动,在资本完全流动情况下,如果实行严格的固定汇率制(如货币局和美元化),则没有货币政策的完全独立,反之,则必须放弃固定汇率制[①]。"三元悖论"就是指,一国政府只能在独立的货币政策、固定汇率和资本自由流动 3 个目标中三选其二舍其一。这种冲突还可以用图 3-1 中外边的大三角形(蒙代尔"不可能三角")表示。

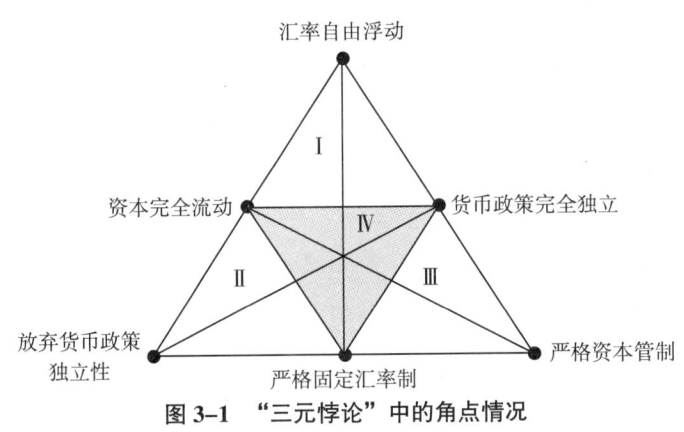

图 3-1 "三元悖论"中的角点情况

如图 3-2 所示,三角形的 3 条边表示 3 个目标(汇率稳定、货币政策独立、资本自由流动),顶点表示为实现与其联系的两个目标相应的制度

---

① 周晴:《三元悖论原则:理论与实证研究》,中国金融出版社 2008 年版,第 32 页。

第三章 国际货币体系多元化的宏观货币条件与微观货币选择

安排,箭头 x、y、m 表示汇率稳定性、货币政策独立性和资本流动性增加的方向[1],在如图 3-2 所示的三角形中,每一个国家或地区可找到与自身相对应的描述,并且点(x,y,m)可能有无穷多种组合,其到 3 边的距离分别为(1-x,1-y,1-m)。

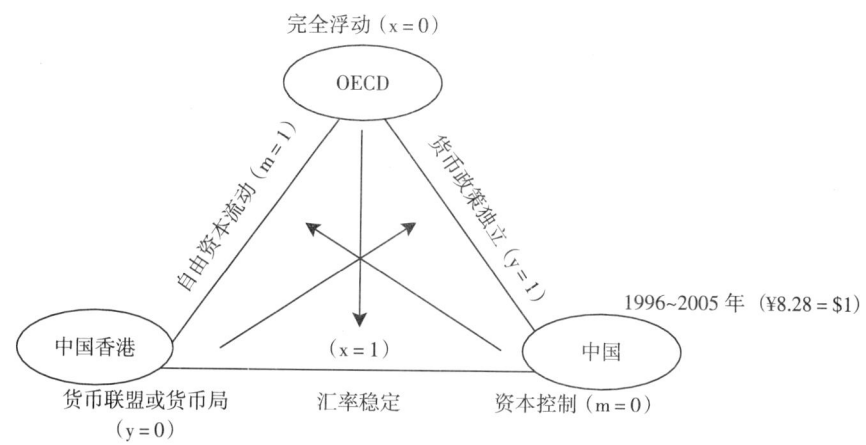

图 3-2 蒙代尔不可能三角

对于国际货币制度的选择问题,可归纳为:调节性(Adjustment)、流动性(Liquidity)和置信度(Confidence),这 3 方面构成了国际货币制度的 3 个特征,可用如图 3-3 所示的克鲁格曼三角形来表示[2]。其中,调节性对应货币政策独立性,流动性对应国际流动性,置信度对应固定汇率可维持,政府需要在调节性、流动性和置信度之中进行选择与放弃。对于调节性的拓展——与货币政策相关(及国际收支不平衡)的调整,具体包括"调整什么"、"调整到什么程度"、"采取何种方式进行调整"、"对哪些冲击进行调整"以及"通过什么来进行调整",等等。

二、"三元悖论"视域下国际货币体系的演变

将"三元悖论"与国际货币体系历史演进相结合,参见图 3-4,从国际金本位到现在的人民币国际化,国际货币体系发展演进的主要进程可归

---

[1] 易纲:《中国金融改革思考录》,商务印书馆 2009 年 12 月版,第 231 页。
[2] 陈雨露、汪昌云:《金融学文献通论(宏观金融卷)》,中国人民大学出版社 2006 年版。

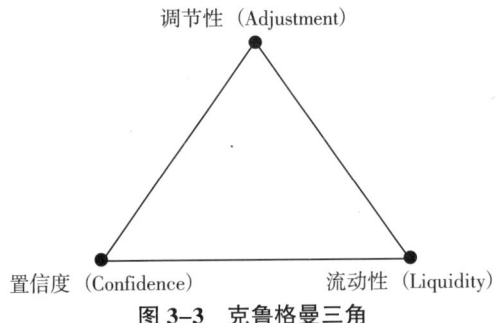

图 3-3 克鲁格曼三角

纳为：①国际金本位（英镑本位，"三元悖论"的一边）→②全球货币战（美元崛起，从"三元悖论"一边转向另一边）→③布雷顿森林体系（美元本位，"三元悖论"的一边）→④布雷顿森林体系解体（美元浮动，从"三元悖论"一边转向另一边）→⑤牙买加体系（浮动汇率美元本位，"三元悖论"的一边；美元霸权，挺进"不可能三角"的子三角Ⅰ）→⑥储备货币多样化（"广场协议"，从"不可能三角"的一角转向另一角）→⑦区域货币一体化（欧元崛起，挺进"不可能三角"的子三角Ⅱ）→⑧布雷顿森林体系Ⅱ（东亚高储蓄两难，从"不可能三角"的一角转向另一角）→⑨后美元本位（人民币国际化，挺进"不可能三角"的子三角Ⅲ，多元储备货币各居其位，分列"不可能三角"的三角）。

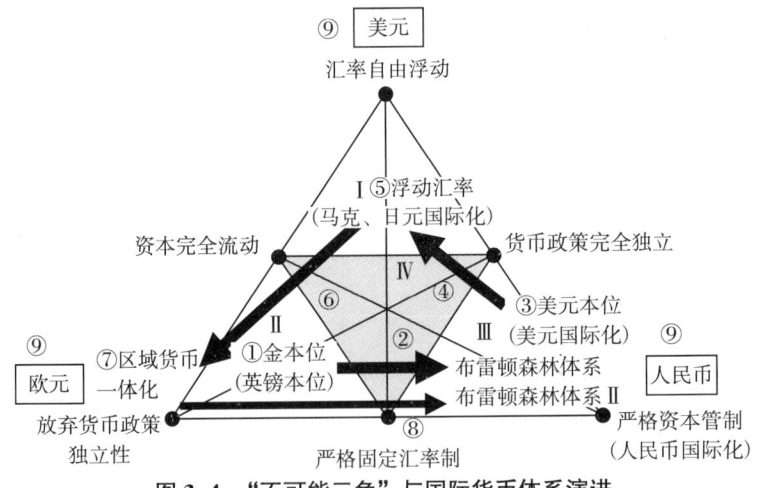

图 3-4 "不可能三角"与国际货币体系演进

第三章 国际货币体系多元化的宏观货币条件与微观货币选择

（1）作为历史上第一个国际货币体系，国际金本位制在19世纪70年代以后出现，由英国率先倡导，以黄金为"货币锚"，以英镑为本位货币。借助与白银、黄金之间兑换率的稳定机制，英镑成为当时真正的国际货币，全球超过60%的国际贸易都是以英镑作为计价和结算货币。基于铸币平价，金本位"自由兑换、自由铸造和自由输出入"，国际收支失衡具有自发调节功能，对于通胀的调控能力取决于黄金价格，货币政策独立性被禁止，汇率波动取决于黄金输出入点。结论：国际金本位与英镑本位（1879~1913年）时期，黄金和英镑两种储备货币，固定金平价下汇率稳定。

（2）两次世界大战爆发和1929~1933年经济大萧条摧毁了国际金本位和国际金汇兑本位，英镑逐步衰落，美元开始崛起并在美国政府的强力助推下，美元国际化比一般预想发展更快。该阶段国际货币体系处于无序状态，黄金名义"锚"的约束力下降，美元和英镑进行国际本位币的竞争。结论：国际金汇兑本位与美元开始崛起时期，黄金、英镑和美元等多种储备货币，各国汇率波动频繁，竞争性贬值和外汇倾销下"以邻为壑"的货币战带来全球货币冲击。

（3）"二战"以后，1944年7月布雷顿森林体系正式建立，以美元为核心的新金汇兑本位取代了以英镑为核心的金汇兑本位，布雷顿森林协议以制度化的美元作为干预和交易的本位货币，美元和黄金可兑换性的维持——美联储"政策信誉锚"决定了对通胀的调控。除了美国之外，其他国家货币政策独立性受到一定限制。"马歇尔计划"和"道奇计划"实现了美国资金海外援助美元输出（美国资本和金融项目逆差），欧洲（和日本）对美国私人部门出口商品服务的购买实现了美元回流（美国经常项目顺差），国际收支失衡调节主要由逆差国负担。结论：布雷顿森林体系建立与美元本位（1944~1970年）时期，美元和黄金两种储备货币，在美元流出和流入的均衡方式下，国际通货汇率长期稳定。

（4）20世纪60年代，美联储的黄金持有量与境外持有的未支付美元之间日益不匹配——美元作为国际本位货币要求其价值具有稳定性与国际经济可持续增长要求的美元无限供给之间存在不可调和的内在矛盾（"特里芬难题"），加之汇率制度过于刚性、国际收支调节不对称、储备货币供给调节机制过于缺乏弹性，1960~1971年先后爆发了3次美元危机。结论：布雷顿森林体系解体与美元开始浮动时期，布雷顿森林体系于1973年2月解体，国际货币体系完成从固定汇率下的美元本位向浮动汇率下的美元本位转变。

（5）在经历美元贬值导致 1971 年美国黄金窗口关闭和 1973 年史密森协议破产后，美国转向更加灵活的汇率制度。进入 20 世纪 70 年代各国步调一致，转向浮动汇率下的牙买加体系。1971~1976 年，德国和日本均表现出对内贬值与对外升值并存现象（马克和日元相对于美元汇率升值最多并且物价分别上涨 240% 和 290%）。伴随德日经济迅速崛起，马克和日元开始了国际化进程。结论：牙买加体系建立与浮动汇率美元本位（1972~1984 年）时期，自布雷顿森林体系解体后，美元与黄金脱钩，国际货币体系的核心货币由单一美元构成，工业化国家保留外汇干预政策，以确保自身汇率维持适当水平。

（6）对于当时追赶经济的代表，日本总是试图利用货币政策减少日元汇率升值压力，加之国内保护体制根深蒂固，1985 年"广场协议"后日元汇率升值难以适应，采取离岸市场的日元资金迂回流动阻碍了日元国际化进程，日元国际化却并不成功；德国则坚持以稳定国内物价的货币政策为主，汇率政策为辅，加之流动渠道合理透明，马克稳定，虽然没有明确的国际化策略，但马克的国际地位不断上升。结论：储备货币多样化与"广场协议"：伴随黄金非货币化，在美元本位下，虽然出现储备货币多样化趋势，但美元始终居主导并在货币汇率博弈中处于优势地位。

（7）1979~1998 年，欧洲货币体系建立运行，1999 年欧元诞生，在国际货币体系储备资产的供给方面创造了一个规模上可以和美元相媲美的最优货币区，并对欧洲金融市场产生深远影响。欧元国际化是以强大的制度化和区域化模式为特点，追赶美元在国际储备中的主导地位。2009 年，欧元区国内总产值合计 12.4 万亿美元（介于美国 14.1 万亿美元和中国 5 万亿美元之间）。结论：区域货币一体化与欧元崛起（1979~1999 年）时期，欧元区形成后，国际货币体系能够"走稳"的二元储备货币条件再次出现，欧元对美元、日元以及欧元对非欧元区成员国的汇率能否维持稳定成为关注的焦点。

（8）美元本位下，亚洲实行固定汇率制度的外围新兴市场经济国家重新确立了类似于布雷顿森林体系时期的以美国为中心的国际货币体系——布雷顿森林体系Ⅱ。20 世纪 90 年代以来，新兴经济体与发达国家之间"大趋同"对国际储备资产需求产生根本性影响。由于国内金融制度不完善，无法以本币提供信贷的国际债券国将出现货币错配，出现"高储蓄两难"问题。为降低货币汇率风险,在金融全球化背景下,外汇干预、储备货币多选择美元,安全资产需求过旺向发达国家金融市场传导,加大了对美元区金融资产需求。结论:布雷顿森林体系Ⅱ与东亚"高储蓄两难":东亚美元本位下,"升值浮动恐惧"占优,盯住美元成为共同货币锚。

(9)当前牙买加体系下,黄金非货币化和汇率制度多样化,国际货币汇率自身并不稳定,各国在追求内部稳定的同时,全球失衡下外部不稳定加剧;美元本位具有嚣张的特权(Exorbitant Privilege),多元储备国际收支调节不对称,危机管理可信赖度低,国际流动性供求的"特里芬两难"仍然无法破解。结论:后美元本位时代与人民币国际化(2009年至今)时期,国际货币体系将进入美元、欧元和人民币多元货币时代。

以史为鉴,如果说历史对未来有何启示,那么结论就是,世界货币史总是处于循环往复的周期运动之中,从硬通货到软通货、从通货膨胀到货币稳定、从浮动汇率体系到与某种稳定货币挂钩的固定汇率体系等①。世界经济的快速发展增加了美元标价资产的需求,但是美国财政能力相对于全球经济的增长而相对下降。在一个增长的世界中,美国将不可避免失去其储备货币绝对垄断权。因此,这意味着多元核心货币将成为必然。那么,哪种储备货币会与美元竞争?就经济规模而言,欧元和人民币是最佳的可能选择。尽管金融全球化进程美元仍主导国际货币格局,在缺少多国协调共同政策机构的假设下考虑各自福利后纳入人民币的多元储备货币合作机制仍有待完善,人民币能否在2020年成为国际储备货币时间上也不确定,但在方向上毋庸置疑——国际货币体系将进入美元、欧元和人民币的多元储备货币时代。

三、国际货币体系多元化

未来国际货币体系多元化(即多元储备货币体系)是否值得期待?

第一,在一个多极的世界中,当不存在需要全球共同应对外部竞争压力时,国际货币体系倾向于选择多元储备货币体系。

第二,鉴于美国和欧洲的经济规模和政治实力在全球的主导地位,现

---

① [加拿大]蒙代尔:《蒙代尔经济学文集(第四卷)》,向松柞译,中国金融出版社2003年版,第19页。

有国际分工格局和国际经济秩序的长期持续以及网络效应导致的国际货币体系存在极强的惯性,改善国际货币体系,稳步推进国际货币体系多元化是现实的选择。

第三,在只有一种货币处于垄断地位的国际货币体系下,由于缺乏约束机制,为了获得更多的发行收益或为了逃脱对外债务,货币发行国就会向国际市场发行过多的货币。"美元本位+浮动汇率"已发展成为国际货币供应量无限自动增加的机制。

第四,通过增加不同储备资产之间的替代程度,多元储备货币体系可以限制汇率波动以及储备资产价格(利率)波动。其中,币值的稳定性是决定国际货币替代的重要因素之一。

通常来说,币值越稳定,被替代的可能性就越小。在存在替代的情况下,为了增加收益,在货币发行量受到约束的情况下,国际货币发行国主要通过稳定币值来实现,而这种制约是相互的。与现行国际货币体系相比,储备货币多元化为市场主体提供了国际储备货币选择权,这意味着国际货币体系多元化将是市场选择的结果。一方面,货币选择有利于分散风险;另一方面,不同储备货币相互竞争制衡,从而形成市场约束。

第二节 "三元悖论"在国际货币体系演进中的理论与现实体现

国际宏观经济学研究的传统方法是 Mundell-Fleming(简称 M-F)模型,M-F 模型以 Keynes 理论为基础,假设名义汇率自由浮动、国际资本完全流动、价格水平不变。运用 IS 方程、LM 方程和非抵补利率平价(UIP)条件,考察开放经济下宏观经济总量的关系,得出了著名的"蒙代尔三角"理论。在 M-F 模型的基础上,引入理性预期与动态分析,得到 Mundell-Fleming-Dornbusch(简称 M-F-D)模型。根据"三元悖论"原则,一国宏观政策的制定和国际货币体系的构建一般旨在达到下述 3 个目标,即本国货币政策的独立性、对汇率稳定和资本的自由流动性,理论上,这 3 个目标最多只能达到两个,不可能 3 个目标同时实现。将宏观政策和国际货币体系所要达到的 3 个目标两两组合,可得到 3 组不同的政策组合。

一、资本管制下货币政策的独立性与固定汇率制矛盾——米德冲突

布雷顿森林体系时期,各国货币政策的独立调节性和汇率的稳定得到了保证,但是资本的流动受到严格限制。1951年,英国经济学家米德在其名著《国际经济政策理论:国际收支》一书中最早提出了固定汇率制下内外均衡冲突问题,即著名的"米德冲突"——在固定汇率制下,由于汇率固定不变,政府只能运用总需求调节政策来调解内外均衡,在开放经济运行的特定区间,便会出现内外均衡难以兼顾的情形。例如,国际收支顺差,外部均衡要求实行扩张性政策;如果这时国内经济处于通胀状态,从国内角度需要实施紧缩性政策。同样,当一国国际收支逆差与国内经济衰退/失业增加同时存在时,财政货币政策也会左右为难。总之,在开放经济条件下,一国政府要想同时实现内外均衡,必须运用政策搭配的方法,在固定汇率制下,政府无法运用汇率政策,在依靠单一的支出增减政策(财政政策和货币政策)来寻求内外均衡同时实现的过程中,会出现内部均衡目标和外部均衡目标发生冲突而难以兼顾的情况。对此,政府通过调节社会总需求来实现内部均衡时,会引起经济外部经济状况距离均衡目标更远。

二、资本自由流动下货币政策有效性与汇率稳定矛盾——蒙代尔—弗莱明模型

布雷顿森林体系崩溃后,资本的自由流动得以实现(并带来国际资本市场异常繁荣),各国货币政策仍然保持独立,但是汇率稳定不复存在,汇率大起大落。M-F模型是20世纪60年代蒙代尔提出的,他对开放经济中小国在资本完全自由流动条件下的货币政策的有效性进行了分析,得出两个重要的结论:第一,如果资本完全自由流动,固定汇率制下货币政策失效,只是改变外汇储备的工具,对收入和就业不产生影响,浮动汇率制下货币政策独立有效,对收入和就业有明显影响;第二,在一个资本完全自由流动且实行固定汇率制度的世界里,对冲操作毫无意义,最终只会导致固定汇率体系崩溃。蒙代尔的分析在当时是非常有预见性的。因为在

20世纪60年代早期,几乎所有国家都处于由固定汇率制度连接在一起的布雷顿森林体系的框架内,国际资本流动受到高度限制,尤其是资本和外汇管制普遍存在。进入20世纪70年代,随着国际资本市场开放和布雷顿森林体系的崩溃,蒙代尔的理论就越来越与现实经济紧密联系起来。

三、资本自由流动下的固定汇率制度——最适货币区理论

最适货币区是指,一个区域内的国家在货币完全一体化之后拥有一个共同的货币,或保持各国货币刚性的固定汇率制和货币的完全自由兑换,而对区域外汇率实行浮动。"最适"的核心是保护外部均衡并且能够实现充分就业以及价格稳定的能力,其强调的是相对于整个动荡国际金融体系而在一定区域内构建的,以努力实现内外均衡的相对稳定的货币区。现在欧盟货币体系体现的是这一政策组合,即保持汇率稳定和资本自由流动,但是牺牲本国或本地区货币政策的独立性。由于欧洲货币联盟使用统一的区域货币欧元,因而欧盟成员国之间根本不存在货币兑换问题,也就不存在对其他成员国的汇率制度安排。它们存在的问题只是整个货币联盟对联盟以外国家的汇率制度问题。可以将成员国之间的汇率看作完全的固定汇率。另外,欧盟内部早已就贸易、资本、劳务的自由流动达成了一致协议。因此,就单个成员国来说,它们选择的是汇率稳定和资本自由流动这两个目标,货币主权都上交给了欧洲中央银行,自然也谈不上货币政策的独立性。

回顾国际货币体系的演进,经历了从自发秩序(在1850年前后)向设计体系的转型,继而又在19世纪末回归自发秩序,该演变过程时断时续。19世纪末的国际金本位制通常被认为是一种"自发秩序"体系,即当时金本位设计者在建立国内货币体系的过程中无意间创建了固定汇率制度。相比之下,建立国际货币体系则是布林顿森林体系创建者的目的,而布林顿森林体系的倡导者旨在设计一套国际货币秩序。

四、与汇率动态相关的国际宏观金融理论

对于国际宏观金融(International Macro-finance),沿着凯恩斯主义,形成了蒙代尔—弗莱明—多恩布什(M-F-D)传统;沿着货币主义,浮

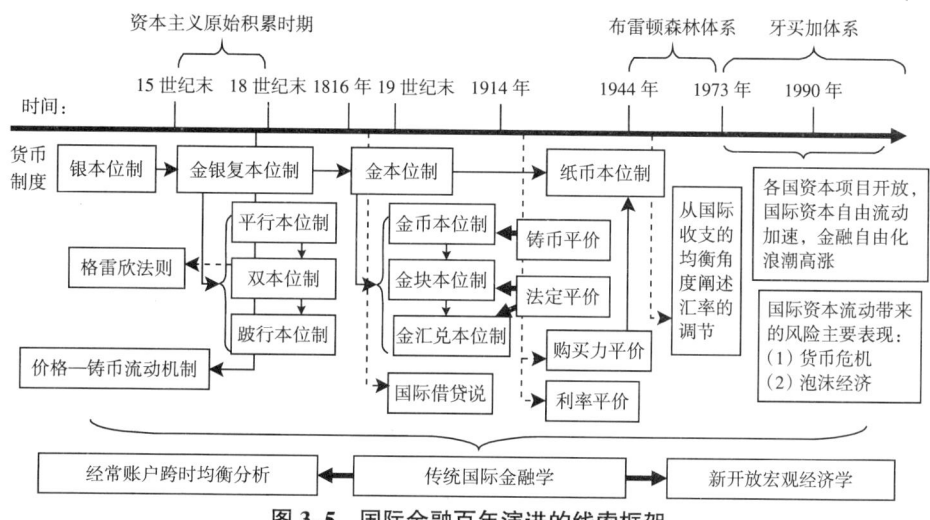

图3-5 国际金融百年演进的线索框架

动汇率理论指导下国际货币体系从固定汇率制走向了浮动汇率体系；沿着新古典和新凯恩斯方向，微观基础、一般均衡和理性预期成为重要核心，新开放经济宏观经济学（O-R）成为新一代工作母机（Workhorse），动态随机一般均衡（DSGE）模型成为重要工具。但是各种理论都躲避不了在现实政策实践应用中的缺陷：第一，凯恩斯主义的乘数理论进一步刺激了政府债务负担的增加；第二，货币主义把权力集中给中央银行，却面临社会公众对汇率政策信心博弈的正反馈回路；第三，金融经济学在本次国际金融危机后面临新古典有效市场假说的理论危机；第四，DSGE模型虽然精巧却没能预见本次国际金融危机，并且也很少有DSGE模型能够直接应用于政策制定。

厘清国际金融的关键核心变量——汇率（和其他变量之间的协动）变化规律，找出影响其变动的各类冲击的传导渠道和机制，从易变性、持续性和协作性等特征视角来刻画汇率的波动行为，不但有助于实现金融稳定约束下货币调控币值对内稳定和对外稳定的相机抉择，而且也是汇率动态分析的关键所在。作为汇率动态分析研究的先驱，Dornbusch汇率超调模型为当时已经非常明显的汇率大幅波动提供启发性的见解，并成为此后汇率短期波动相关研究的基本参照。经典的汇率超调模型出现以后，诸多学者从不同角度对汇率超调模型加以改进和扩展。特别是Obstfeld和Rogoff的《再论汇率动态》（Exchange Rate Dynamics Redux）一文给出了汇率决定的动态一般均衡模型，其分析融入了微观基础，名义价格刚性和不完全竞争，成为新开放经济宏观经济学（NOEM）下汇率动态分析的新工作母机。

综观汇率动态行为和对汇率稳定或波动现象的分析框架或方法，主要涉及3个方面：第一，分析视角（Perspective）；第二，基准点（Benchmark）或参照系（Reference）；第三，分析工具。尽管 NOEM 分析框架开启了汇率研究新的方法论，但就目前而言，其范式求解过程及复杂性还难以运用于转型经济体开放经济货币政策研究①。虽然 DSGE 新凯恩斯主义模型分析不受制于卢卡斯批判，但是其分析范式求解的复杂性即使对于发达市场经济国家而言，某种程度上也会在应用性方面受到一定的限制，更不要说将其应用于处在转轨时期的发展中国家了。此外，这些模型并没有能够帮助货币当局很好地察觉危机前经济、金融体系所发生的深刻变化，在分析框架上还需要做大量的后续完善工作。

专栏：基于微观优化的内外均衡汇率分析

1. 微观基础：消费者与生产者行为分析

假设本国和外国均生产一系列存在差异的可贸易品和非贸易品，用区间（0, n）来表示国内产品，区间（n, 1）来表示国外产品，n 表示国家规模的相对测度值。按照持久收入假说理论，每个消费者（国内和国外的都包括在内）消费3种类型的商品：国内生产的可贸易品、非贸易品和国外生产的可贸易品。与之相应，国内价格指数以及非贸易价格指数可表示为：$P_j = \left[\left(\frac{1}{n}\right)\int_0^n p(z)^{1-\sigma^j} dz\right]^{\frac{1}{1-\sigma^j}}$，$P_{j^*} = \left[\left(\frac{1}{1-n}\right)\int_n^1 p(z)^{1-\sigma^{j^*}} dz\right]^{\frac{1}{1-\sigma^{j^*}}}$。其中，$j = H, H^*, N$；$j^* = F, F^*, N^*$。行为人 i 最大化时的效用函数：$U_t^i = E\sum_{s=t}^{\infty} (\beta)^{s-t}\left[U(C_{t+s}^i) + N\left(\frac{M_{t+s}^i}{P_{t+s}}\right) - \right.$

---

① 范从来：《开放条件货币政策研究》，商务印书馆 2010 年版。

$V(L_{t+s}^i, z_{t+s}^i)]$。其中，$U(\cdot)$ 和 $N(\cdot)$ 分别代表来源于消费和实际货币余额的效用，$V(\cdot)$ 表示由于提供劳动力而损失的效用。C_t^i 表示行为人 i 在时期 t 的消费水平，$\overline{\dfrac{M_t^i}{P_t}}$ 表示其拥有的真实货币量，L_t^i 代表他的劳动力供给。假设在任何一个时期，居民都能重新制定其工资合约，结合国内劳动需求曲线，最大化效用函数求解，可得到可贸易品部门制定名义工资的一阶条件：$E_t \left\{ \sum_{k=0}^{\infty} (\alpha_p^H \beta)^k \left[(1 - \Phi^W) \dfrac{\widetilde{W}(i)_{H,t}}{P_{t+k}^H} - mrs_{t+k}^H \right] U_C(C_{t,t+k}) L(i)_{t+k} \right\} = 0$。其中，$\widetilde{W}(i)_{H,t}$ 是在时期 t 内制定的名义工资，mrs_t^H 是在国内可贸易品部门消费和劳动之间的边际替代率，$L(i)$ 是行为人 i 提供的总劳动（分为对国内可贸易品部门的劳动供给和对国内非贸易品部门的劳动供给）。由此可知，名义工资依赖于当前和预期的边际替代率的值。

一般价格水平可表示为：$P = P_T^{\gamma} P_N^{1-\gamma}$，$P_T$ 是以本国货币表示的可贸易品价格指数，P_N 是以本国货币表示的非贸易品价格指数。进一步给出如下消费指数：$C^j = \left[\left(\dfrac{1}{n} \right)^{\frac{1}{\sigma^j}} \int_0^n c(z)^{\frac{\sigma^j-1}{\sigma^j}} dz \right]^{\frac{\sigma^j}{\sigma^j-1}}$，$C^{j^*} = \left[\left(\dfrac{1}{1-n} \right)^{\frac{1}{\sigma^{j^*}}} \int_n^1 c(z)^{\frac{\sigma^{j^*}-1}{\sigma^{j^*}}} dz \right]^{\frac{\sigma^{j^*}}{\sigma^{j^*}-1}}$。其中，$j$ 和 j^* 表示国内外产品。假设在价格黏性的条件下，产出由需求决定。企业利用劳动力作为主要投入，同时全要素生产率在每个部门，国内和国外可以独立变化。在每个时点上，每个企业能够改变价格的概率是 $(1 - \alpha_p)$，这个概率在最后的价格改变之前是独立于时间变化的，并且允许这个参数跨部门、跨国家改变。定义 $p_t^{H^j}(i)$ 为 t 时刻的价格选择，$\bar{y}_{t,t+k}^{Hd}(i)$ 是生产者 i 在时刻 $t+k$ 生产的商品 H 的需求，要求 t 时刻的价格水平固定，则国内可贸易品生产者在国内市场出售商品的一阶条件为：$E_t \left\{ \sum_{k=0}^{\infty} (\alpha_p^H \beta)^k U_C(C_{t+k}) \right.$

$$\left[P_{H,t+k}P_{t+k}^{-1}\tilde{y}_{t,t+k}^{Hd}(i)(1-\Phi^H)p_t^{Hf}(i)-mc_{t+k}^H\right]\right\}=0$$。其中,α_p^H是国内企业在国内市场出售可贸易品的Calvo参数,mc^H是对生产者而言的国内可贸易品的实际边际成本。定义$\hat{p}_t$为时刻t制定的价格指数,是事前价格p_t^f和事后价格p_t^b的加权平均值:$\hat{p}_t=(1-\xi)p_t^f+\xi p_t^b$。假设事后定价企业在时刻t制定的价格相当于$\hat{p}_{t-1}$的调整价格,它是基于滞后通胀校正得到的:$p_t^b=\hat{p}_{t-1}\frac{P_{t-1}}{P_{t-2}}$,从而可说明通胀的结构可持续性和通胀增加的惯性。①

2. 宏观总量:一般均衡与约束条件分析

在一般均衡下,消费者行为、生产者行为等私人部门以及政府公共部门的交叉作用共同决定了汇率的行为特征。私人部门的行为由国内居民预算限制给出:$M_t^i-M_{t-1}^i\leqslant B_{H,t-1}^i-\frac{B_{H,t}^i}{(1+i_t)}+e_tB_{F,t-1}^i-\frac{e_tB_{F,t}^i}{(1+i_t^*)\Theta\left(\frac{e_tB_{F,t}}{P_t}\right)}+W_{H,t}^iL_{H,t}^i-P_{T,t}C_{T,t}^i-P_{N,t}C_{N,t}^i+\frac{\int_0^n\prod_{N,t}^idi}{n}+\frac{\int_0^n\prod_{H,t}^idi}{n}+T_t^i$。其中,M是期初居民的名义货币余额,$T^i$是政府所有的转移支出。$\prod_N^i$、$\prod_H^i$是来自国内企业的名义收益,$B_{H,t}^i$、$B_{F,t}^i$是个人所持有的以本国货币表示的国内和国外资产。$e_t$是以一单位外国货币表示的本国货币的名义汇率。假设当国内居民在国外债券市场进行交易时存在交易成本,该成本依赖于整个经济体的净国外资产头寸,国内企业由国内居民所有,收益在居民中均等分配,私人部门的行为由国内居民预算限制给出,国内消费者效用最大化问题是对消费和债券持有量的最优描述。对于整个经济的资源限制,除了考虑私人

---

① 即在菲利普斯曲线中,只要事后制定价格的企业比例非0,当前的通货膨胀将依赖于滞后期的通货膨胀。

部门，进一步考虑公共部门预算约束：$\int_0^n [M_t(i) - M_{t-1}(i)]dh = G_t^H + G_t^N + \int_0^n T_t(i)di$。其中，M 是期初的名义货币余额，政府资助国内可贸易品部门和非贸易品部门的公共支出为 G^H 和 G^N，$T_t(i)$ 是以转移支付形式给予居民的退税。结合资源预算约束，联系总供给和总需求有：

$Y_H = \frac{v}{n}\left(\frac{P_H}{P_T}\right)^{-1} nC_T + \frac{v^*}{n}(1-n)\left(\frac{P_H^*}{P_T^*}\right)^{-1} C_T^* + G_H$，$Y_F = \frac{(1-v)}{1-n} n \left(\frac{P_F}{P_T}\right)^{-1} C_T +$

$\frac{(1-v^*)}{1-n}(1-n)\left(\frac{P_F^*}{P_T^*}\right)^{-1} C_T^* + G_F$。非贸易品产出是由国内的公共和私人部门共同消费：$Y_N = C_N + G_N$，$Y_{N^*} = C_{N^*} + G_{N^*}$。结合国内可贸易品生产者在国内市场出售商品的一阶条件，可以得到在国内和国外经济中消费可贸易品和非贸易品的分配比例为 $\frac{C_T}{C_N} = \frac{\gamma}{1-\gamma}\frac{P_N}{P_T}$，$\frac{C_{T^*}}{C_{N^*}} = \frac{\gamma^*}{1-\gamma^*} \frac{P_{N^*}}{P_{T^*}}$。

3. 经济追赶进程中购买力平价拓展与内外均衡实际汇率

在涉外经济交往中，经常项目是决定均衡汇率的重要因素，可表示为：$\frac{e_t B_{F,t}^i}{(1+i_t^*)\Theta\left(\frac{e_t B_{F,t}}{P_t}\right)} - \frac{e_t B_{F,t-1}}{P_t} = \frac{P_{H,t} Y_{H,t}^d}{P_t} + \frac{e_t P_{H,t}^* Y_{H,t}^{d*}}{P_t} - \frac{P_T C_T}{P_t}$。定义 $Y_{H,t}^d$ 为对来自国内市场的国内产品的总需求，$Y_{H,t}^{d*}$ 为对来自国外市场的国内产品的总需求。通过这种方式，可以将经常项目的变化与汇率的变动联系起来，汇率与其他经济变量通过经常项目产生相互作用。在净资本流动伴随国外净资产头寸从 $B_{F,t}^i$ 趋近合意水平 $\widetilde{B}_{F,t}^i$ 的"名义"调整过程中，可得到相应的外部平衡汇率。从而经常项目及其相对于国民收入的相对比率可分别表示为：$CA_t = \eta(\widetilde{B}_{F,t}^i - B_{F,t-1}^i) + gB_{F,t-1}^i$，$ca_t = \eta(\widetilde{b}_{F,t}^i - b_{F,t-1}^i) + \frac{g(1+\eta)}{1+g} b_{F,t-1}^i$。其中，g 为名义 GDP 增长率。在此基础上，经常项目将取决于可贸易品相对价格竞争力（q^T）和来自

国外净资产 $B_{F,t}^i$ 的净收入：$ca_t = \kappa q^T + \dfrac{i^*}{1+g} b_{F,t-1}^i$。其中 $\kappa > 0$，i^* 为国际利率。进一步整理可得：$\bar{q}^T = \dfrac{1}{\kappa}\left\{\eta \tilde{b}_{F,t}^i - \left[\eta + \dfrac{i^* - g(1+\eta)}{1+g} b_{F,t-1}^i\right]\right\}$。

直接运用绝对或相对 PPP 对人民币汇率进行评估，并不适用于均衡汇率水平的度量。因为中国经济赶超制度变迁，实际汇率常出现结构性变化。对于反映内部状况的均衡汇率，基于巴拉萨——萨缪尔森效应，结合不同经济体之间的生产率差异，对数线性化可得到 $\bar{q}^{NT} = (1-\gamma)\left[(a_T^* - a_N^*) - (a_T - a_N)\right]$。其中，$a_i$ 代表部门 $i(i = T, N)$ 的劳动生产率（假设 $a_T^* > a_T$，$a_N^* = a_N$），由于发展中国家可贸易品与不可贸易品之间的劳动生产率差距要比发达国家的可贸易品与不可贸易品劳动生产率差距低，从而 $\bar{q}^{NT} > 0$。假设国内外可贸易品和不可贸易品的产品价格 $P_i = W/a$（且工资水平 W 一样），结合巴拉萨——萨缪尔森效应内部传导机制，进而可得 $(1-\gamma)\left[(p_N^* - p_T^*) - (p_N - p_T)\right] > 0$。当绝对购买力平价成立时，PPP = P/P^*（直接标价法下），外部实际汇率 (eP^*/P) 应该等于1。但由于非贸易品的出现和对本国商品偏好在国内外可能会有所不同，结合价格指数 $P = P_T^\gamma P_N^{1-\gamma}$，对数线性化可得：

$$\text{PPP} = [\gamma p_T + (1-\gamma)p_N] - [\gamma p_T^* + (1-\gamma)p_N^*]$$
$$(p_T - p_T^*) - \text{PPP} = (1-\gamma)[(p_T - p_N) - (p_T^* - p_N^*)]$$
$$= (1-\gamma)[(p_N^* - p_T^*) - (p_N - p_T)] > 0$$

即发展中国家的本币币值 $(p_T - p_T^*)$ 相对于购买力平价（PPP）存在低估。

在此基础上，内外均衡实际汇率可综合表示为：

$$\bar{q} = \bar{q}^{NT} + \bar{q}^T = (1-\gamma)\left[(a_T^* - a_N^*) - (a_T - a_N)\right]$$
$$+ \dfrac{1}{\kappa}\left\{\eta \tilde{b}_{F,t}^i - \left[\eta + \dfrac{i^* - g(1+\eta)}{1+g} b_{F,t-1}^i\right]\right\}$$

这与外部实际汇率的定义式：

第三章 国际货币体系多元化的宏观货币条件与微观货币选择

$$Q = \frac{eP^*}{P} = \frac{\left(\frac{P_N^*}{P_T^*}\right)^{1-\gamma^*}}{\left(\frac{P_N}{P_T}\right)^{1-\gamma}} \frac{eP_T^*}{P_T}$$

经对数线性化并把国内外产品偏好统一为 α 后，$q = (1-\alpha)[(p_N^* - p_T^*) - (p_N - p_T)] + (e + p_T^* - p_T)$ 得到的一般表达式的前后两项对应一致。

第三节 国际货币体系多元化微观行为之货币选择

对于迈向多元储备货币体系进程中的汇率动态，结合代表性个体的投资组合分析，考虑两个国家（G2）分别为美国（US）和中国（CH），3 种货币分别为美元、欧元和人民币。每种货币 k 的资产供给表示为 A_k（k = US，EU，CH），在 G2 中，国家 i 的财富以其国内的货币表示为 W^i（i = US，CH），鉴于美元的国际储备货币和人民币国际化现状，假设 $W^{US} < A^{US}$，$W^{CH} > A^{CH}$。在 G2 中，每个国家对于本国货币计价资产的国内需求以本国货币表示为 D_i（i = US，CH）。假设由于中国资本项目尚未完全放开，国外的投资者不能持有人民币计值资产，而中国的投资者能够持有 3 种货币计值资产，从而有 $W^{US} = D^{US}$。假设美元资产不存在流动性风险，但人民币资产存在流动性风险。代表性投资者最大化其效用函数是其财富的函数，并且效用函数最大化决定了每一种资产在投资者财富中的比重。模型求解可以发现相对收益的变化会影响货币 j 在国家 i 的代表性个体投资者 f 的资产组合中的权重。

一、美国代表性投资者的微观行为分析

对于美国投资者，可将其资产分别配置于欧元资产的比重为 f，配置于美元资产的比重为 1–f，则其资产组合的总回报为 $r = f \cdot r^{EU} + (1-f) \cdot$

r^{US}。假设投资风险厌恶,即希望其总资产组合的风险越小越好,其总资产回报的预期越高越好。用均值—方差模型表示资产组合的预期回报和方差分别为:

$$E(r) = fE(r^{EU}) + (1-f)E(r^{US}) \tag{3-1}$$

$$V(r) = f^2V(r^{EU}) + (1-f)^2V(r^{US}) + 2f(1-f)Cov(r^{EU}, r^{US}) \tag{3-2}$$

由于假设美元为安全资产,以美元表示的资产回报分别为 $r^{US} = i^{US}$(美国联邦基金利率)和 $r^{EU} = i^{EU} + \Delta S_{EU/US}$(欧洲名义利率加上欧元兑美元的升值率),并且投资者进行决策时两国利率已经确定,从而利率的方差为0,只有即期汇率的变化不确定,从而均值—方差模型为:

$$E(r) = f(i^{EU} + E\Delta S_{EU/US}) + (1-f)i^{US} \tag{3-3}$$

$$V(r) = f^2 V(\Delta S_{EU/US}) \tag{3-4}$$

假设投资者会同时关心均值和方差,其试图最大化有关均值和方差的某个函数 $\Theta[E(r), V(r)]$,为了选择 f 而使其效用最大化,可以求 Θ 对 f 的微分:

$$\frac{d\Theta}{df} = \frac{d\Theta}{dE(r)}\frac{dE(r)}{df} + \frac{d\Theta}{dV(r)}\frac{dV(r)}{df} \tag{3-5}$$

求式(3-3)和式(3-4)对 f 的导数,并代入式(3-5),可得:

$$\frac{d\Theta}{df} = \frac{d\Theta}{dE(r)}(i^{EU} + E\Delta S_{EU/US} - i^{US}) + \frac{d\Theta}{dV(r)}[2fV(\Delta S_{EU/US})] \tag{3-6}$$

令式(3-6)等于0,从而求解 f 得到投资者资产组合最优配置:

$$f = \frac{i^{EU} + E\Delta S_{EU/US} - i^{US}}{\left\{\left[-2\frac{d\Theta}{dV(r)}\right]\middle/\left[\frac{d\Theta}{dE(r)}\right]\right\}V(\Delta S_{EU/US})} \tag{3-7}$$

令 $RRA^{US} = \left[-2\frac{d\Theta}{dV(r)}\right]\middle/\left[\frac{d\Theta}{dE(r)}\right]$ 为代表性投资者相对风险厌恶系数,欧元与美元之间的预期风险溢价可表示为 $rp_{EU/US} = i^{EU} - i^{US} + E\Delta S_{EU/US}$,根据假设美元资产无流动性风险,但欧元资产存在流动性风险,从而 $V(\Delta S_{EU/US}) = \delta_{US}^2 + \delta_{EU}^2 - 2\delta_{US\_EU} + \gamma_{EU}^2$,其中 $\delta_{US}^2(\delta_{EU}^2)$ 为美元(欧元)汇率波动的方差,γ_{EU}^2 为刻画欧元资产流动性风险的方差。因此,对于美国投资者将其资产配置于欧元资产的比重为:

$$f = \frac{rp_{EU/US}}{RRA^{US}V(\Delta S_{EU/US})} = \frac{rp_{EU/US}}{RRA^{US}(\delta_{US}^2 + \delta_{EU}^2 - 2\delta_{US\_EU} + \gamma_{EU}^2)} \tag{3-8}$$

第三章 国际货币体系多元化的宏观货币条件与微观货币选择

美国投资者将其资产配置于美元资产的比重为:$[1 - \frac{rp_{EU/US}}{RRA^{US}V(\Delta S_{EU/US})}]$。

二、中国代表性投资者的微观行为分析

对于中国投资者持有 3 种货币计价的资产，F_{US} 表示为中国持有的（以美元表示的）美元资产，中国持有的（以欧元表示的）欧元资产为 F_{EU}，1 单位货币 $k(k = US, EU)$ 的人民币数量为 S_k，从而有：

$$W^{CH} = D^{CH} + S_{US}F_{US} + S_{EU}F_{EU} \tag{3-9}$$

进一步假设中国投资者将其财富以固定比例分配为 3 种资产类型，其中的投资美元（欧元）资产比重表示为 $x_k = S_kF_k/W^{CH}$，$k = US, EU$，则中国投资者资产组合中的外国总资产比重满足 $x = x_{US} + x_{EU}$，$0 < x < 1$。用均值—方差模型表示资产组合的预期回报和方差分别为：

$$E(Q) = x_{US}E(r^{US}) + x_{EU}E(r^{EU}) + (1 - x_{US} - x_{EU})E(r^{CH}) \tag{3-10}$$

$$V(Q) = x_{US}^2 V(r^{US}) + x_{EU}^2 V(r^{EU}) + (1 - x_{US} - x_{EU})^2 V(r^{CH}) + 2x_{US}x_{EU}Cov(r^{US}, r^{EU})$$
$$+ 2x_{US}(1 - x_{US} - x_{EU})Cov(r^{US}, r^{CH}) + 2x_{EU}(1 - x_{US} - x_{EU})Cov(r^{EU}, r^{CH}) \tag{3-11}$$

根据假设美元为安全资产，以美元表示的资产回报分别为 $r^{US} = i^{US}$（美国联邦基金利率），$r^{EU} = i^{EU} + \Delta S_{EU/US}$（欧洲名义利率加上欧元兑美元的升值率），$r^{CH} = i^{CH} - \Delta S_{US/CH}$（人民币名义利率减去人民币兑美元的升值率），并且投资者进行决策时两国利率已经确定，从而利率的方差为 0，只有即期汇率的变化不确定，从而均值—方差模型为：

$$E(Q) = x_{US}(i^{US}) + x_{EU}(i^{EU} + E\Delta S_{EU/US}) + (1 - x_{US} - x_{EU})(i^{CH} - E\Delta S_{US/CH}) \tag{3-12}$$

$$V(Q) = x_{EU}^2 V(\Delta S_{EU/US}) + (1 - x_{US} - x_{EU})^2 V(\Delta S_{US/CH}) \tag{3-13}$$

假设投资者会同时关心均值和方差，其试图最大化有关均值和方差的某个函数 $\Psi[E(Q), V(Q)]$，为了选择 x 而使其效用最大化，可以求 Ψ 对 x 的微分：

$$\frac{d\Psi}{dx} = \frac{d\Psi}{dE(Q)}\frac{dE(Q)}{dx} + \frac{d\Psi}{dV(Q)}\frac{dV(Q)}{dx} \tag{3-14}$$

求式（3-12）和式（3-13）对 x 的导数，并代入式（3-14），可得：

$$\frac{d\Psi}{dx_{US}} = \frac{d\Psi}{dE(Q)}(i^{US} - i^{CH} + E\Delta S_{US/CH}) - \frac{d\Psi}{dV(Q)}[2(1 - x_{US} - x_{EU})V(\Delta S_{US/CH})]$$

$$\frac{d\Psi}{dx_{EU}} = \frac{d\Psi}{dE(Q)}(i^{EU} + E\Delta S_{EU/US} - i^{CH} + E\Delta S_{US/CH}) \quad (3-15)$$

$$+ \frac{d\Psi}{dV(Q)}[2x_{EU}V(\Delta S_{EU/US}) - 2(1 - x_{US} - x_{EU})V(\Delta S_{US/CH})] \quad (3-16)$$

令式（3—15）和式（3—16）都等于0，$RRA^{CH} = \left[-2\dfrac{d\Psi}{dV(Q)}\right] / \left[\dfrac{d\Psi}{dE(Q)}\right]$ 为中国的代表性投资者相对风险厌恶系数，并且结合人民币汇率（相对于美元）风险溢价将其表示为 $rp_{CH/US} = -rp_{US/CH} = -(i^{US} - i^{CH} + E\Delta S_{US/CH}) = i^{CH} - i^{US} - E\Delta S_{US/CH}$，欧元汇率（相对于美元）风险溢价为 $rp_{EU/US} = i^{EU} - i^{US} + E\Delta_{EU/US}$。从而求解 x_{EU} 和 x_{US} 得到投资者资产组合最优配置：

$$x_{EU} = \frac{2rp_{CH/US} - rp_{EU/US}}{RRA^{CH}[V(\Delta S_{EU/US})]} \quad (3-17)$$

$$x_{US} = 1 - \frac{2rp_{CH/US} - rp_{EU/US}}{RRA^{CH}[V(\Delta S_{EU/US})]} - \frac{rp_{CH/US}}{RRA^{CH}[V(\Delta S_{US/CH})]} \quad (3-18)$$

三、基于"均值—方差"模型分析的基本结论

综上，美国投资者将其资产配置于美元资产的比重为 $\left[1 - \dfrac{rp_{EU/US}}{RRA^{US}V(\Delta S_{EU/US})}\right]$；

中国投资者投资美元资产比重为 $\left[1 - \dfrac{2rp_{CH/US} - rp_{EU/US}}{RRA^{CH}[V(\Delta S_{EU/US})]} - \dfrac{rp_{CH/US}}{RRA^{CH}[V(\Delta S_{US/CH})]}\right]$；

美国投资者将其资产配置于欧元资产的比重为 $\left[\dfrac{rp_{EU/US}}{RRA^{US}V(\Delta S_{EU/US})}\right]$；

中国投资者投资欧元资产比重为 $\left[\dfrac{2rp_{CH/US} - rp_{EU/US}}{RRA^{CH}[V(\Delta S_{EU/US})]}\right]$。

根据假设美元资产无流动性风险，但欧元和人民币资产存在流动性风险，从而 $V(\Delta S_{US/CH}) = \delta_{US}^2 + \delta_{CH}^2 - 2\delta_{US\_CH} + \gamma_{CH}^2$，$V(\Delta S_{EU/US}) = \delta_{EU}^2 + \delta_{US}^2 - 2\delta_{EU\_US} + \gamma_{EU}^2$，其中，$\delta^2$ 为汇率波动的方差，γ^2 为刻画资产流动性风险的方差。假设其他条件不变，可进一步结合汇率波动和资产流动性风险进行分析：

第一，考虑相对货币汇率风险溢价，当外汇资产的预期收益增加时其

需求也相应增加，美国投资者对欧元资产的最优权重与欧元汇率（相对于美元）风险溢价正相关，中国投资者对美元资产的最优权重与美元汇率（相对于人民币）风险溢价以及欧元汇率（相对于美元）风险溢价正相关，即美元相对于人民币以及欧元相对美元的预期收益增加都会提升中国代表性投资者资产组合中对美元计值资产的需求；但欧元汇率（相对于美元）风险溢价增大却并不会提升中国投资者对资产组合中欧元计值资产的需求。

第二，对于汇率风险，伴随美元汇率、欧元汇率和人民币汇率的波动加大，美国和中国代表性投资者都会增加对美元资产的需求，而降低对欧元资产的需求。

第三，对于美元计价资产的需求还会受到非美元资产的流动性风险的影响，表现为欧元和人民币的流动性风险的存在（及其变大），也会提升对美元资产的总体需求。

因此，对于"美元本位"下与美元资产需求提升的相关因素主要是：美元汇率（相对于人民币）风险溢价及欧元汇率（相对于美元）风险溢价的增大，美元、欧元、人民币汇率波动增大以及美元本位下欧元和人民币资产存在流动性风险的客观现实等。鉴于市场循环机制的控制是调节价格的核心，美元定价地位的保障与美元报价地位的扩张是价格调节市场的独特工具和手段。对于多元储备货币之间的汇率变动，实际上会增加该体系的使用成本，如果中央银行和民间机构通过改变其持有外币资产的资产结构来应对汇率的波动，那么这种行为本身就可能会助长汇率的不稳定。因此，建立在多元核心货币基础上的国际货币体系稳定机制是有条件的。实际上，世界趋向多元化储备货币体系，也许可能并不在于当前美元本位下的"特里芬难题"以及安全资产的短缺，而是由于官方储备持有者希望分散化其投资组合，并且全球失衡的修正将对此产生进一步的推进作用。

第四章 国际货币体系多元化汇率博弈与均衡汇率[①]

近年来国际货币汇率博弈纷争不断,伴随中国经济在国际舞台上的作用不断增强,国内外各界对人民币汇率和国际化问题普遍给予极大热情和广泛关注。伴随人民币国际化逐步推进,"后美元"时代人民币货币状态提升与国际货币体系非均衡下美元货币束缚之间的矛盾也在不断加剧。在后美元本位和浮动汇率下,美元倾销既无约束又无清偿保障,量化宽松进一步埋下美元贬值和通胀隐患。在估值效应(Valuation Effect)下,美元贬值驱动资产重估(Dollar Devaluation-led Revaluation),导致国家间财富非对称转移,从而最大限度地保护了美国的利益;新兴市场经济体饱受热钱流动的冲击,大国外汇储备资产安全受到严重威胁。如何尽快摆脱美元陷阱,从货币战略层面提升自身货币状态抵消美元的束缚,在有效推进人民币国际化进程的同时保证国内金融体系和资产定价体系在长期内免受重大冲击已迫在眉睫!

第一节 美元国际地位及其变化的政策讨论

在政策讨论中,最常讨论的美元的两个作用是作为许多国家汇率安排和国际储备的中心货币,从历史的角度阐述这一问题,可将一国货币安排按照是否已经美元化或实行货币局制,是否存在盯住美元制度,以及是否

[①] 本章部分内容已在《经济学动态》和《金融评论》上发表。林楠:《货币博弈下人民币实际汇率动态与政策空间研究》,《经济学动态》2013年第1期;林楠:《国际货币体系多元化、美元估值效应与人民币汇率政策》,《金融评论》2013年第1期。

把美元作为参照货币实行有管理浮动汇率制度分成3组。① 统计数据呈现了与美元挂钩的汇率制度的所有国家的GDP份额,截至2010年,有8个美元化或存在货币局制度的国家,90个实施盯住美元制度的国家。几乎没有任何证据表明,美元作为锚货币的角色如今已经发生了改变。事实上,实行与美元相联系的汇率制度的国家的GDP占全球GDP的份额正随着时间的推移而不断增加。

国家外汇储备是分析和政策讨论的另一个焦点。跨国数据显示,最近10年国际上外汇储备的持有量大幅增长。虽然在经济大衰退期间储备量略有下滑,但是之后其又恢复了增长的趋势并到2011年初上升了近10万亿美元。特别地,外汇储备的增长中发展中国家占主导地位,但又不仅限于发展中国家。在外汇储备的资产组合中,无论这些资产的价值以当前的汇率计算还是以固定汇率计算,美元计价的资产都继续占发达国家与发展中国家外汇储备的绝大多数。以当前汇率还是固定的汇率计价这个区别是非常重要的,因为它会产生储备组合份额的变化,这种份额的变化可能是被动的,是由货币价值的变化产生的。近期发展中国家外汇储备更多样化,减少了美元份额。然而,总的来说,尽管近些年市场有些动荡,出现了各种危机,而且中国推动了更大程度的人民币国际化进程,但是美元不管作为汇率制度安排的核心货币还是国际储备货币,其地位并没有明显下降。

国际货币的另一个职能是被用作一种交易货币。一系列证据表明美元在外汇交易市场仍然是首要的交易货币,在国际贸易中继续充当主要的计价货币。美元以85%的外汇交易量主导着外汇交易市场和国际贸易市场,这是第二关键货币——欧元——所占份额的两倍多。然而,尽管在过去的10年中,货币交易量已经翻了1倍多,美元的主导地位却下降了。由于美元在国际贸易发票中的广泛使用,使这种货币在外汇交易中的领先地位得以巩固。2011年在欧洲央行发表的《关于欧元的国际作用》一文中详述了在欧盟国家进出口使用的货币。一般来说,欧元刚刚出现还没有稳定时,欧元的作用一直在上升。现在看来,不同的国家对于欧元和美元股票的走势看法是不同的。过去10年美元、欧元和其他的关键货币在国际贸

---

① 汇率安排很难进行分类,实际上的汇率安排也常常与法律上的汇率安排有所不同。这里使用Reinhart和Rogoff(2002)的研究方法。

易发票中的使用是相对稳定的。

国际借贷市场是另一个可以比较货币作用的领域。① 欧洲央行编纂的综合数据显示了在世界所有发行的未偿还债务证券中欧元、美元、日元和其他货币的份额。在欧洲经济体内，包括欧元区的内部市场，债券发行的增长已经和美元份额在所有债务证券中的下滑联系起来。国际融资中存在的另一个重要指标是在发行国以外销售的所有证券和在不同于发行人国家的货币所销售的证券的美元主导份额。这种更窄的债券发行，即所谓的"国际债务证券"，美元的作用仍然在扩大。近年来，当借款人转向外部市场和外币融资时，美元借款几乎占了所有借款的一半。在非银行和银行交易双方的债务中，美元也是主导货币。美元在向银行和非银行的客户贷款中仍然占有大约60%的份额。美元在银行日益增长的跨境贷款中也起到了重要作用。

有时人们会认为，美国在美元国际地位的特权中得到了很多好处②，却很少有人质疑这种地位下降的后果。对此，可从以下几个方面进行潜在的后果分析。③

铸币税的收入：铸币税的优势可以近似地看成是以下两者的差额：一个是用已经购买到的证券来换取银行债券所得的利润，另一个是发行和分配这些银行证券的成本。尽管大约1万亿美元以现金的形式在流通，但美国总的铸币税收入是稳定的。在较低的利率环境下，铸币税收入可能相对较小：在25个基点下计算大概每年的收入上界是25亿美元，或者按利率2%计算的话是20亿美元。通过一些估计，超过60%的美元票据在国外流通。显而易见，在美国以外美元现金的持有量的变化将会相应地改变这些收入。④

资金成本：还有观点认为，能够给予美国过高特权的一种见解是，美

---

① 详见欧洲中央银行（2009），Couerdacier 和 Martin（2007）以及 Thimann（2008）。
② 例如，Pierre-Olivier Gourinchas & Helene Rey, 2007, "From World Banker to World Venture Capitalist: The U.S. External Adjustment and the Exorbitant Privilege", in R. Clarida (ed.), G7 Current Account Imbalances: Sustainability and Adjustment (Chicago, University of Chicago Press), 11-55. "过高的特权"（Exorbitant Privilege）一词第一次由 Valery Giscard d'Estaing 在担任法国财政部长时提出。
③ 这部分参考了 Linda Goldberg, Mark Choi 和 Hunter Clark 在 Liberty Street Economics（2011年10月3日）的博客，http://libertystreeteconomics.newyorkfed.org/2011/10/what-if-the-usdollars-global-role-changed.html。
④ 流通的大约1万亿美元中，大概1/2到2/3是在美国以外被持有。

国借款者对美元借款较低的资金成本巩固了美元的国际地位。这个观点曾经是人们争论的热点话题。然而，相对于外国投资者投资于美国资本获得的收益来说，美国实体对外投资得到了相对较高的收益率。证据表明，过高的特权已经引起了广泛的争议。Curcuru，Thomas 和 Warnock（CTW，2011）的实证研究表明：美国对外借款的筹资成本与美国对外投资的筹资成本是不同的，其主要差别在于内外资本流动构成的不一致。具体而言，美国对外投资更倾向于高回报率的对外直接投资。与其他国家相比，美国在政府债券和公司债券融资方面仍具有微弱优势。而且最近的研究把美国债务的低回报率原因归结为国家风险溢价、不同国家税率差别以及美国相对其他国家而言稳定的投资回报，而并非仅是美元的国际地位在起作用。① Gourinchas 和 Rey（2011）提出了不同的观点：由于美国为世界提供了稳定依靠，并且作为其他国家的最后贷款人而承担额外负担，但是这一观点并未反驳 CTW 的证据。

如果对其他国家而言出现了除美债以外的其他投资选择，以及美元作为避险货币的地位逐渐减弱时，美国的筹资成本将会上升。对美国债务需求的减少将会增加美国债务融资成本，其后果是美国债务财政负担加重及本国公共和私人部门开支减少。② 随着美国资产需求减少，会进一步导致美元贬值。

美元估值效应：一国的货币价值是由其货币地位决定的。正如全球主要储备货币美元那样，全球公共和私人部门在某种程度上都需要美元资产。倘若美元相对其他任何货币贬值，那些持有美元的国家的美元外汇储备资产将会减少。美元贬值对经济的潜在影响是复杂的。如果不考虑美国外债规模，由于美国债务都是以美元标价，间接标价法衡量的美国债务负担并没有增加。但是美元持债成本将会增加，如果预期美元继续贬值，投资者会要求风险补偿。美国进口方与出口方的博弈与美元价值变化存在联系是不争的事实，那些以美元作为其贸易结算货币的非美国国家可能同样会受到美元价值变化的影响。

美国的全球性影响：由于美国遭受由美元向多元货币世界的转化，使

---

① Curcuru, Stephanie, Charles Thomas & Fancis Warnock, 2011, "On Returns Differentials", *Federal Reserve Board manuscript*; Curcuru, Stephanie & Charles Thomas, 2010, "The U.S. Net Income Puzzle", *Federal Reserve Board Manuscript*.
② 要估计美国与日俱增的债务融资成本，参见 Congressional Budget Office Estimates, February 24, 2011. Letter to Honorable Paul Ryan from CBO Douglas Emendorf.

美国在全球的地位和政策的影响力均有所减弱。在现代经济体系中，美国的全球性影响主要是影响一些维持国际金融秩序的机构，比如国际货币基金组织和世界银行等。美国影响力受挫的另一个表现可能是，在国际谈判和会议等事务中越来越多地使用其他种类的货币，这可能进一步加强了其他国家与美国在偏好和利益方面的差异。

专栏：两国模型下储备货币发行国汇率动态

考虑两国模型，核心储备货币发行国（美国）和外围国家（以中国为例），E 是以美元作为基准货币间接标价法下的美元汇率，E 越大表明美元汇率越升值。r 是美元利率，r^* 是世界其他国家货币的利率，在给定的考察期限内，假定它们都是不变的。当资本完全自由流动时，UIP 条件成立，则持有美元而非人民币资产的相对收益 $R = \frac{1+r}{1+r^*} \frac{E^e_{t+1}}{E_t} = 1$。令 F_t 是美国在时期 t 的净债务，D_t 为时期 t 内美国的贸易逆差，两者均以美元表示。W_t 是以美元表示美国居民的净财富，W^*_t 是中国以人民币表示的净财富，并且两者均表示在 t 时期末。令 X_t 和 X^*_t 分别为美元计价资产总量和人民币计价资产总额：$W_t = X_t - F_t$；$\frac{W^*_t}{E_t} = \frac{X^*_t}{E_t} + F_t$。对于投资者的资产投资偏好，假设美国居民投资于美元计价资产和人民币计价资产的比重分别为 α 和 (1-α)，上述比重是相对收益率的函数，并且 $0 < \alpha(R, s) < 1$，$\alpha_R > 0$，$\alpha_s > 0$；相类似地，中国居民对上述两种资产的投资比重分别为 α^* 和 $(1-\alpha^*)$，并且 $0 < \alpha^*(R, s) < 1$，$\alpha^*_R < 0$，$\alpha^*_s < 0$，其中，变量 s 为转换因素，表示对于给定相对收益 R 下改变资产投资组合权重的所有因素。进一步考虑在国内外资产投资方面存在本国偏好，假设 $\alpha + \alpha^* > 1$。在给定国内外各自对美元资产偏好条件下，对于资产市场均衡而言，总的美元资产可表示为：$X_t = \alpha W_t + (1-\alpha^*) \frac{W^*_t}{E_t} = [\alpha(R, s)](X_t - F_t) + [1 - \alpha^*(R, s)] \left(\frac{X^*_t}{E_t} + F_t\right)$。该方程表示美元计价资产的市场出清条件（XX 线），即美元资产X_t的供给等于美国和中国对这些资产的需求总和。

将美国的净债务F_t表示为净财富W_t与W_t^*的函数,用F_{t-1}表示美国净外部债务累积:$F_{t+1}=(1-\alpha^*)\frac{W_t^*}{E_t}(1+r)-(1-\alpha)W_t(1+r^*)\frac{E_t}{E_{t+1}}+D_{t+1}$,即美国的净外债在下一期决定于下一期外国投资者持有美元资产额减去美国投资者持有的中国资产额与贸易逆差,BB线:$F_{t+1}=[1-\alpha^*(R,s)]\left(\frac{X_t^*}{E_t}+F_t\right)(1+r)-\frac{[1-\alpha(R,s)(X_t-F_t)]}{R_r}(1+r)+D(E_t,X_t-F_t)$。其中,$R_r=\frac{1+r}{1+r^*}\frac{E_{t+1}}{E_t}$是实现了的相对美元资产收益率,并且当美元预期贬值时$R_r<R$,从而美国的国外总资产上升,这种估值效应(Valuation Effect)能够降低美国的净美元债务。在稳态条件下,X_t和X_t^*以及F_t和E_t为常数,并假设$r_t=r_t^*$,$R=R_r=1$,从而资产组合平衡方程式的稳态形式为:$X_t=[\alpha(1,s)](X_t-F_t)+[1-\alpha^*(1,s)]\left(\frac{X_t^*}{E_t}+F_t\right)$。假设经常项目长期平衡,则该方程式的稳态形式为:$rF_t=-D(E_t,X_t-F_t)$。

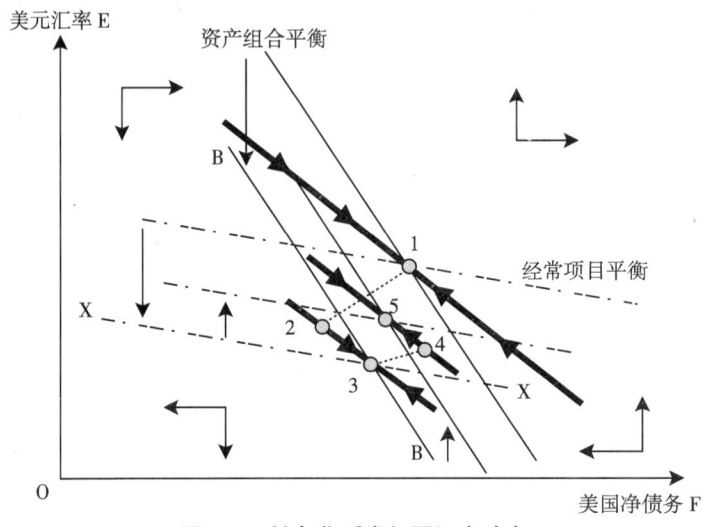

图4-1 储备货币发行国汇率动态

第四章 国际货币体系多元化汇率博弈与均衡汇率

第二节 汇率压制：货币博弈下的汇率较量

现行国际货币体系的非均衡，从产生根源上讲，是世界各经济体在相互动态政策博弈过程中，随着自身政治经济强弱关系的不停变化，从原有均衡态向另一个均衡态过渡进程中产生的一系列问题。美国、欧盟、日本等少数发达经济体的经济实力在世界经济秩序的博弈中无疑占据举足轻重的地位，从"二战"后布雷顿森林体系的建立到现行国际货币体系的运转，都体现了发达国家在与发展中国家的政策博弈中所处的绝对优势，国际货币体系诸多方面的制度安排更是显示出对发展中国家的不公平。发展中国家的"策略式反应"似乎只能被动地接受前者的种种安排。这一过程可用完全信息动态博弈描述，如图4-2所示。如果a>a'>c>c'，b>d，则这个博弈中的精炼纳什均衡为（变更原有制度，遵守）；如果a'>a>c'>c，b'>d'，则精炼纳什均衡为（保持原有制度，遵守）。在这个博弈中，发达国家有保持抑或变更原有制度的先行者优势，而发展中国家只有选择被动地"遵守"这个制度安排。因为在完全信息的条件下，博弈双方在政治、经济上的强弱关系决定了发展中国家的"反对"战略非但不能获取收益，相反只能付出更大的代价。汇率即使不一定是客观价格的真实反映，却与国家间的政治经济冲突相关，反映的是国际政治的权力结构[①]，是大国实现或巩固有利于自身世界政治经济安排的重要工具。在以美元为主导的全球化时代，美国长期的高消费、低储蓄、低利率和美元环流，使其自身完全占据主动，而其对手却深陷"美元陷阱"、进退两难。后美元时代初现端倪，伴随来自外部的人民币升值压力不断提升，从战略层面尽快摆脱美元陷阱，运用人民币去抵消外部束缚已迫在眉睫！

[①] 李波等：《国际汇率监督——规则的嬗变》，中国金融出版社2012年版，第16页。

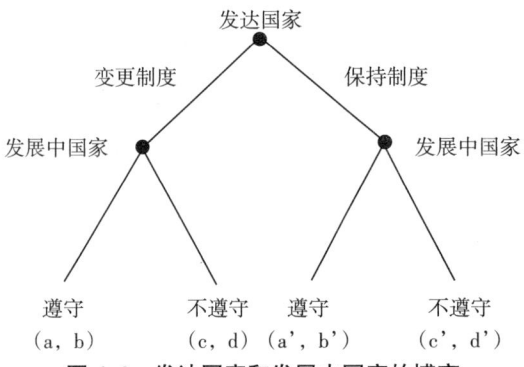

图4-2 发达国家和发展中国家的博弈

一、货币博弈下美元本位"嚣张的特权"

目前,中国已经是世界第二大经济体、第一大贸易国和第一大外汇储备国。对于世界第一大经济体美国,其理想的全球模型是其所推崇的金融和贸易自由开放的世界体系。在这个体系中,需要把中国纳入保障自身国家利益的格局里,使中国经济依赖于美国(市场),并且在金融上尽可能控制中国。作为国际货币体系的核心货币,美元具有至高的强势地位,美元汇率也成为美国战略的一部分。在全球金融萧条和经济复苏乏力的大背景下,美国疲于摆脱衰弱,虽然明知自身的过错但仍在"量化宽松",并不断对外发动"投机性攻击",各国货币深受其害。正如货币专家弗拉茨·皮克所言:"货币的命运也将成为国家的命运。同样,世界货币的命运最终也将决定着世界的命运。"

以史为镜,美元的国际地位虽然曾受到挑战,但美元"嚣张的特权"与美国霸权仍可谓是"相得益彰":①当年戈尔巴乔夫接受了美国的建议,拆除了金融防线进行所谓的汇率改革后,卢布汇率终于失守,一泻千里,苏联立刻土崩瓦解。②为解决巨额贸易赤字问题,美国汇率压制下的"广场协议"在夺去了日元汇率主导权的同时也使日本丧失了挑战美国全球经济霸主的现实可能。③亚洲金融危机时期美国金融巨鳄通过"拉高"→"出货"→"做空"的方式狙击泰铢,最终泰铢失守实行浮动汇率,从而引发了横扫东南亚的金融风暴,东亚各国伤痕累累。④进入后金融危机时代,全球经济金融格局调整不断,包括局部冲突和战争频发,美国通过反恐战争把欧元牢牢压制在美元之下，欧洲债务危机频频告急。

2011年10月11日，美国参议院通过了《2011年货币汇率监督改革法案》，试图对中国压低人民币进行惩罚，迫使人民币加快汇率升值。美国对中国的汇率压制行动可以追溯到2005年，民主党议员舒默在布什和奥巴马政府期间都曾提出类似法案。实际上，早在1985年"广场协议"和1987年《卢浮宫协议》，美国就以国际政策协调之名，行汇率干预之实，回顾历年来美国认定"汇率操纵者"，其中不乏5次将矛头指向中国[①]。以美元汇率自身立场作为人民币汇率升值的依据，强制中国施压促使人民币汇率升值，这就是"汇率压制"。其反映的是具有"嚣张的特权"的美元与处于被压制的其他货币（如人民币）之间的货币博弈，这种汇率压制的背后反映的是代表国家综合实力的货币较量和国际影响力的比拼。

第一，基于联立方程的估计与虚拟经济实体经济协调模拟研究，中美汇率失调与经济偏差的对比表明：无论是宏观经济运行的偏差还是名义有效汇率失调，美国的偏离幅度都要明显小于中国。[②] 这确实有几分"我们的货币（美元），你们（中国）的问题"的味道。虽然中国的综合国力已经显著提升，持有美元国债逐年提升并已成为美国最大的债权国，在某种程度上甚至掌握了美元的命运（见图4-3）。但是，无论在"美元陷阱"还是经济调整成本转嫁上，美国显然都要"高明"很多，其所透射出的战略意味需要我们深入思考。

第二，人民币的国际影响力，从人民币兑美元汇率升值对亚洲生产链其他国家在货币汇率联动下所带来的正向溢出效应可见一斑。但是，作为日本、韩国、印度和澳大利亚最大的贸易伙伴国，崛起的中国战略影响力却并不显著。一方面，中国与东亚和东南亚之间至少一半或2/3的贸易均为"加工贸易"，其中2/3的制成品销往欧美，这使中国的影响力打折；另一方面，尽管中国的增长带来好处（包括降低了成本，并促使企业提高生产率）已被很多国家认可，但认为人民币汇率低估使就业发生转移，仍不乏其国。

第三，与之相应，利用亚洲的增长和活力已成为美国经济和战略利益

---

① 李扬、张晓晶：《失衡与再平衡：塑造全球治理新框架》，中国社会科学出版社2013年版，第191-194页。
② 王爱俭、林楠：《虚拟经济与实体经济视角下的人民币汇率研究》，《金融研究》2010年第3期。

的核心，美国甚至提出了"美国的太平亚世纪"的外交战略，亚洲对美国未来的重要性以及美国对亚洲的影响不言自明。在人民币汇率问题上，曾呼吁要结成国际联盟（反中国货币政策联盟）来迫使中国汇率升值。

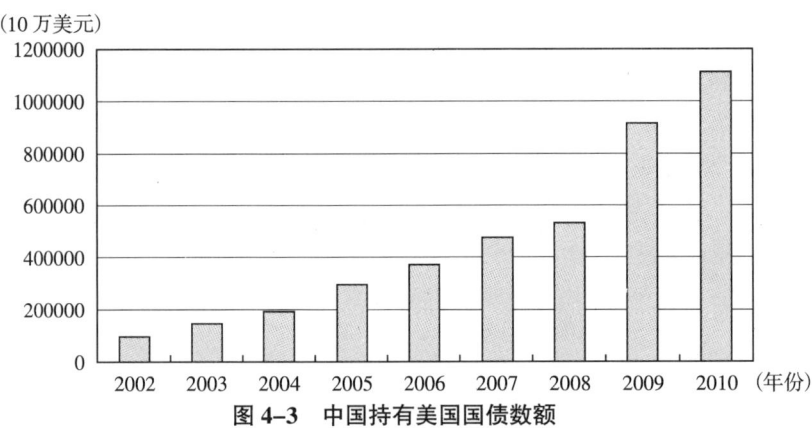

图 4-3　中国持有美国国债数额

资料来源：美国国际经济研究所。

二、美元本位"估值效应"下中美汇率博弈的现实落差

作为国际博弈的重要工具，布雷顿森林体系解体后，各国货币之间的汇率就开始随着各国经济实力的涨落而产生浮动。这样，各国政府实际上可以把汇率作为一种政策工具，根据本国利益在经常账户或资本账户上获取更大的好处，从而使汇率的调整成为各国政府之间的博弈行为。美国在某种程度上是把美元有效汇率（特别是 REER）的合意值作为"战略汇率"，用以实现国家竞争优势；将双边汇率作为"战术汇率"，用以充当实现国家竞争战略的工具。由此来看，特定时期下出现的美元兑人民币贬值诉求并不简单意味着美元的衰落（更不是人民币的快速崛起），也并非所谓的真正的市场均衡汇率所传递的调整信号。虽然"均衡汇率"的合意水平很难公允测定，但是在现行国际货币体系下很可能只有美国有条件清楚地知道自身的"战术汇率"与"战略汇率"之间的偏离，明确将要实施的政策目标以及所要付出的代价。美元汇率动态所折射出的美国对于国家利益和企业利润的维护堪称典范，对于中美货币博弈而言，这是一种不对称

的汇率压制，并且在美元本位和估值效应（Valuation Effect）条件下，美元贬值驱动资产重估（Dollar Devaluation-led Revaluation），导致国家间财富非对称转移，从而最大限度地保护了美国的利益（见表4-1）。

表4-1 美国和中国的外部平衡表货币计值（截至2010年）

单位：万亿美元

美国			中国		
项目	负债	资产	项目	负债	资产
债务与存款	13.59	7.26	债务与存款	0.6306	0.7631
其中以美元计值	12.71	6.27	其中以人民币计值	0.12	0.13
FDI和证券组合投资	5.65	8.92	FDI和证券组合投资	1.6825	0.37
其中以美元计值	5.65	0.96	其中以人民币计值	1.6825	—
国际储备		0.49	国际储备		2.9142
其中以美元计值		—	其中以人民币计值		
衍生产品	3.54	3.65	其他	0.0222	0.1018
总计	22.79	20.32	总计	2.3354	4.126
其中以美元计值	18.36	7.23	其中以人民币计值	1.8025	0.13
以美元计值占比	95.40%	43.40%	以人民币计值占比	77.18%	3.15%

考察净国外资产（NFA）的动态积累表达式：

$$NX_t + (1 + r_t^a)A_t - (1 + r_t^l)L_t = NFA_{t+1} \tag{4-1}$$

其中，NX为净出口，A代表国外资产，其回报率为r^a，L是国外负债，其回报率为r^l，NFA是净国外资产（NFA=A-L），其占GDP的比重可表示为：

$$(1 + r_t^l)nfa_t = -[nx_t + (r_t^a - r_t^l)a_t] + (1 + \gamma_{t+1})nfa_{t+1} \tag{4-2}$$

由于国外资产收益取决于汇率的贬值率，当美元贬值时，会产生一次性的估值收益。因此，假设r^a取决于汇率贬值率Δe，为了简单起见，假设r^l是常数等于r，整理等式（4-2）可得到如下的跨期预算约束：

$$(1 + r)na_t = -\sum_{s=0}^{\infty} \frac{nx(e_{t+s}) + [r^a(\Delta e_{t+s}) - r]a_{t+s}}{(1 + r - \gamma)^s} \tag{4-3}$$

进一步使用不变的nx和a，在时间t上的一次性估值收益和保留过高特权来整理式（4-3），得到式（4-4）（在此，忽略增长）：

$$r \times \overline{nfa} = nx(\bar{e}) + \frac{r}{1+r}[r^a(\bar{e} - e_0) - r]a + \frac{r}{1+r}(r^a - r)a \tag{4-4}$$

其中，$\bar{e} - e_0$是为了实现一个不变的净国外资产水平而需要的汇率贬值。式（4-4）中的第一项对应净出口，第二项对应在时间 t 由于从 e_0 到 e 的贬值而得到的估值收益，第三项对应美元"过高的特权流"。式（4-3）和式（4-4）给出了很多关于汇率的均衡路径信息，并表明若推迟外部不平衡调整，未来将需要更大程度的汇率贬值。现行国际货币体系下美国享受"过高的特权"，正是因为 $r^a > r^l$。也正是因为如此，美国可以长期保持经常项目逆差。作为国际货币美元具有对外资产负债美元计值优势，如表4-1 所示，2010 年末美国对外总负债 22.79 万亿美元，超过 95%（18.36 万亿美元）以美元计值。显然，美元汇率贬值可使其对外净债务缩水，这对其自身极为有利。

然而对比中国，该比例却不足 20%。由于缺乏以本币对外有效计值，为降低货币汇率风险，在对外商品和金融交易中"盯住美元"从而形成在外汇干预中的美元外汇储备累积增加。当前我国中央银行资产负债表资产方外汇储备超过 80% 已成为制约本外币政策协调的重要问题。这在利率、汇率和资本回报率三因素相互作用下，货币政策的有效性和灵活性也受到制约，央行冲销"被动发钞"外汇政策成本巨大且不可持续，这种状况亟须改善。对此，加快人民币国际化进程正是要从根本上解决中国对外资产负债存在的货币错配及摆脱"美元陷阱"等一系列问题。总的来看，美元汇率复杂之处在于，既兼顾关键货币（美元兑欧元汇率）和其他核心货币（英镑、日元、瑞士法郎、澳大利亚元等）的动态配置，又通过对黄金、石油等价格主导和影响，实现美元汇率战略的整体策略实施。美元汇率动态所折射出的美国对于国家利益和企业利润的维护堪称典范。与美元在"削弱"（近期贬值）中"上升"（未来升值，美元回归）、"以退为进"相对应，人民币在"上升"（对美元汇率单边升值）中存在潜在"削弱"（对内贬值与对外升值）的可能。1994 年汇改至 2011 年 8 月末，按照国际清算银行口径计算的人民币对主要贸易伙伴的名义和实际有效汇率分别累计升值 33.4% 和 58.5%。从 2005 年 7 月汇改以后的情况看，人民币兑美元双边汇率升值 30.2%，人民币名义和实际有效汇率分别升值 13.5% 和 23.1%。[①] 伴随人民币汇率焦点由人民币兑美元汇率转向有效汇率人民币兑美元汇率的不确定性增加。伴随人民币对美元持续升值，中美名义有效汇率之间的背离越来越大（见图 4-4（a））。人民币对美元汇率调整呈现

[①] 另可参见中国人民银行 2011 年 10 月 11 日发布的《人民币汇率形成机制改革进程回顾与展望》。

第四章 国际货币体系多元化汇率博弈与均衡汇率

"阶梯式"升值跳跃,且波动幅度仍然相对较小,而对其他主要货币的双边汇率波动相对较为剧烈(见图4-4(b)),这反映出美元在人民币汇率决定过程中仍然居于主导地位。

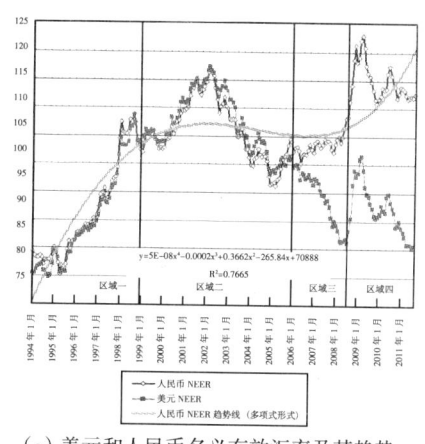

(a)美元和人民币名义有效汇率及其趋势

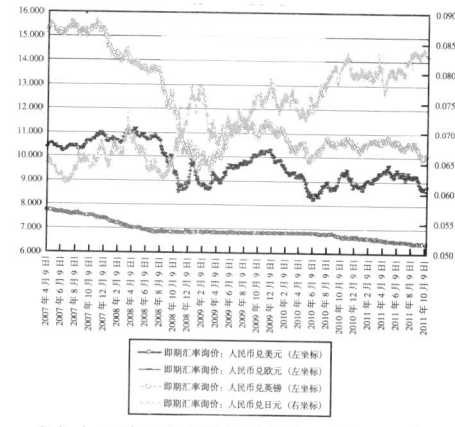

(b)人民币兑美元等主要货币双边名义汇率

图4-4 人民币汇率动态

资料来源:BIS,CEIC。

伴随人民币汇率形成机制改革不断推进,汇率弹性波动不断增强,央行不再进行过多的外汇市场干预,以市场供求为基础汇率的价格信号作用和汇率价格杠杆的资源配置作用将充分发挥。在此过程中也存在一些问题:一是外汇交易中心由央行管理,央行作为中国外汇市场最大的买家进行入场交易,并进一步带来央行被动发钞问题。二是汇率中间价较稳定问题,即虽然人民币汇率弹性增加,但是汇率的中间价区间基本固定,则汇率波动的趋势仍然是限定的。三是缺少反映参考"一篮子"货币汇率的实际执行力的对外指数公布及其权重配置和相关政策指引。四是人民币(单边)升值预期管理问题。因此,作为全球化、金融危机与全球经济失衡下国家博弈自我警醒与战略抉择的重要体现,进一步推进人民币汇率形成机制改革任重道远。

三、后美元本位东亚货币博弈汇率条件分析

从2009年人民币国际化元年开始,政府推动模式下人民币国际化路

线图日渐清晰并进入"快车道"。目前,人民币国际化基本上采取的是"跨境贸易结算"+"货币互换协议"+"离岸金融中心"的直接国际化路线。不应忽略的是另一条可供选择的路线——人民币区域化。对此,本文从后美元本位东亚区域内提升国际竞争力和维护金融稳定的角度出发,结合 Agnes Benassy-Quere[①]货币博弈的分析进行拓展,在此基础上,进一步探讨人民币成为区域内重要核心货币,并借此走向国际化的汇率条件。

首先,将东亚地区,某国(国家 A)的货币当局目标函数表示为:本币汇率贬值策略下 $\max L_A = \frac{1}{2}(q_A^2 + \kappa p_A^2)$ 和本币汇率升值策略下 $\min L_A = \frac{1}{2}(q_A^2 + \kappa p_A^2)$。其中,L 为目标函数,q 为经常项目流量视角下反映对外竞争力的实际有效汇率,p 为资本项目存量视角下反映财富流转效应的实际有效汇率,κ 为反映货币区内资本自由流动程度的系数。央行的目标函数可解释为最优实际汇率贬值所能带来的不产生通胀压力下的国际竞争力最大提升与资本流动下最大程度的财富转移,以及最优实际汇率升值对国际竞争力和物价变动压力以及财富转移损失的最小冲击。

其次,令 $r_{US/A}$、$r_{CN/A}$ 和 $r_{JP/A}$ 为该国与美国、中国和日本的双边实际汇率,A 国的汇率指数可表示为:
$$\begin{cases} q_A = \alpha_{US} r_{US/A} + \alpha_{JP} r_{JP/A} + (1 - \alpha_{US} - \alpha_{JP}) r_{CN/A} \\ p_A = \beta_{US} r_{US/A} + \beta_{JP} r_{JP/A} + (1 - \beta_{US} - \beta_{JP}) r_{CN/A} \end{cases}$$
其中,α 和 β 为权重,进一步整理可得:
$$\begin{cases} q_A = r_{US/A} - \alpha_{JP} r_{US/JP} - (1 - \alpha_{US} - \alpha_{JP}) r_{US/CN} \\ p_A = r_{US/A} - \beta_{JP} r_{US/JP} - (1 - \beta_{US} - \beta_{JP}) r_{US/CN} \end{cases}$$
东亚地区与 A 国相当的 B 国的汇率安排也可作相似处理。求解各自目标函数的最优化条件,并作为各自的纳什反应函数,联立解得均衡条件为:
$$r_{US/A} = r_{US/B} = r_{US/CN} = \frac{(\alpha_{JP} + \kappa \beta_{JP})}{(\alpha_{JP} + \kappa \beta_{JP}) + (\alpha_{US} + \kappa \beta_{US})} r_{US/JP}。$$

最后,假设各国货币篮子中美元的权重要大于日元的权重,对于东亚货币合作汇率博弈,进一步整理均衡条件可得 $r_{US/A} = r_{US/B} = r_{US/CH} \leq \frac{1}{2} r_{US/JP}$。在东亚货币美元标价体系下,纳什均衡意味各国货币实际汇率与人民币实际汇率趋同。即以人民币实际汇率作为参照,东亚货币区内各国通过软盯住人民币实际汇率,实现在日元实际汇率边界内的联合浮动下的有规则的

---

① Agnes Benassy-Quere, "Optimal Pegs for Asian Currencies", Working Papers 1997-14, *CEPII Research Center.*

汇率变化，通过调整各自的名义汇率以实现货币当局目标函数最优化的爬行区间内实际有效汇率的动态稳定。伴随东亚货币合作推进，汇率博弈的最优状态是人民币区域化进程中人民币在东亚地区的货币锚作用进一步突出和强化。其中，核心货币大国的汇率稳定与货币政策有效实施至关重要。

对此，可在结合蒙代尔—弗莱明模型进行大国与两国分析拓展。在人民币区域化动态变化背景下，假设被盯住的大国（中国）与东亚地区外围国（A国）资产不完全替代，各自的LM方程可分别表示为 $m - p = \alpha y - \beta i$ 和 $m_f - p_f = \alpha_f y_f - \beta_f i_f$。其中，$m$ 为货币量、p 为一般物价、y 为国民收入、i 为利率，下标有 f 的为 A 国相应变量。中国和 A 国的 IS 方程分别表示为：$y = \kappa_1(s + p_f - p) - \kappa_2 i + \kappa_3 y_f + u$ 和 $y_f = -\kappa_{1f}(s + p_f - p) - \kappa_{2f} i_f + \kappa_{3f} y$。其中，$s$ 为名义汇率（直接标价），所有系数无特殊说明均为正数。令 $i = i_f$，联立整理得到：$\begin{bmatrix} 1 & -\kappa_3 \\ -\kappa_{3f} & 1 \end{bmatrix} \begin{bmatrix} y \\ y_f \end{bmatrix} = \begin{bmatrix} \kappa_1(s + p_f - p) - \kappa_2 i + u \\ -\kappa_{1f}(s + p_f - p) - \kappa_{2f} i \end{bmatrix}$，$\begin{bmatrix} y \\ y_f \end{bmatrix} = \left(\frac{1}{1 - \kappa_3 \kappa_{3f}}\right) \begin{bmatrix} 1 & \kappa_3 \\ \kappa_{3f} & 1 \end{bmatrix} \begin{bmatrix} \kappa_1(s + p_f - p) - \kappa_2 i + u \\ -\kappa_{1f}(s + p_f - p) - \kappa_{2f} i \end{bmatrix}$，$\begin{bmatrix} y \\ y_f \end{bmatrix} = \begin{bmatrix} \kappa_1'(s + p_f - p) - \kappa_2' i + u' \\ -\kappa_{1f}'(s + p_f - p) - \kappa_{2f}' i + \kappa_{3f}' u' \end{bmatrix}$。其中，$\kappa_1' = \frac{\kappa_1 - \kappa_3 \kappa_{1f}}{1 - \kappa_3 \kappa_{3f}}$，$\kappa_2' = \frac{\kappa_2 + \kappa_3 \kappa_{2f}}{1 - \kappa_3 \kappa_{3f}}$，$u' = \frac{u}{1 - \kappa_3 \kappa_{3f}}$，$\kappa_{1f}' = \frac{\kappa_{1f} - \kappa_{3f} \kappa_1}{1 - \kappa_3 \kappa_{3f}}$，$\kappa_{2f}' = \frac{\kappa_{2f} + \kappa_{3f} \kappa_2}{1 - \kappa_3 \kappa_{3f}}$。进一步假设 $1 - \kappa_3 \kappa_{3f} > 0$，并且直接收入效应大于间接收入效应，即 $\kappa_1 - \kappa_3 \kappa_{1f} > 0$，$\kappa_{1f} - \kappa_{3f} \kappa_1 > 0$，在此基础上，可构建人民币名义利率和实际汇率的坐标空间（见图4-5）。

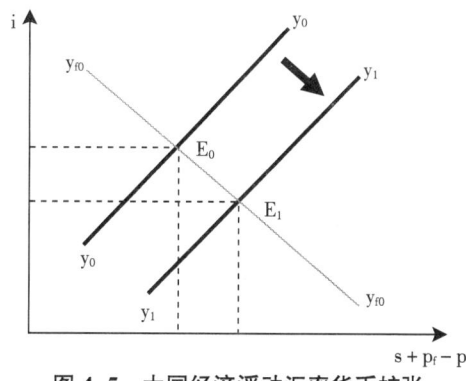

图4-5 大国经济浮动汇率货币扩张

考虑国外回应效应,如图4-5所示,中国yy曲线向右上方倾斜,因为中国货币实际汇率贬值将提升国内收入,需要更高的利率以保持均衡;A国$y_f y_f$曲线向右下方倾斜,因为考虑国外回应效应,当人民币实际汇率大幅贬值(即A国货币汇率大幅升值)将会降低A国的收入,因此需要降低利率以保持均衡。如图4-5所示,中国货币政策扩张将会使其yy曲线向下平移,而A国$y_f y_f$曲线不受影响,从而利率下降,人民币实际汇率贬值。反之,当中国货币政策收紧会使其yy曲线向上回移,A国$y_f y_f$曲线不受影响情况下,利率回升,人民币实际汇率升值。因此,中国货币政策变化与人民币实际汇率升、贬值压力相联系。这意味着当人民币充当区域核心主导货币,特别是采取以利率为主要手段进行价格型货币政策调控时,对实现人民币实际汇率基本稳定的货币政策与汇率政策相协调提出了更高的要求,为了实现人民币实际汇率的稳定性,应保持开放条件下中国货币政策的稳定性。

四、人民币币值悖论:对内价值与对外价值偏离

国际金融危机导致各国实体经济和虚拟经济都受到冲击,经济增速有所回落,汇率的不确定性加强。在美元汇率出现变化的微妙时期,"汇率预期"很可能制造"汇率泡沫"进而再制造"汇率空头",人民币对内贬值与对外升值并存的价值悖论需要引起高度关注,这一矛盾现象实际上是内在统一的,是人民币渐进升值下名义汇率升值预期强化和自我实现及其催生的国际资本流入带来的产品和资产价格及通胀压力挥之不去的综合体现。

1. 现象陈述:近年来人民币对内贬值和对外升值压力并存

在我国,自1994~1997年以及2004年以来(2006年12月~2008年7月以及2010年6月至今),中国CPI均高于美国CPI,人民币对美元名义汇率持续升值。人民币对内贬值对外升值导致:实际汇率升值速度加快,本国出口产品的价格竞争力弱化;央行冲销干预的压力增大;伴随资产价格上涨,投机资本不断流入;实际汇率加速升值与实际利率为负并存,加剧了宏观经济内外失衡。从内部看,中国长期的快速增长使得周期性风险潜在积累、产能过剩、信贷增长较快、资产价格高企等都对币值稳定形成较大冲击。从外部看,新一轮汇改启动后,在人民币实际汇率向均衡汇率

趋近的过程中，美国量化宽松货币政策与国内稳健货币政策形成对比，输入性通胀压力推高国内通胀水平。中国国际收支的持续顺差和外汇储备增长（加剧了国内基础货币和广义货币量增长的压力，损害了国内金融政策的自主权），仍然是人民币汇率升值预期的直接原因。如何协调好汇率目标与货币目标，从而"管好货币、稳定币值"，已成为影响货币政策调控执行效力的关键所在。

2. 现象分析：人民币内外币值偏离矛盾与否

第一，"货币对外购买力或称汇价的基础是货币的对内购买力"这一观点是值得推敲的。① 这在很大程度上首先是基于（相对）购买力平价理论来说的，对于人民币兑美元双边汇率，即中国通货膨胀率减去美国通货膨胀率（决定并）等于人民币对美元名义汇率的变化率。因此，当发生通胀时相对较高的国家本币汇率应趋于贬值，这与现实中的本币汇率升值相悖。对此，很多研究已经表明在中美之间相对购买力平价并不成立。原因在于，该理论成立的前提（例如，期初的名义汇率水平等于或接近于绝对购买力平价水平）并不满足，并且人民币不可自由兑换，人民币对美元名义汇率相对于购买力平价汇率可能会存在低估。

第二，从巴拉萨—萨缪尔森（B-S）效应视角来看，B-S效应下贸易品部门劳动生产率增速相对较高的国家将会出现实际汇率升值，实际汇率升值或者会以名义汇率升值的方式表现出来，或者会以通货膨胀的方式表现出来。根据 B-S 效应，如果人民币对美元名义汇率的升值幅度不足以抵消中美劳动生产率增速的差异，则中国国内通货膨胀率将高于美国国内通货膨胀率。这就意味着发生了人民币对外升值与对内贬值并存的现象。进一步解释是，若 B-S 效应对于赶超发展的中国成立，且根据外部实际汇率与内部实际汇率的一致性，则在中国经济赶超过程中会出现内部实际汇率升值，也即外部实际汇率升值；（直接标价下）外部实际汇率是名义汇率乘以国外一般物价除以国内一般物价，因此，对国内外部平衡的对接调整方式主要是：本币名义汇率升值、国外通缩和国内通胀，既可以是其中之一，又可以是多元组合。对于中国伴随不断融入世界经济与全球市场接轨，只要存在不平衡，市场力量就一定会进行调整。要么本币名义汇率升值，要么通胀，或者是两者同时并存。

---

① 姜波克等：《开放条件下的宏观金融稳定与安全》，复旦大学出版社 2005 年版，序言第 4 页。

第三，从美国量化宽松政策导致输入性通胀压力来看，美联储的量化宽松政策一方面会直接压低美元汇率指数，另一方面会加剧全球通胀预期，这两方面因素均会导致全球能源与大宗商品价格上涨。全球能源与大宗商品价格上涨将给中国造成输入性通货膨胀压力。虽然可以通过人民币升值一定程度上抵消输入性通货膨胀压力，但是如果人民币升值幅度显著低于进口价格上升幅度，那么输入性通胀压力尽管有所削弱，但依然存在。

3. 现象背后的问题：内外均衡冲突与协调

近期人民币存在对内贬值对外升值并存的现象实际上并不矛盾，而是市场对宏观经济不平衡进行调整的反应。对外升值的核心要素是实际汇率向均衡汇率的趋势回归；对内贬值的核心要素是通货膨胀。两种现象的耦合是国际金融局势大幅震荡和中国金融改革稳健前行的"擦肩"，是中国经济内外均衡共同缺失下的一个货币倒影。在此情况下，在货币面临升值压力时，保持本国货币政策独立性至关重要。货币政策很可能会在疲于应对汇率升值压力和国内通货膨胀尤其是资产价格膨胀的风险对冲的过程中"顾此失彼"，反而加大经济波动和造成金融市场动荡。

总之，中国外汇储备季度增高（其中不乏热钱涌入）导致人民币对内贬值对外升值，一方面，国外对人民币需求很大，在国外有升值压力；另一方面，外汇储备增加，新增人民币量也会上升，货币供应量大幅上升造成通货膨胀压力。解决之道在于：加大资本市场的双向开放，让人民币"走出去"，同时欢迎外资"走进来"，逐步让人民币成为越来越多的国家所接受的结算和计价货币甚至是储备货币，从而降低外汇储备增长，使人民币"内贬外升"得以改善。

第三节 内外均衡视角下人民币均衡实际汇率

一、理论分析

在涉外经济交往中，经常项目是决定均衡汇率的重要因素，通过经常项目的变化与汇率变动之间的联系，进而使汇率与其他经济变量相互作

第四章 国际货币体系多元化汇率博弈与均衡汇率

用。伴随国际资本流动，在国外净资产头寸从 B_t 趋近合意水平 $\widetilde{B}_t$ 的"名义"调整过程中，可得到相应的外部平衡汇率。从而经常项目及其相对于国民收入的相对比率可分别表示为：$CA_t = \eta(\widetilde{B}_t - B_{t-1}) + gB_{t-1}$，$ca_t = \eta(\widetilde{b}_t - b_{t-1}) + \dfrac{g(1+\eta)}{1+g}b_{t-1}$。其中，$g$ 为名义 GDP 增长率。在此基础上，经常项目将取决于可贸易品相对价格竞争力（q^T）和来自国外净资产的净收入：$ca_t = \kappa q^T + \dfrac{i^*}{1+g}b_{t-1}$。其中，$\kappa > 0$，$i^*$ 为国际利率。进一步整理可得反映外部状况的人民币均衡实际汇率 $\bar{q}^T = \dfrac{1}{\kappa}\left(\eta\widetilde{b}_t - \left(\eta + \dfrac{i^* - g(1+\eta)}{1+g}\right)b_{t-1}\right)$。

直接运用绝对或相对 PPP 对人民币汇率进行评估，并不适用于均衡汇率水平的度量。因为中国经济赶超制度变迁，实际汇率常出现结构性变化。对于反映内部状况的均衡汇率，基于巴拉萨—萨缪尔森效应，结合不同经济体之间的生产率差异，对数线性化可得到：$\bar{q}^{NT} = (1-\gamma)[(a_T^* - a_N^*) - (a_T - a_N)]$。其中，$a_i$ 代表可贸易品与不可贸易品部门 i（$i = T, N$）的劳动生产率（假设 $a_T^* > a_T$，$a_N^* = a_N$），由于发展中国家可贸易品与不可贸易品之间的劳动生产率差距要比发达国家的可贸易品与不可贸易品劳动生产率差距低，从而 $\bar{q}^{NT} > 0$。假设国内外可贸易品和不可贸易品的产品价格 $P_i = W/a$（且工资水平 W 一样），结合巴拉萨—萨缪尔森效应内部传导机制，进而可得 $(1-\gamma)[(p_N^* - p_T^*) - (p_N - p_T)] > 0$。当绝对购买力平价成立时，$PPP = P/P^*$（直接标价法下），外部实际汇率（$eP^*/P$）应该等于 1。但由于非贸易品的出现和对本国商品的偏好在国内外可能会有所不同，结合价格指数，$P = P_T^\gamma P_N^{1-\gamma}$，对数线性化可得：$PPP = [\gamma p_T + (1-\gamma)p_N] - [\gamma p_T^* + (1-\gamma)p_N^*]$。从而 $(p_T - p_T^*) - PPP = (1-\gamma)[(p_T - p_N) - (p_T^* - p_N^*)] = (1-\gamma)[(p_N^* - p_T^*) - (p_N - p_T)] > 0$，即发展中国家的本币币值（$p_T - p_T^*$）相对于购买力平价（PPP）存在低估。

综合以上分析，内外均衡实际汇率综合表达为：$\bar{q} = \bar{q}^T + \bar{q}^{NT}$。其与外部实际汇率的定义式 $Q = \dfrac{eP^*}{P} = \dfrac{eP_T^*}{P_T}\dfrac{\left(\dfrac{P_N^*}{P_T^*}\right)^{1-\gamma^*}}{\left(\dfrac{P_N}{P_T}\right)^{1-\gamma}}$ 经对数线性化并把国内外产

品偏好统一为 α，得到 $q = (e + p_T^* - p_T) + (1-\alpha)[(p_N^* - p_T^*) - (p_N - p_T)]$ 的一般表达式前后两项相对应一致。在完成购买力平价拓展和内外均衡分析后，进一步分析利率平价的拓展。

理论上，利率平价描述的是汇率的一种均衡状态，但在现实世界中经常出现的是对均衡状态的偏离。尽管利率平价在中国尚不成立，人民币风险溢价（rp）仍可作为检测汇率升贬值压力的参考，只不过是对于市场化程度低的货币。结合非抛补利率平价 UIP 条件，考虑中短期内风险收益调整后的实际汇率动态变化 $\Delta q^e = r^e - r^{*e} + \theta$。其中，$\Delta q^e$ 是实际汇率预期值与观测值之差，$r^e = i - \Delta p^e$ 和 $r^{*e} = i^* - \Delta p^{*e}$ 为费雪效应下国内外的事前实际利率，θ 为风险升水补贴。实际汇率表示为：$q = q^e - (r^e - r^{*e}) - \theta$。主要取决于实际汇率本身的长期预期值以及实际利率差异和风险升水的预期轨迹。当实际汇率的未来预期值、实际利率差异和风险升水发生变化时，当下的实际汇率水平会随之进行调整。

在短期均衡分析中，行为均衡汇率理论 BEER 分析中采用国内外债务相对差异作为 UIP 中风险升水补贴的近似替代。在本研究中尝试引入货币结构因素 $(M_2-M_1)/M_1$，即执行价值储藏功能的具有资产性的准货币（这部分货币对于居民资产选择行为和购置房产等具有较大影响）与执行交易和支付功能的具有高流动性的狭义货币之比，作为 UIP 中风险升水补贴的近似替代。具体理由如下：第一，将货币结构作为代理变量，用以反映与真实利率要求相一致的微观主体行为在宏观层面的整体货币诉求，进而参与到货币供给的派生循环之中。第二，$(M_2-M_1)/M_1$ 在反映空间维度上的货币供给流动性（M_1/M_2）的放大效应的同时，也隐含了时间维度上货币供给跨期的放大效应。第三，选取货币结构分析有助于从货币量值和货币能级角度进行风险升水补贴比较，从而与国际货币格局演进相一致，可进一步分析人民币货币篮中的美元、欧元和日元对人民币实际汇率的结构性影响。

二、实证研究

在实证测算中，解释变量选取尽可能采取相对比率形式，样本区间为 2001 年第一季度至 2011 年第三季度。对被解释变量进行如下处理，实际有效汇率指数 reer=REER/100（人民币实际有效汇率 REER 采用间接标价法，数值越大表示本币实际汇率升值，数据来自 BIS）。作为实际汇率重要解释变量，将净国外资产存量 NFA 与 GDP 之比表示为 nfa = NFA_CH/GDP_CH（中国净国外资产相对国民收入的比值 NFA/GDP，数据来自中国人民银行和国家统计局官方网站）。采用消费者价格指数 CPI 与生产者价格指数 PPI 之比，即 $\frac{CPI}{PPI} = \left(\frac{P^N}{P^T}\right)^{1-\alpha}$ 为国内的相对生产率差异指数 RPI，作为国内可贸易品相对于不可贸易品部门的相对生产率的差异近似替代。进而，非贸易品与可贸易品劳动生产率相对差异的国内外比率表示为 rpi_i = RPI_CH/RPI_i（i = US，EU，JP）。选取 $(M_2-M_1)/M_1$ 的国内相对于国外之比 m_{21}_i（i = US，EU，JP）作为 UIP 风险风险补贴的近似替代。中国、美国、欧盟、日本各自的消费者价格指数 CPI 和生产者价格指数 PPI 以及各国相应的狭义货币 M_1 和广义货币 M_2，数据来自 CEIC。

首先进行变量的平稳性检验。各时间序列的单位根检验结果显示，在 5% 显著水平下，相关变量均为一阶单整序列 I（1），可进一步作协整回归。进而，选取时间序列 reer 作为被解释变量与 nfa、rpi_US、rpi_EU 和 rpi_JP 并且纳入国内外相对货币结构因素（m_{21}_US、m_{21}_EU 和 m_{21}_JP），进行 E-G 两步法协整检验。静态回归得到如下方程。其残差序列形式为 (c，0，4)，ADF 统计量分别为 –3.7620，绝对值均大于 5% 水平临界值 –2.9411 的绝对值，检验结果表明残差序列均不存在单位根，为平稳序列。因此，上述变量存在均衡的协整关系。见式（4-5），中国相对于欧盟和日本的货币结构"资产化"程度提升将带来人民币实际有效汇率的贬值压力，而相对美国货币结构"资产化"程度提升，将带来人民币实际有效汇率的升值压力。从实体经济层面来看，中国相对于美日的生产率赶超伴随人民币实际汇率贬值压力，中国相对于欧盟的生产率赶超伴随人民币实际汇率升值压力。考虑货币金融因素后，净国外资产增加会带来人民币实际有效汇率的升值压力。

$$\text{reer} = 0.4795 + 0.4671\text{nfa} - 0.2914\text{rpi\_US} + 0.6522\text{rpi\_EU} - 0.0943\text{rpi\_JP}$$
$$(2.5580)\ (7.0071)\ (-1.4738)\ (1.0896)\ (-0.1497)$$
$$+ 1.0491 m_{21}\_US - 0.1121 m_{21}\_EU - 0.0666 m_{21}\_JP$$
$$(6.2317)\ (-3.2131)\ (-7.7277)$$
$$R^2 = 0.9031 \quad D.W. = 1.4519 \tag{4-5}$$

根据式（4-5）的协整方程，将各个解释变量进行 HP 滤波处理后代入式（4-5），得到综合考虑实体经济基本面因素和货币金融因素后的人民币均衡实际汇率 $\tilde{q}$，进而考察实际汇率失调情况 MIS =（reer – $\tilde{q}$）/$\tilde{q}$，如图4-6所示。

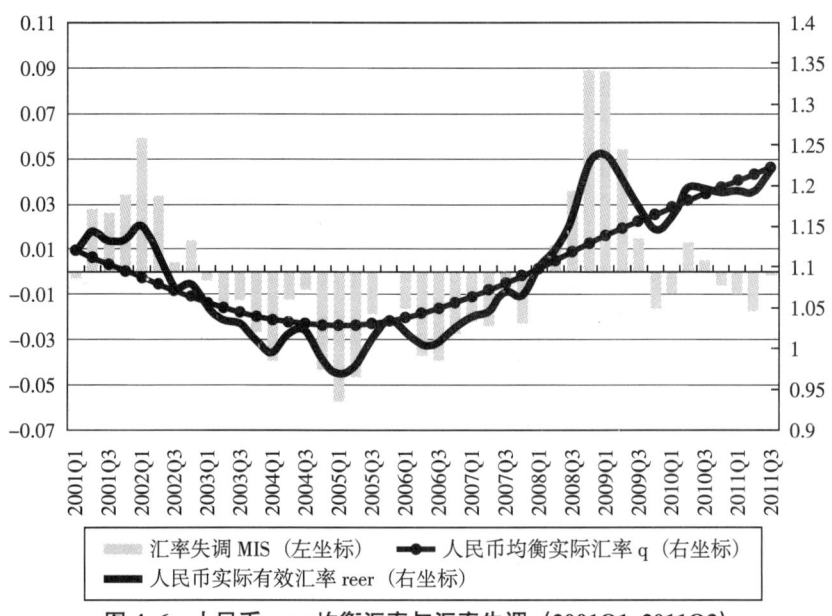

图 4-6　人民币 reer 均衡汇率与汇率失调（2001Q1~2011Q3）

基于本模型的人民币均衡实际汇率分析，近10年来汇率失调的最大程度为8%（出现在本次国际金融危机期间），进入2011年人民币实际汇率已经接近均衡实际汇率，近期汇率失调程度较小（小于2%）并且出现了实际汇率高估。尽管在2005年7月汇改后，人民币均衡实际汇率呈现升值趋势，但是未来人民币 reer 继续升值的空间已不大，因此，需要注意 reer 在自身惯性下的过度升值，尽快实现相对稳定的人民币实际有效汇率的优化管理。

三、国际货币体系多元化与人民币实际汇率动态

近期中国外汇储备和人民币对美元汇率出现的最新动态（储备开始减少，汇率曾连续跌停）是否表明人民币汇率已接近其均衡水平？人民币国

际化与汇率稳定,跨越"中等收入陷阱"与汇率动态之间有何联系?对于人民币国际化是否要求一个与之相适应的人民币汇率稳定机制?这些问题的回答依赖于我国经常账户顺差下降可持续以及中国经济结构调整有效推进。从趋向真正市场意义上的市场均衡汇率来看,我国央行冲销"被动发钞"外汇政策成本巨大且不可持续,如何实现市场力量引导汇率接近可持续水平,改变市场化不充分情况下,即使汇率弹性增加,人民币汇率中间价较为稳定,汇率波动的趋势仍然被限定等问题已迫在眉睫。从更多反映消费者和生产者最大化的一般均衡的实际汇率水平来看,尽快实现人民币汇率在市场价格形成过程中向符合自身国民利益的价值水平的理性回归,既是人民币汇率改革的重点所在,又是人民币国际化的重要节点所在。从中长期来看,国际货币体系多元化进程中人民币汇率升值将是大势所趋,

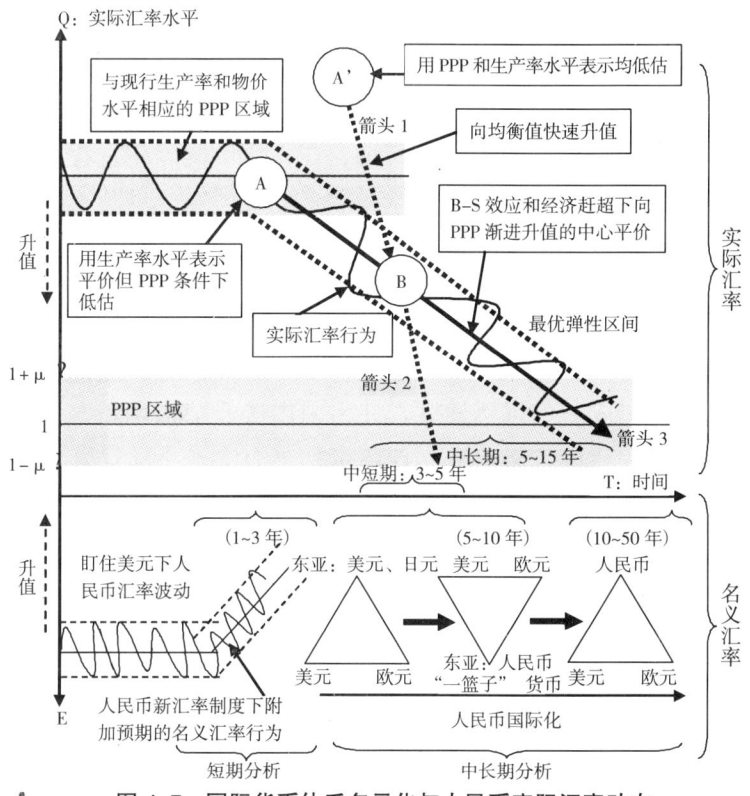

图4-7 国际货币体系多元化与人民币实际汇率动态

国际货币体系多元化与人民币汇率动态研究

如何从内涵本质上促进效率提升日益紧迫。

在长期均衡分析中，使用 PPP 概念衡量发展中国家的实际汇率通常是低估的，当纳入不同国家的可贸易品与不可贸易品相对生产率差异后，实际汇率可以是 PPP 条件下的均衡低估，即生产率水平意义上的均衡汇率（如图 4-7 中的 A 点所示）。如果一个发展中国家经历了较高的经济增长，特别是相对生产率的快速增长，导致与其他国家物价水平相比国内物价水平的上涨，其均衡汇率将系统性升值（在图 4-7 中表现为由 A 点向 B 点移动），并且反映出该国正在进行经济追赶。对于中国，如图 4-7 中的 A'点所示，代表了用 PPP 衡量和相对生产率水平差异衡量的实际汇率均低估的情形，这意味着本国货币的初始低估产生了汇率向既定生产率水平的快速实际升值的要求，并且与生产率上升一致的均衡趋势性升值幅度必然大于真实（即市场所要求的）实际汇率的升值幅度，进而弥补这种汇率失调以确保实际汇率返回到 PPP 区域。在此过程中，以 B-S 效应和经济赶超下向 PPP 渐进升值的均衡实际汇率为中心平价，结合均衡实际汇率的波动离差（标准差）确定上下边界，可获得实际汇率的最优弹性区间。该弹性区间具有重要缓冲作用，如图 4-7 所示，在人民币国际化进程中，可采取"箭头 1"加"箭头 3"的方式分阶段推进。其中"箭头 1"主要是针对人民币国际化的"试错"阶段，由于具有升值的"加速冲动"，因此，需要在最优弹性内选择 B 点作为缓冲，进而使人民币实际汇率进入"箭头 3"的轨道，并向 PPP 条件下的均衡实际汇率进行回归，其中 B 点的位置选择至关重要。"箭头 3"将是一个中长期过程（5~15 年），在此过程中可以适当放缓人民币国际化的推进速度，并为国内产业结构调整提供时间，为实际汇率升值趋势中的人民币崛起和国家竞争力水平不断提升聚集内生驱动力。

第五章 国际收支视角下人民币汇率动态与政策边界[①]

在宏观层面上,加强对人民币汇率合理定价研究工作,其意义不仅在于做到对人民币汇率"主动性、可控性和渐进性"原则心中有数,更为重要的是为人民币走向国际货币做好准备。近年来,我国不断完善以市场供求为基础,参考"一篮子"货币进行调节、有管理浮动汇率制,不断增强人民币汇率弹性,进一步发挥市场供求在人民币汇率形成中的基础性作用。官方对于人民币汇率的基本结论是:"保持人民币汇率在合理、均衡水平上的基本稳定。"对此,本部分的分析重点是:从实际汇率出发,揭示"合理、均衡水平"的理论边界与政策内涵,在此基础上,拓展"基本稳定"的含义及其政策空间。

第一节 中国国际收支及其视角下人民币实际汇率动态回溯

一、中国国际收支的新特点

判断国际收支状况的重要依据是国际收支的运行态势与结构情况。从中国国际收支运行态势来看,近年来已逐渐向平衡状态收敛。如图5–1所示,国际收支双顺差2010年达到峰值后逐年下降,2013年上半年较2012

[①] 本章部分内容已在《经济学动态》发表,林楠:《货币博弈下人民币实际汇率动态与政策空间研究》,《经济学动态》2013年第1期。

年有所提升；经常项目顺差占 GDP 之比自 2007 年后逐年下降，自 2011 年以来基本维持在平均 2.2%的水平。从双顺差的结构来看，经常项目顺差逐步下降，资本和金融项目顺差"一波三折"。

如图 5-1 所示，经常项目顺差在 2009 年以前在国际收支顺差中处于主要地位，资本和金融项目顺差在 2010 年和 2011 年居于国际收支顺差的主要地位，2012 年大幅回落并转为逆差，2013 年上半年再次回升为顺差并超过经常项目顺差。2013 年第三季度，中国国际收支总体上仍呈现"双顺差"格局，但结构上出现了新特点，即经常项目顺差再度收窄，而资本和金融项目顺差却再度增加。这反映出中国国际收支自我平衡的基础还有待进一步巩固，国际收支趋向平衡之路仍然任重道远。

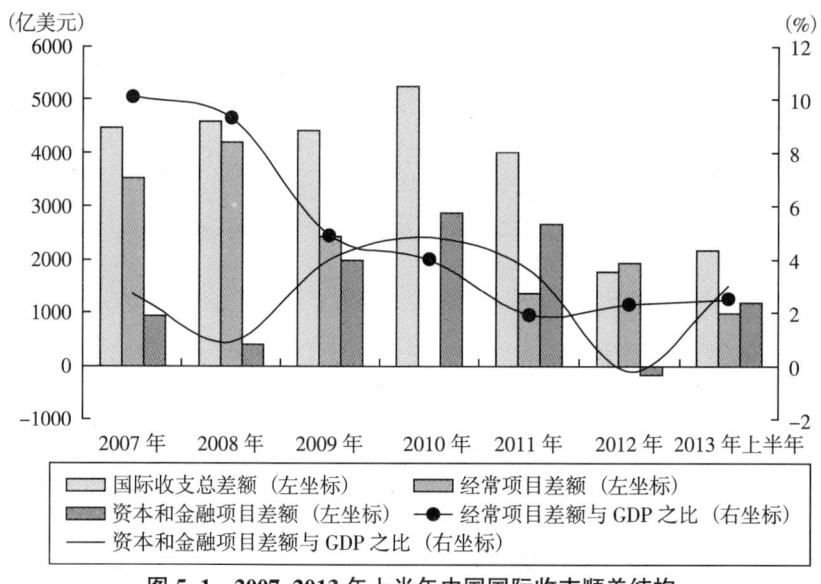

图 5-1　2007~2013 年上半年中国国际收支顺差结构
资料来源：国家外汇管理局、国家统计局。

1. 经常项目收支结构的合理性

经常项目收支结构优化问题仍需破解。从国际收支的结构来看，中国经常项目收支顺差主要来源是货物和服务项目，2013 年上半年的差额为 1576 亿美元，占经常项目全部差额的 160%；货物和服务项目中，货物收支为顺差，服务项目为逆差。这表明我国经济发展水平相对较低，主要依

第五章 国际收支视角下人民币汇率动态与政策边界

靠实际货物的出口来获取顺差①。相对于货物贸易，中国国际服务贸易出口明显落后，连年逆差。2013年上半年逆差额为551亿美元。这与我国全球第一大贸易国及经济实力和国际地位不相称。从服务贸易结构来看，出口多属于附加值较低的低端服务产业的出口；进口则大多数以附加值较高的知识、技术密集型产业为主。这种贸易结构也使得中国在国际服务贸易竞争中处于不利地位②。

就宏观经济管理而言，除了强调需求管理，进口贸易结构调整也是重要的管理手段，应在优化基本品进口结构的基础上，适当增加资本品进口比重，相对减缓初级品进口比重增长速度，稳定并着力优化中间品的进口结构，适当增加消费品进口比重，注重增加从外部获得更优质的知识产权类服务及其他服务③。

2. 国际资本流动的易变性

资本和金融项目审慎开放。现行资本项目管理的主要特点是：直接投资和资产组合投资项下仍保持宽进严出的不对称性质，其他投资下资本的流入流出已大幅放开④。根据IMF的资本项目交易分类标准（7大类40项），目前人民币资本项目实现部分可兑换的项目为17项，基本可兑换的为8项，完全可兑换的为5项，合计占全部交易项目的75%⑤。由于中国资本和金融项目顺差以FDI净流入为主，2012年以来有所回落。由于资本项目顺差受外国证券投资净额和其他投资净额波动的影响，从而表现出一定的周期性⑥。对于国际资本流动易变性造成波动的主要原因并不在于证券投资的变化，因为证券投资是中国资本项目中控制最严的部分（相关资本的流动规模被合格机构投资者制度限制），而主要源自其他非直接投资的资本流动。

此外，取消强制性结售汇制度使外汇资产得以保留在其他国内企业或个人手中，而非让其流入央行，这些措施使企业/个人得以将外汇资产放在海外或境内，也使商业银行拥有更多外汇发放外币贷款。伴随人民币在

---

① 姜波克：《国际金融新编》（第五版），复旦大学出版社2012年版，第21页。
② 沈丹阳：《美国是如何促进服务贸易出口的》，中国商务出版社2013年版，前言第1页。
③ 裴长洪：《进口贸易结构与经济增长：规律与启示》，《经济研究》2013年第7期。
④ 金中夏：《中国资本账户开放与国际收支动态平衡》，《国际经济评论》2013年第3期。
⑤ 胡晓炼：《资本项目可兑换与人民币跨境使用》，《第一财经日报》2012年11月29日。
⑥ 张礼卿：《国际金融》，高等教育出版社2011年版，第16—17页。

跨境贸易的使用不断增加，企业更易于在外币和人民币之间以及在国内外融资渠道之间进行转换①。鉴于短期国际资本持续大规模流出基本上都发生在国际金融危机造成全球金融市场动荡期间，随着人民币国际化的推进以及中国资本账户的进一步开放，预计未来几年内证券投资与其他投资的流动规模会继续上升，波动性将会依然处于很高的水平②。

3. 国际收支差额的持续性

可持续的国际收支平衡机制建立在即。从内外均衡角度来看，由于不同国家"保增长"和"抑通胀"等其他目标之间的矛盾冲突程度相差悬殊，不同新兴市场经济体在保增长时的政策选择空间相应差距甚大。中国作为经常项目收支顺差国，在"保增长"时较少存在政策目标冲突，但如果经常项目收支持续逆差，则在"保增长"时会面临政策目标冲突③。伴随人民币资本项目进一步开放，如表5-1所示，中国国际收支格局可能呈现以下5种情况④。

表5-1 中国国际收支格局的5种可能情况

	经常项目	资本与金融项目	外汇储备
不可持续（不宜长期追求）	顺差	顺差	增加
不可持续（且不太可能出现）	逆差	逆差	减少
不可持续（且不太可能出现）	逆差	顺差	稳定
可能（且应争取）	顺差	逆差	平衡
可作为长期均衡目标	平衡	平衡	平衡

资料来源：金中夏：《中国资本账户开放与国际收支动态平衡》，《国际经济评论》2013年第3期。

鉴于结构性因素与周期性因素均在中国国际收支的改善上发挥作用，如果中国出口的收入弹性大约是价格弹性的3.5倍，则外部需求变动对中国出口的影响，要显著高于由人民币升值或国内要素价格市场化导致的出口价格上升对中国出口的影响⑤。但是，由于结构性因素具有长期稳定、方向单一性和相对不可逆的特点，中国经常账户差额占GDP

---

① 汪涛、胡志鹏、翁晴晶：《变化的国际收支与波动的资本流动》，《银行家》2013年第6期。
② 张明：《中国国际收支双顺差：演进前景及政策涵义》，《上海金融》2012年第6期。
③ 梅新育：《国际收支、汇率与增长的政策选择》，《中国金融》2012年第13期。
④ 金中夏：《中国资本账户开放与国际收支动态平衡》，《国际经济评论》2013年第3期。
⑤ 张明：《国际收支改善的原动力》，《中国外汇》2013年第3期。

的比重在短期内仍会处于低位①。对于中国国际投资头寸表失衡与金融调整渠道，在中国外部失衡持续为正的条件下，不仅中国未来净出口增长率会下降，而且还将经历更低的对外净资产回报率，应稳步推进人民币国际化②。

二、影响中国国际收支的政策考量

以2013年为例，中国国际收支不平衡问题虽有所缓解，但趋于平衡的基础仍需要进一步稳固。对此，既要考虑国际因素的制约，也要考虑国内因素的影响；既有经济的原因，也有其他方面的原因。

1. 来自国际方面的影响

第一，对美联储量化宽松货币政策QE退出的预期。2013年初以来，伴随美国经济复苏，特别是2013年6月伯南克首次发出缩减量化宽松信号后，市场对美退出QE的预期越来越强。但是，直至美联储2013年9月17~18日召开联邦公开市场操作委员会后，美联储宣布保持QE力度不减，同时下调2013年和2014年美国经济增长和就业预期，大大出乎全球市场意料。

第二，美国两党财政危局、政府关门与债务上限问题。2013年9月30日，美国政府关门进入最后24小时倒计时。由于民主党人和共和党人未能弥合彼此之间存在的严重分歧，美国面临接踵而至的预算危机。从2008年金融危机至今，债务上限已上调了7次。

第三，欧盟与中国之间的贸易争端问题。2013年6月初，欧盟委员会公布对中国光伏产品反倾销调查初裁结果。与第一回合欧盟针对皮鞋、第二回合针对扫描仪不同，本次决定从2013年6月6日至8月6日对涉案中国光伏产品征收11.8%的临时反倾销税。如果双方在8月6日前没达成共识，届时反倾销税率将升至47.6%。好在2013年7月，欧盟和中国达成共识，逐步缓和了这场争端。

以上问题的叠加，一方面造成与美欧有重要贸易关系的中国在贸易收支方面的压力。从海关总署公布的进出口数据看，2013年9月中国进出

---

① 黄志刚、郑良玉：《中国经常账户盈余下降是周期性的吗？》，《国际金融研究》2013年第7期。
② 肖立晟、陈思羽：《中国国际投资头寸表失衡与金融调整渠道》，《经济研究》2013年第7期。

口增速下跌,其中,出口1.15万亿元,进口1.05万亿元。中国与贸易伙伴美国和欧盟的贸易金额均有所下降。另一方面,表现出尽管全球经济在温和复苏,但金融贸易系统的扭曲加重了全球经济复苏的不确定性,而这些不确定性最终很可能给中国涉外经济金融发展以及国际收支平衡带来一定的负面冲击。

2. 来自国内方面的影响

第一,中央经济工作会议及"两会"政府工作报告关注中国国际收支失衡问题。2012年末,中央经济工作会议继续将"促进国际收支趋向平衡"作为2013年的重要工作任务。会议指出我们面临的机遇,不再是简单纳入全球分工体系、扩大出口、加快投资的传统机遇,而是倒逼我们扩大内需、提高创新能力、促进经济发展方式转变的新机遇。[1]

第二,2013年初,"两会"政府工作报告明确了国际收支状况进一步改善的预期目标。总之,在"促进国际收支趋向平衡"和进一步改善国际收支状况的任务和目标下,需要加快完善相应的市场化机制和管理体制,把稳定出口和扩大进口相结合,并且进一步发挥进口对结构调整的支持作用。通过以促流出、扩进口为抓手,推动对外贸易平衡发展,稳步推进资本项目可兑换和贸易投资便利化,从而促进国际收支趋向平衡。

第三,以中国(上海)自由贸易试验区建设为战略支点,服务贸易协定谈判有序推进。2013年7月,国务院会议原则通过中国(上海)自由贸易试验区方案,2013年9月29日,中国(上海)自由贸易试验区正式挂牌成立。其中,负面清单被视为投资管理体制转变的重大突破。自贸区成立刺激了贸易份额占比的明显反弹,自2012年9月至今,中国(上海)自由贸易试验区贸易份额占全国保税区贸易份额比重显著回升。2013年9月30日,中国政府正式宣布参加服务贸易协定谈判,通过促使谈判成果最终实现多边化,为多边贸易谈判注入更大的活力。作为世界服务贸易第三大国,中国充分认识到服务业和服务贸易对经济增长和社会发展的重要性。

3. 外汇管理政策取向

中国外汇管理理念和方式将会进一步改进,外汇管理体制改革将进一步深化。伴随国际收支将在外汇供求关系中不断理顺,未来中期内,经常项目占比GDP将在合理区间内保持基本稳定,并实现跨境资金流动均衡

---

[1]《中央经济工作会议解读:倒逼出的新机遇》,《人民日报》2012年12月18日。

管理的不断完善。

第一，结合中国（上海）自由贸易试验区建设试点，进一步促进贸易投资便利化。把稳定出口和扩大进口结合起来，推动对外贸易平衡发展。

第二，加快外汇市场发展，进一步发挥市场在国际收支调节中的作用。进一步完善人民币汇率形成机制，增加汇率弹性，逐步实现外汇供求的多样化、市场化，促进外汇管理服务实体经济、保障经济金融稳定的能力不断提升。

第三，稳步实现人民币资本项目可兑换。在已有外汇管理体制改革经验的基础上，结合中国（上海）自由贸易试验区建设，着重提高资本市场交易的可兑换程度，进一步推进直接投资、直接投资清盘和信贷等项目的可兑换程度，有序提升个人资本项目交易可兑换，在有管理的前提下推进衍生产品的可兑换。

三、贸易账户与资本项目视角下人民币实际汇率动态回溯

结合近期中国外汇储备与人民币对美元汇率"双向波动"、"进退有序"的最新动态，是否表明人民币汇率已接近其均衡水平？这依赖于我国经常账户顺差下降可持续以及中国经济结构调整有效推进。对于中国对外贸易行为实证估计这一较具有挑战性和充满争议的问题，实证检验的估计结果对回归分析中趋势变量和控制变量的引入较为敏感。因此，针对该问题的研究结论差别很大。如图5-2所示，自2003年人民币汇率存在升值压力至2010年7月新一轮汇改再次启动，人民币实际有效汇率与中国对外贸易余额（年移动平均值）之间存在一定的正向关系，特别是在2005年7月人民币汇率改革后到本次国际金融危机前，人民币实际有效汇率升值伴随中国贸易余额顺差大幅提升，人民币汇率升值对于中国贸易余额乃至经常项目平衡的作用并不显著。

结合中国实际情况来看，由于加工贸易占比较大，贸易方式上加工贸易比例高的特点决定了我国贸易格局上的"大进大出"，而人民币汇率变动的影响呈现中性。显然，这种进口中间品通过加工贸易出口的形式使得汇率的变化对出口价格传导机制由于中间进口价格的反向传导而削弱。并且在加工贸易产品并非人民币定价情况下，人民币汇率升值不会带来贸易

顺差的降低[①]。值得注意的是，在国际金融危机、欧债危机以及人民币汇率7年多的不断升值背景下，中国的对外贸易下行压力加大，伴随2010年以来人民币汇率弹性波动不断加强，人民币实际有效汇率与中国贸易余额之间开始呈现反向变化的负相关性。但是，这并不意味着可以通过人民币汇率升值来改变中国贸易收支顺差以及中美贸易不平衡。由于中国出口商品和进口商品的需求价格弹性不能够很好地准确估计，在马歇尔—勒纳条件不能满足的情况下，中国贸易余额与人民币汇率之间存在与传统理论解释相悖的相互关联。鉴于人民币实际有效汇率与进出口之间的相关关系，结合J曲线效应下的时滞因素，伴随汇率波动弹性以及进出口产品的价格弹性提升，人民币实际有效汇率REER优化管理，作为我们把握中国对外贸易进出口产业所面临的实际竞争条件，将是正确发展对外贸易战略、进一步扩大对外开放的重要政策边界之一。

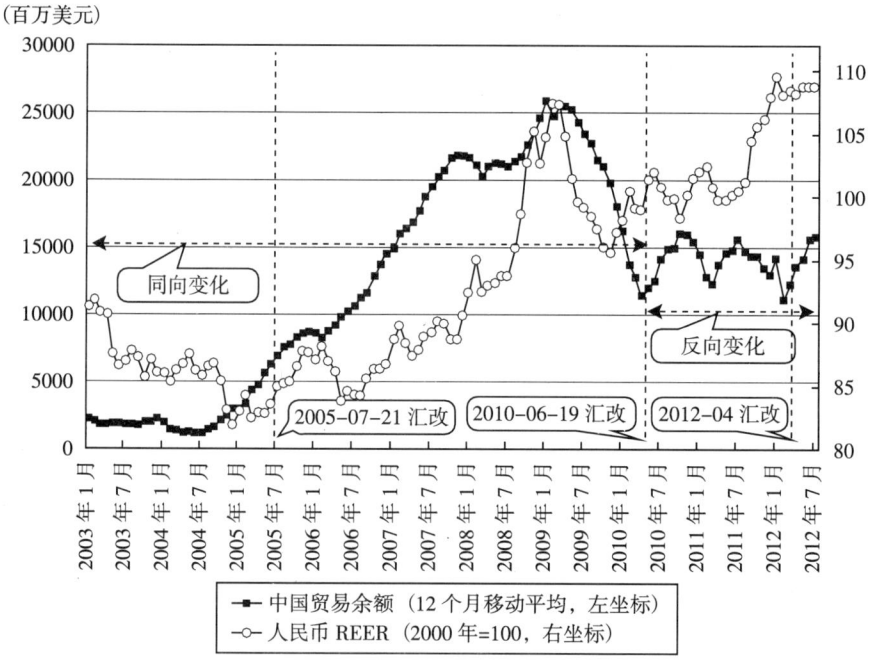

图5-2 人民币实际有效汇率（REER）与中国贸易余额（2003年1月~2012年7月）
资料来源：CEIC。

[①] 黄志刚：《加工贸易经济中的汇率传递：一个DSGE模型分析》，《金融研究》2009年第11期。

伴随中国从蒙代尔"不可能三角"资本项目管理趋向自由浮动的"角点解"转换，某种程度上人民币资本项目渠道下汇率动态调整机制效应逐渐重要。对此，引入人民币风险溢价，根据非抛补利率平价 UIP，将其定义为本外币利率差异减去直接标价法下本币汇率预期变化率。在此，风险溢价是货币持有者为补偿其持有认为有更大风险的货币所要求的额外回报率。结合实际数据来看，选取中国存款利率（i^{CH}）、美国联邦基金利率（i^{US}），中美双边名义汇率（$S_{US/CH}$），人民币 NDF 的季度数据，令 $E\Delta S_{US/CH} = \frac{NDF - S_{US/CH}}{S_{US/CH}}$，进而人民币风险溢价可表示为 $rp = i^{CH} - i^{US} - E\Delta S_{US/CH}$（数据来源于 CEIC 和 Bloomberg）。如图 5-3 所示，2001~2011 年，人民币风险溢价 rp>0，并且与人民币实际有效汇率 REER（间接标价法）两者的变化趋势相近。这表明人民币相对于美元是风险货币，并存在人民币汇率升值压力。

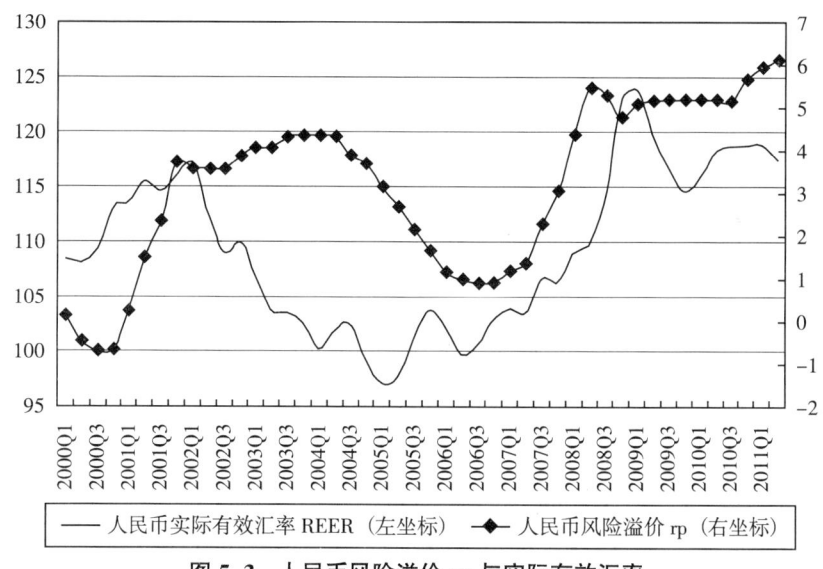

图 5-3　人民币风险溢价 rp 与实际有效汇率

一般而言，本币风险溢价的数值越大，表示本币汇率名义升值压力越大。在国内外利率和名义汇率相对稳定的情况下，本币风险溢价上升意味着存在本币名义汇率升值预期，在资本项目部分开放的情况下，从紧货币政策在升值预期下会引发国际资本内流，产生名义汇率升值压力，短期内价格存在黏性，进而产生实际汇率升值压力。对于人民币国际化，资本项目开放、国际资本自由流动意味着人民币货币风险程度下降，人民币风险溢价将会在名义汇率升值压力释放过程中逐步收敛变小。如果人民币风险溢价变大与人民币实际有效汇率升值同向变动关系较稳健，则伴随人民币资本项目开放，人民币风险溢价正值变小，反而会形成人民币实际汇率的贬值压力。对此，中国香港地区"香港金融管理局"相关研究表明，资本项目开放将导致人民币均衡实际汇率贬值1.0%，当同时考虑到资本项目开放和未来经济增长两个因素时，人民币均衡实际汇率将升值9.2%，90%置信区间为6.8%~11.6%。

第二节 贸易失衡下汇率调整与人民币汇率政策边界聚焦

经典的DFG模型[①]指出：美国净外部债务头寸的增加，需要中国更大的贸易账户顺差来为其进行融资，净外国资产下降则意味着美元实际汇率贬值。作为全球经济失衡基本原因的一种典型观点认为，要解决美国储蓄与投资之间的缺口，美元必须大幅贬值，与此同时，也就是人民币必须大幅升值。

一、全球贸易失衡下美元贬值诉求

国际货币格局演变的历史显示：任何一个新兴的国际主导货币必然会对旧秩序构成强有力的冲击，并激发旧秩序产生本能的应激反应。新的国际货币体系形成需要历史契机，能否把国际货币潜力转变为国际货币实力，关键也许并不在于目标如何设定，而是对挑战的担当与权责的践行。

1. 美国贸易失衡与美元贬值

回顾20世纪60年代中期以前，美国对外贸易盈余和海外投资收入

---

① Michael P. Dooley, David Folkerts-Landau, and Peter M. Garber, "Interest Rates, Exchange Rates and International Adjustment", *NBER Working Paper* No. 11771, November 2005.

（主要是美国在海外军事支出、国外援助以及国外私人投资等），为美元国际货币核心主导提供了必要的资源空间。但是，自20世纪70年代中期以来，美国的贸易账户开始出现赤字并越来越大。实际上，自1944年布雷顿森林体系建立到2008年国际金融危机爆发前这段时期，美国经历了长达36年的经常账户赤字，并且从1992年开始每年均为赤字，从而导致对全球累计负债高达7.37万亿美元。其中，50%是在2003~2007年全球经济在高信贷和流动性扩张下快速增长时期所累积的（见图5-4）。在2008年全球金融危机所导致的经济大收缩情况下，美国的贸易赤字在金融危机期间降到2006年一半以下的水平。美国逆差持续扩大产生的直接后果是美元贬值。伴随美国的经常账户逆差不可持续，长期累积的经常账户逆差通过风险溢价的增加会进一步增大美元汇率的贬值压力。但是美国贸易逆差在此过程中却并没有得到缓解，这显然有悖于传统的国际收支失衡的汇率调节路径。

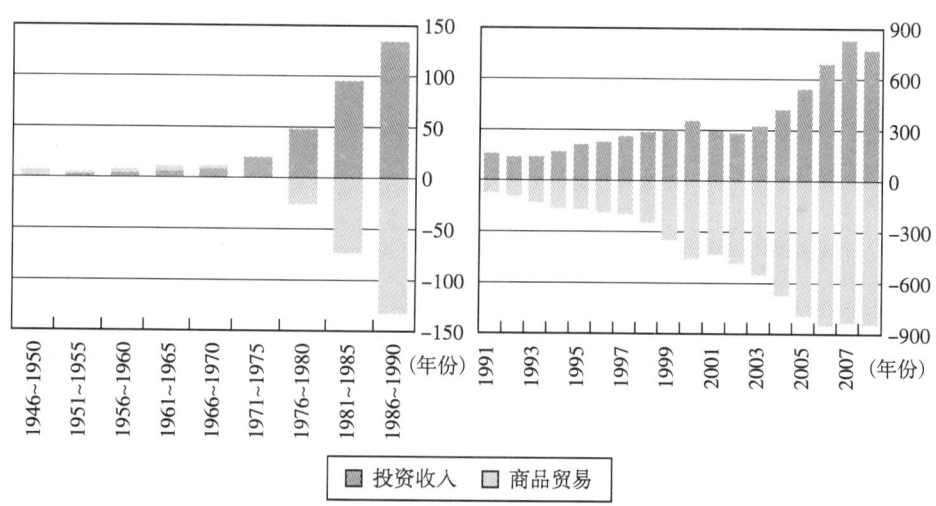

图5-4　1946~2008年美国商品贸易账户和持有国外资产收益

2. 多极国际货币体系下开放经济宏观账户与汇率

国际金融危机凸显国际金融货币体系的弊端——无约束、单一化、多干预、不平等。后美元时代国际货币体系将呈现多元化、自由化、控风险、重协作四大趋势，表现为"一主多元"的新多极化特征：美国为中心国，巴西、俄罗斯、印度和中国等金砖国家（BRICs）以及欧元区成为左右全球经济格局演化的重要力量。在此格局下，三大区域——美国、欧元区和金砖国家之间的汇率波动在某种程度上实际是各自经济周期不同步的表现（见图5-5）。

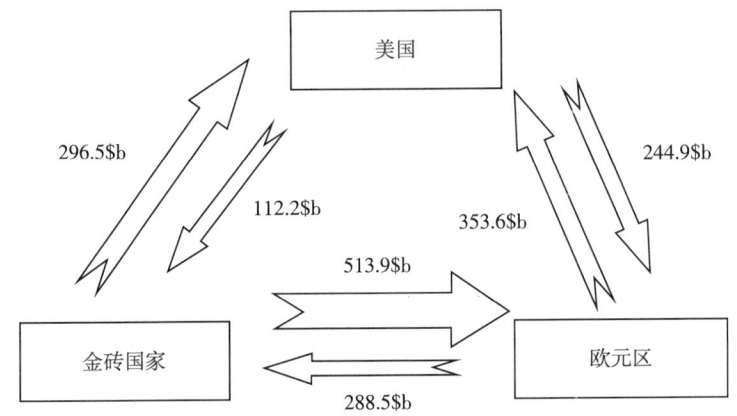

图5-5 国际货币体系多极格局贸易关系示意

就金砖国家而言，无论从地理、政治结构，还是经济发展水平来衡量，都存在较大差异。出于问题分析的需要，选取中国作为金砖国家的代表，如图5-6所示，纵轴分别表示中国、美国和欧元区的实际利率，横轴则为这3个区域的经常账户，向上倾斜的为各区域的储蓄曲线S，向下倾斜的为投资曲线I。为了讨论的方便，假定各区域的经常账户最终在一个共同的利率水平保持平衡。如图5-6所示，由于中国外汇市场存在央行外汇干预和资本账户管制，国内外资产并非完全替代，并且人民币汇率是有管理浮动的，与之相应，调整过程需要经过经常账户和实际利率来实现。中国对外出口实际上是将自身的储蓄转向美国或欧元区，从而储蓄曲线会向左移动，表现为经常账户产生盈余，并且利率上升。与此同时，美国和欧元区的储蓄供给曲线向右移动，美国和欧元区的实际利率将会沿着向下倾斜的投资需求曲线而下降。

基于以上分析，结合DFG模型可知：在美国，由于投资与储蓄对利率十分敏感，储蓄需求的增幅变化较大。欧元区同样也有变化。在经济基本因素驱动下美国和欧元区经常账户的各自反应给这两个利率下降的地区带来了有效利用外国储蓄的机会。美国净外部债务头寸的增加，需要中国更大的贸易账户顺差来为其进行融资，净外国资产下降则意味着实际汇率贬值。作为全球经济失衡基本原因的一种典型观点认为，要解决美国储蓄与投资之间的缺口，美元必须大幅贬值，与此同时，也就是人民币必须大幅升值（如图5-7所示，A→B过程）。考虑在未来美国更加强大的情景假设下，随着美国生产率的提升，预期外债存量也将会提升。美元未来大幅度的贬值将不会对现在的人民币兑美元汇率产生影响，但是需要人民币对美元的更为快速的升值，以实现调整期内的平衡（表现为如图5-7所示的在T时刻预期的人民币兑美元汇率将会从B下降至G）。①

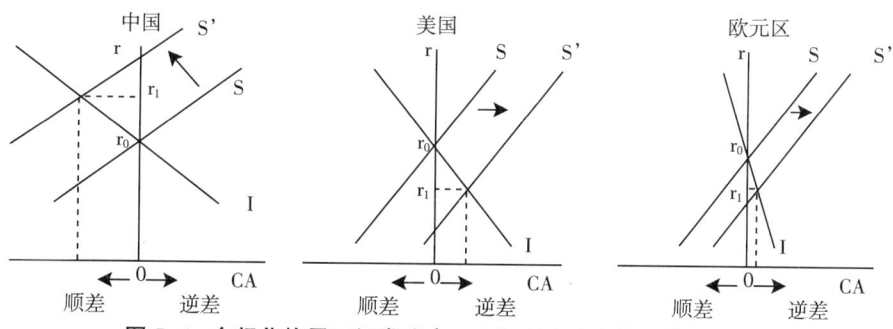

图5-6 多极化格局下经常账户、实际利率决定的储蓄投资分析

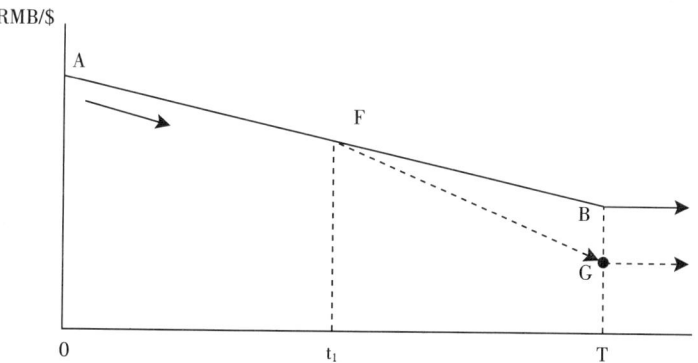

图5-7 美国经济前景趋强情况下的中美双边汇率走势分析

---

① Michael P. Dooley, David Folkerts-Landau, and Peter M. Garber, "Interest Rates, Exchange Rates and International Adjustment", *NBER Working Paper* No. 11771, November 2005.

3. 对美元"贬值"服务于美元自身立场的再分析

综合以上分析,似乎美元汇率贬值(即相应的人民币汇率升值)是合乎情理的。现实情况似乎也与之相吻合,比如,每盎司(黄金的)美元价格也从布雷顿森林体系时期的 35 美元下降到近期的 1200 多美元,而 1929 年到 2009 年 70 年间美元的实际购买力已经贬值了 94%。如此来看,美元贬值程度是惊人的。进一步从以下三个方面进行分析,美元贬值实际上是完全出于自身利益的考虑。

第一,作为世界上国际化程度最高的货币,美元的所有对外负债以美元标价,美国海外资产的绝大部分(75%)用外币标价。以美国在中国的 FDI 为例,作为对外债权以人民币计价,若美元贬值,则以人民币计价的 FDI 折算成美元汇回美国时将会增加,即美元贬值的资产价值重估效应。①

第二,美国从国际角度要想获得铸币税收入,也需要美元贬值,既可以是汇率贬值也可以是通胀,从而在降低对外债务的同时获得国际铸币税收入。但其界限是尽量避免由于不履行国际义务、不承担国际责任所导致的自身核心货币的不稳定,以及所带来的国际货币体系的不稳定。

第三,美元汇率真的贬值了吗?在中美双边汇率下,也许是真的,因为如果人民币对美元汇率升值,则美元汇率贬值。但是,从"一篮子"货币有效汇率指数来看,美元有效汇率在 1977 年第一季度至 2009 年第二季度期间并没有明显的贬值迹象,这是值得我们注意和思考的。如图 5-8 所示,从长期来看,美元名义有效汇率(NEER)不但没有贬值反而处于升值通道中;而美元实际有效汇率(REER)则以"广场协议"为分界,通过外汇干预实现美元 REER 的贬值而后在长期基本稳定。不难发现,美国把美元有效汇率(特别是 REER)的合意值作为"战略汇率",用以实现国家竞争优势;将中美双边汇率作为"战术汇率",用以充当实现国家竞争战略的工具。

作为国际博弈的重要工具,布雷顿森林体系解体后,各国货币之间的

---

① 长期保持贸易逆差,美国积累了大量外债。尽管美国在海外也有大量债权(资产),但其债务(负债)超过债权,其净国际投资头寸为负。伴随美元兑人民币贬值,美国对中国的净债务会缩水(即中国对美国的净投资收入会减少)。余永定:《人民币国际化路线图再思考》,中国社科院国际金融中心讨论稿,2011 年 9 月 14 日。

第五章 国际收支视角下人民币汇率动态与政策边界

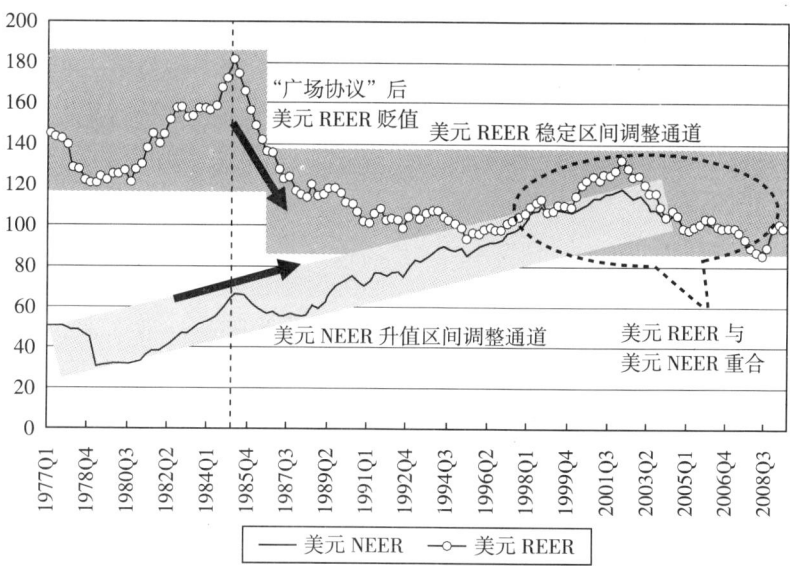

图 5-8 美元有效汇率走势（1977 年第一季度至 2009 年第二季度）

资料来源：IMF《国际金融统计》（IFS）。

汇率就开始随着各国经济实力的涨落而产生浮动。这样，各国政府实际上可以把汇率作为一种政策工具，根据本国利益在经常账户或资本账户上获取更大的好处，从而使汇率的调整成为各国政府之间的博弈行为。由此来看，特定时期下出现的美元兑人民币贬值诉求并不简单意味着美元的衰落（更不是人民币的快速崛起），也并非所谓的真正的市场均衡汇率所传递的调整信号。从实践来看，"均衡汇率"的合意水平也许连上帝也不曾知晓[①]。但是，在现行的国际货币体系中很可能美国更有条件清楚地考量自身的"战术汇率"与"战略汇率"及其相互偏离，明确将要实施的政策目标以及所要付出的代价。美元汇率动态所反折射出的美国对于国家利益和企业利润的维护堪称典范。因此，对于中美货币博弈而言，这是一种不对称的汇率压制。

二、中美贸易失衡下人民币汇率调整政策边界

考虑在未来美国更加强大的情景假设下，随着美国生产率的提升，预

---

① 周其仁：《货币的教训——汇率与货币系列评论》，北京大学出版社 2012 年版，第 178 页。

期外债存量也将会提升,而美元未来大幅度的贬值将不会对现在的人民币兑美元汇率产生影响,但是需要人民币对美元的更为快速的升值以实现调整期内的平衡。由此可见,美国逆差持续扩大产生的直接后果是美元汇率贬值,而美元汇率贬值(即相应的人民币汇率升值)似乎是合乎情理的。但是,中国贸易不平衡并非常态且已不可维持,但其调整方式并非人民币汇率升值如此简单。

历史上的前车之鉴,1985年"广场协议"签署后日元汇率在两年内几乎上升了1倍,但对日本出口却依然没有什么影响!一般而言,贸易结构和贸易方式对汇率传导机制形成制约,特别是对于进口投入品比例较高,而出口产品与外国产品相似、竞争激烈的产品,汇率对其出口价格的传导相对较低。显然,我国高能耗、高污染及附加值低的资源类商品出口增长较快,而这类商品对汇率传导并不敏感。此外,许多被认为是中国制造的产品实际上只是在中国装配,亚洲开发银行研究所2010年报告指出,一部约178.96美元的iPhone,其批发价中,中国装配工作的价值只占6.5美元,大部分生产成本由高精密部件构成,而这些部件并不是在低收入国家生产的,而是在日本和韩国等高工资国家生产的。人民币汇率升值并不能改变中美贸易不平衡。

第一,我国出口产品中有一半左右是来料加工,这种进口中间品通过加工贸易出口的形式使得汇率的变化对出口价格传导机制由于中间进口价格的反向传导而削弱。贸易方式上加工贸易比例高的特点决定了我国贸易格局上的"大进大出",而人民币汇率变动的影响呈现中性。

第二,中国经常账户大规模顺差的根本原因不在于人民币汇率低估,而在于国内的工资水平、能源价格和环境维护成本等均相对较低。人民币汇率升值和内部价格体系合理化在一定程度上都可作为解决国外所谓"中国的东西太便宜"问题的举措。但是,在内部价格扭曲被纠正前采取人民币汇率升值并非不明智之举!因为这很可能不但发挥不了汇率传导机制,反而会进一步恶化内部价格的扭曲。

第三,美国本轮对外失衡问题是以往失衡的延续,美国实际面临的不是从中国进口,就是从其他国家进口的问题。人民币汇率升值进程已接近其上限,但这解决不了美国与中国的双边贸易失衡,更解决不了美国国内的高失业与低储蓄问题。

第五章 国际收支视角下人民币汇率动态与政策边界

三、美元货币压制下人民币汇率政策成本损失分析

截至2011年6月30日,中国外汇储备已达到3.2万亿美元,较2010年末的2.9万亿美元有大幅度增长。从收益来看,主要是所投资的国外资产收益;从成本来看,当这些外汇储备的持有收益率比其融资收益还要低,或者这些外汇储备的人民币计值表示在下降并且还将持续下降时,都会出现损失。对于中国外汇储备的币种构成,显然美元和欧元占绝大多数,外汇储备的币种构成并不对外公布,假设美元占比60%,欧元占比25%,其他为日元、英镑等,其确切比重实际上并不重要,因为上述这些货币具有趋近的利率和汇率预期贬值率。在此情况下,据相关分析,假设主要形式是国债和平均大约2年期的银行存款(收益率的加权平均值大约为0.33)。因此,中国外汇储备年收益为110亿美元,收益率为0.34%。假设2011年末至2012年末美元兑人民币汇率平均预期贬值5%,欧元预期贬值6%,日元预期贬值9%,英镑预期贬值3%,根据相关研究可得到中国外汇储备将预期贬值平均为5.4%,意味着资本损失为1720亿美元。进一步假设由外汇储备累积所导致的中央银行"被动发钞"可通过央行冲销干预来抵消,而央行可通过出售其他资产对此进行融资,其成本正是这些资产的未来收益。假设中央银行法定存款准备金的利率支付为1.6%,估计有超过一半的外汇储备是按照这种方式进行融资,则每年的成本大约为410亿美元;将会持有短期政府债券购买央行票据利率在3%的水平,而发行央行票据的成本为100亿美元;剩余的外汇储备等于持有政府债券的资产量,每年为260亿美元。截至2011年6月总的利息成本为770亿美元。综上所述,目前,根据相关数据估算可得,中国外汇政策的成本大约为2380亿美元,并且如果外汇储备仍然继续快速增长,意味这种政策成本很可能会继续上升而非下降,人民币汇率改革已日益紧迫。

四、人民币汇率体制改革回溯与评价

中国人民银行不断推进人民币汇率形成机制改革,增强人民币汇率弹性。相对于汇率制度(或汇率安排),即一种静态的、框架性的具体规定而言,汇率形成机制更多体现的是一个"动态原理"及其作用过程。新汇

改不是对人民币汇率进行一次性重估调整,而是第一,重在坚持以市场供求为基础(主要是让汇率双向波动,充分发挥汇率的价格信号作用和汇率价格杠杆的资源配置作用);第二,参考"一篮子"货币进行调节(主要是稳定人民币对外贸易综合出口竞争力,不片面关注人民币与某个单一货币(如美元)的双边汇率,而是关注有效汇率);第三,继续按照已公布的外汇市场汇率浮动区间,对人民币汇率浮动进行动态管理和调节(根据经常项目主要是贸易平衡状况动态调节汇率浮动)。① 在这一制度下,人民币对美元即期汇率一天内可以在中间价(由开盘前主要做市商报价经截取的加权平均值来确定,由中国外汇交易中心宣布)规定的幅度内(截至2013年该波幅为1%)波动。

1. 2005年汇改启动后人民币对美元汇率升值缘起欧元

2005年7月人民币汇率机制进行了官方调整,由盯住美元转变为参考"一篮子"货币(权重不公开),允许汇率小幅波动。虽然中美双边汇率的每天变化不大,但持续累计起来目前已升值超过30%。至国际金融危机爆发初期,虽然人民币汇率的货币篮子中确实纳入了一些非美货币,如相关实证分析所示:人民币汇率货币篮子,从2007年1~3月开始纳入韩圆权重,从2007年开始欧元权重上升并且到2008年5月达到接近美元权重的高位。在此过程中,2007年人民币对美元汇率处于升值状态,面对国际资本流动对人民币货币篮子的"冲击",货币当局进行"逆风向"操作,参考"一篮子"货币汇率安排逐现雏形。需要注意的是:2007年由于欧元兑美元汇率升值,因此,当人民币汇率篮子中货币欧元权重相对较大时,人民币对美元汇率也在升值。进一步,如果假定篮子中货币权重为欧元和美元各占一半,那么从2006年中期至2007年末人民币的总体币值的真实汇率波动就会相应较小。实际上,当时人民币对美元汇率升值正是由于欧元在货币篮子中的权重提升,而并非人民币对整体货币篮子的汇率升值。

2. 国外对危机期间人民币汇率重盯美元的误解与辨析

国际金融危机爆发并蔓延中国后,鉴于中国部分外向型出口省市受到人民币汇率的升值冲击较大,在2008年中期,人民币汇率又重回事实上的盯住美元,美元在人民币汇率货币篮子中权重明显压倒其他货币。这一

---

① 胡晓炼:《有管理的浮动汇率制度的三个要点》,中国人民银行官方网站(http://www.pbc.gov.cn/),2010年7月22日。

举措在某种程度上起到了对美元和美国的信心支撑,但在危机最难关过后又引来国外的不满:一是认为2008年人民币事实上重新盯住美元,人民币币值低估,从而形成美国企业在全球市场竞争的不利因素。二是对于人民币汇率固定与否并不真正关心,想要的就是让人民币相对美元汇率升值,从而美元汇率贬值,降低美国企业所面对的来自全球市场商品价格竞争压力。对此,以上这两种观点都是片面的。理由如下:

第一,2008年末2009年初,由于避险需要国际资本回流美国,而后在2009年至2010年冬季,加之希腊等国的主权债务危机欧元区麻烦不断,因此,在2009年和2010年欧元兑美元汇率是贬值的。在此情况下,设想如果当时人民币没有重回盯住美元,而是继续2007年参考"一篮子"货币欧元占有较大权重,那么现在的人民币汇率会随着欧元的贬值而走低,即比盯住美元的汇率还要更低,其所认为的美国企业所面临的价格竞争劣势也许会更明显。

第二,人民币汇率升值解决不了中美贸易失衡,也解决不了美国的就业问题。美国对外贸易逆差是近40年的持续性问题,并且面临的是如果不从中国进口就要从其他国家进口的问题,在自身没有相应的宏观政策和结构调整下,单纯依靠人民币对美元汇率升值,难以扭转美国持续的贸易逆差。

3. 2010年人民币汇率体制新改革的重点、成效及存在的问题

2010年6月,中国人民银行进一步推进人民币汇率形成机制改革,增强人民币汇率弹性。本次汇改,没有进行人民币汇率一次性重估调整,重点是:

第一,重在坚持以市场供求为基础,充分发挥汇率的价格信号作用和汇率价格杠杆的资源配置作用。在新制度下,人民币对美元即期汇率一天内可以在中间价0.5%的幅度内波动,中间价由中国外汇交易中心宣布,通过开盘前主要做市商报价经截取的加权平均值来确定,其日波动幅度不超过0.5%。

第二,回归参考"一篮子"货币进行调节,不过分关注人民币与某个单一货币(如美元)的双边汇率,而是关注有效汇率,以稳定中国对外贸易出口综合竞争力。

第三,继续按照已公布的外汇市场汇率浮动区间,对人民币汇率浮动进行动态管理,根据经常项目主要是贸易平衡状况动态调节汇率浮动。

中国的经常账户顺差/GDP 已由 2007 年的历史最高点 10.1%下降至 2011 年上半年的 2.8%。伴随央行不再进行过多的外汇市场干预，人民币也在逐步接近一个公正的价值水平。与此同时，也不乏存在一些问题：一是外汇交易中心由央行管理，央行作为中国外汇市场最大的买家进行入场交易，并进一步带来央行被动发钞问题。二是汇率中间价较稳定问题，即虽然人民币汇率弹性增加，但是汇率的中间价区间基本固定，则汇率波动的趋势仍然是限定的。三是缺少反映参考"一篮子"货币汇率的实际执行力的对外指数公布及其权重配置和相关政策指引。四是人民币升值预期管理问题，进入后危机时代，各国实体经济和虚拟经济都受到冲击，经济增速有所回落，导致汇率的不确定性加强。在美元汇率出现变化微妙时期，"汇率预期"很可能制造"汇率泡沫"而后再制造"汇率空头"，需要引起我们的高度关注。

第三节 人民币汇率改革的政策空间

一、从外汇市场组织的经济效率出发，大力拓展市场参与者的层次结构

培育更多有实力的商业银行，提升它们在外汇市场中的地位；通过外汇市场扩容，逐步吸收非银行金融机构释放的外汇风险敞口头寸；促进企业居民自主地决定外汇供需，在此基础上促进合理的市场汇率形成。在考虑市场的有限性与监管需要的基础上，进一步提升中国外汇交易中心的资源配置功能，通过培育和强化外汇经纪人制度，促进外汇市场定价效率的提升，促进人民币汇率的理性回归。

伴随人民币资本项目不断开放，在人民币对外"走出去"和非居民"走进来"（可部分持有人民币资产）的过程中，需要从源头上改变此前外汇储备积累伴随央行人民币投放，以及非居民不能进入人民币资产市场的格局。在中国境内逐步形成具有一定规模的离岸金融市场，特别是实现如下业务交易，将有助于从源头上降低外汇储备的累积：第一，国内居民可

将所持有的人民币外汇（如出口收汇），通过银行离岸金融账户直接购买非居民发行的以外币（美元、欧元等）计值的外国债券（或股票），从而分享国外的非居民经营利润和相对较高收益。第二，国外非居民既可以将其外币（美元、欧元等）通过银行离岸金融账户直接提供给市场中的国内外汇需求者（如进口付汇）兑换获得人民币，双方进行汇兑议价，促进反映外汇供求的市场汇率形成；也可以将所获得的美元（或欧元等）汇回其国内，实现利润汇回。第三，持有人民币的非居民可通过银行离岸金融账户直接购买国内居民发行的以人民币计值的"熊猫债券"（或人民币股票），投资中国，分享中国的快速增长。

二、面对美元货币压制，要忍辱克制，后发制人，蓄势择机反击

这要求货币当局在边际转折点进行策略切换时需要达到汇率调控科学与艺术的有机结合。应对人民币对美元汇率升值压力，在必要时择机采取人民币对美元汇率贬值策略，向外界发出信号："绝不是单边升值，而是双向波动。"这也是人民币汇率应遵循市场规律和自我价值的诉求。人民币汇率改革的目标不是消灭汇率升值预期，也不是单纯解决人民币汇率水平问题，而是让市场供求在汇率形成中发挥主要作用。从国家对外发展的重要全局性安排出发，在保持币值基本稳定的基础上结合自身发展的实际情况，一方面保护自己的企业和产业国际竞争力，另一方面消除市场规律囤积的风险压力，主动打消人民币升值的预期，转移人民币单边升值风险，是当下我们应对和抵御西方人民币升值论的迫切任务。

近年来，中央已加大对中国香港地区离岸人民币中心的政策支持，把人民币跨境贸易结算范围进一步扩展至全国，支持中国香港地区企业用人民币到内地进行直接投资，允许人民币境外合格机构投资者（RQFII）投资于内地证券市场（起步金额为 200 亿元），将扩大境内机构与企业在中国香港地区发行人民币债券的数量和规模，中央政府将把中国香港地区发行人民币债券作为一种长期制度安排，逐渐扩大发债规模，中国政府将在内地推出基于中国香港地区股票市场 ETF 基金。从积极方面而言，这不但有助于提升微观经济主体的货币选择和资产配置空间多样化和风险分散化，而且在实现相互联系有机运行及通过银行离岸金融账户稳妥管理下，

也有助于将中国外汇储备"美元陷阱"的桎梏逐渐破除。

三、加强人民币汇率预期管理的政府宣传与引导优化

近期人民币汇率弹性进一步增强，2012年4月人民币对美元汇率波动幅度由0.5%扩大至1%。如何通过媒体、网络加大人民币汇率币值合理性的舆论引导，逐步消除单边预期。加强外汇投资的大众普及，加大外汇投资渠道和相关金融理财产品的设计开发，通过藏汇于民，分流降低中国外汇储备高增长下巨额存量的增量，从而在微观基础层面建立化解央行被动发钞问题的内生机制亟待加强。为了防范资产泡沫破裂导致的系统性风险，应把"降低杠杆率"作为开放经济金融系统的一个重要政策目标。在放开资本账户控制的同时，控制投机性短期资金流入，控制国际资本流出，防止对人民币汇率的单向投机导致热钱冲击。

四、结合中国自身实际，因地制宜制定人民币汇率战略

坚持资本项目特别是对资本流入的管制作为中国汇率战略实施进程中最后放开的防火墙，即在引入较大汇率灵活性实现人民币基本浮动后再实现资本项目完全可兑换。在此过程中重要的是，人民币汇率改革和发展必须要有阶段目标和总体框架规划，有中国汇率战略的安排与设想。中国需要知道本国的根本利益诉求是什么，以及在动态博弈过程的每一步要达到的具体目标是什么（而非迫于国际政治压力被动行事），需要知道为实现目标可以利用的战略力量和资源是什么，以及如何进行决策，选择何种措施和手段。在上述"知己"的基础上，还要在汇率和国民经济可持续发展方面，针对主要的货币追赶和货币竞争国家进行同样的评估，正所谓"知己知彼，百战不殆"。从维护自身的国家利益出发，在避免危机和外部投机冲击下，自主做出是否关注汇率动态稳定，以及进行保持汇率动态稳定、转向汇率浮动或保持自由浮动的动态抉择。

从经济总量上看，中国已是仅次于美国的世界第二大经济体，第一大外汇储备国和美国最大的债权国。伴随人民币国际化逐步推进，美元核心地位受到潜在威胁。中美货币镜像下人民币将面临来自美国货币压制的汇

率升值、自由浮动和资本项目开放的重重压力，尽快实现人民币汇率在市场价格形成过程中向符合自身国民利益的价值水平的理性回归，既是人民币汇率改革的难点所在，也是人民币国际化的重要节点所在。在人民币国际化货币状态动态变化背景下，作为经济增长和赶超过程（Convergence）中的内生变量，人民币汇率终将无法由政策所主导，伴随蒙代尔"不可能三角"资本管理趋向完全浮动的趋近"角点解"转换，外汇市场的封闭式管理与人民币国际化发展的开放式汇率机制之间的矛盾将越发突出，中国需要在资本项目管理作为保证金融稳定的最后防线和汇率动态、人民币国际化的资本项目开放诉求的动态平衡中进行抉择。

第六章 总供求视角下汇率动态与人民币均衡实际汇率[①]

作为汇率理论中的核心问题之一,均衡汇率是判断汇率水平是否失调以及汇率政策是否需要调整的主要客观依据。但实际上,关于均衡汇率是存在争议的。凯恩斯曾提出均衡汇率理论雏形。但是,罗宾逊夫人利用凯恩斯《就业、利息和货币通论》的分析工具,在储蓄和投资分析法下却认为均衡汇率这个概念没有多大意义。进入20世纪80年代,均衡汇率研究重新兴起。自威廉姆森的基本要素均衡汇率理论(FEER)以来,先后涌现出均衡实际汇率理论(ERER)、自然实际均衡汇率理论(NATREX)和行为均衡汇率理论(BEER)等诸多类别。

第一节 相关文献综述概览

在均衡汇率的价值评估方面,主要的方法类型[②],如调整后的PPP(巴拉萨—萨缪尔森效应和Penn效应),行为均衡汇率模型族(标准的行为均衡汇率BEER、持久均衡汇率PEER、均衡实际汇率ERER、高盛动态平衡汇率GSDEER),潜在均衡分析法(基本均衡汇率FEER、宏观经济平衡方法MB),外部可持续法(ES),自然均衡实际汇率法(NATREX),间接公允价值法(IFV)等测算方法大多以经济结构稳定为前提。显然,这

[①] 本章相关内容已在《金融评论》发表,林楠:《汇率动态与总供求视角下人民币均衡实际汇率》,《金融评论》2013年第6期。

[②] Gino Cenedese, Thomas Stolper, "Currency Fair Value Models", in *Jessica James*, Ian W. Marsh, Lucio Sarno, editors, *Handbook of Exchange Rates*, Chapter 11, 313-342 (John Wiley & Sons, Inc., 2012).

与我国经济转型的现实国情不尽吻合①,而在模型所适用的变量、数据和方法上也还存在以下争议:研究对象是实际汇率还是名义汇率?是双边汇率还是有效汇率?是时间序列分析还是截面或面板分析?

对于均衡汇率的评估应用,从国际机构政策建议角度来看,为了国际汇率监督,IMF (2006)② 汇率咨询小组 CGER 汇率评估主要针对实际汇率并且采取了 3 种方法:宏观经济平衡方法 MB、均衡实际汇率法 ERER 与外部可持续方法 ES。对此,Abiad、Kannan 和 Lee③ 研究发现,CGER 汇率评估对于未来 REER 走势具有很强的预测能力,且汇率失调具有持续性并会存在系统偏差。Michael Dooley 认为,CGER 汇率分析的假设和结论是建立在标准的以私人部门行为为主的模型上,但现实中新兴市场经济体主要体现为政府管制汇率,因而该分析框架的结论可能是错误的④。从私人部门模型应用角度来看,高盛公司(Goldman Sachs)GSDEER 模型较具代表性,其最新版本主要是基于 Penn 效应并进行截面数据回归及残差平稳性检验。但是,基于 GSDEER 模型,Stolper 等⑤ 发现亚洲发展中国家有管理浮动汇率并不能拒绝截面模型残差是单位根的原假设,进而数据问题可能会导致协整关系的背离。总之,不同计量技术和不同时期的数据选择,也成为影响均衡汇率价值评估的重要因素。

在人民币均衡汇率研究方面,主要探讨的是中长期概念,并且关注的是剔除了价格因素之后的实际汇率。Dunaway 等⑥、Cline 和 Williamson⑦

---

① 姜波克等:《人民币均衡汇率问题研究——中国经济增长的汇率条件:理论、方法、技术、指标》,经济科学出版社 2011 年版,第 24 页。
② IMF, "Methodology for CGER Exchange Rate Assessments" (*Washington*: *International Monetary Fund*, 2006).
③ Abdul Abiad, Prakash Kannan, and Jungjin Lee, "Evaluating Historical CGER Assessments: How Well Have They Predicted Subsequent Exchange Rate Movements?", *IMF Working Paper* WP/09/32, 2009.
④ 郑红:《国际货币基金组织 CGER 方法介绍及评述》,《国际金融研究》2009 年第 6 期。
⑤ Stolper, T., Stupnitzka A., Meechan M., "GSDEER-Re-estimation and Test-based Ajustment", *Goldman Sachs: The Foreign Exchange Market*, 2009.
⑥ Dunaway, Steven, LAmin Leigh and Xiangming Li, "How Robust are Estimates of Equilibrium Real Exchange Rates: The Case of China", *Pacific Economic Review*, 2009, 14 (3): 361–375.
⑦ Cline, William R. and John Williamson, "Notes on Equilibrium Exchange Rates: January 2010", *Policy Brief PB10-2* (Washington, DC: *Peterson Institute for International Economics*, January), 2010.

比较了人民币均衡汇率的不同测算方法。Cheung、Chinn 和 Fujii[①] 进一步指出国外所采用的理论框架主要是相对购买力平价理论、Penn 效应、生产率方法、行为均衡汇率模型（BEER）、基本均衡汇率方法（FEER）及宏观经济平衡方法（MB）等，并指出这些基于实际汇率的估计结果在人民币被低估49%到被高估36%范围内较为分散，这表明在不同情况下如何构建正确的汇率模型尚未达成共识。

在西方经典的均衡汇率模型基础上，国内学者[②③④⑤]对均衡实际汇率进行了深入研究，并认为人民币实际汇率不存在较大失调。选取相对生产率和对外净资产规模作为实际汇率的解释变量，秦朵、何新华在面板分析中采用 DOLS 求取长期均衡关系，结果显示，从 REER 看，目前人民币并不存在低估。对于实际汇率的模型构建，目前国内关于人民币汇率研究已开始注重基于产品市场和资产市场综合考虑的视角分析[⑥]，并且关注经济增长率不同的大国间（中美）汇率决定模型分析。

在理论上，基于新开放经济宏观经济学，杨治国、宋小宁[⑦] 分析表明，均衡汇率主要受到名义汇率、两国技术水平差异以及两国名义货币余额差异的影响。在实证中，徐建炜、杨盼盼[⑧] 采用 $rer_t = (ner_t + p_t^T - p_t^{T*}) + [(p_t^{T*} - p_t^*) - (p_t^T - p_t)]$ 模式，通过从一价定律偏离部分和相对价格变动部分对人民币实际汇率进行分解。肖立晟、何帆、李平（2012）[⑨] 采用 $prod_{it} = \ln\left(\dfrac{CPI_{it}/PPI_{it}}{CPI_{US}/PPI_{US}}\right)$ 代表相对生产率，并纳入估值效应和对外净资产对均衡实

---

① Cheung, Yin-Wong, Menzie D. Chinn and Eiji Fujii, "Measuring Renminbi Misalignment: Where Do We Stand?", *Korea and the World Economy*, 2010, 11: 263–296.
② 王泽填、姚洋：《人民币均衡汇率估计》，《金融研究》2008 年第 12 期。
③ 谷宇、高铁梅、付学文：《国际资本流动背景下人民币汇率的均衡水平及短期波动》，《金融研究》2008 年第 5 期。
④ 胡春田、陈智君：《人民币是否升值过度？——来自基本均衡汇率（1994~2008）的证据》，《国际金融研究》2009 年第 11 期。
⑤ 秦朵、何新华：《人民币失衡的测度：指标定义、计算方法及经验分析》，《世界经济》2010 年第 7 期。
⑥ 金雪军、王义中：《理解人民币汇率的均衡、失调、波动与调整》，《经济研究》2008 年第 1 期。
⑦ 杨治国、宋小宁：《随机开放经济条件下的均衡汇率》，《世界经济》2009 年第 9 期。
⑧ 徐建炜、杨盼盼：《理解中国的实际汇率：一价定律偏离还是相对价格变动？》，《经济研究》2011 年第 7 期。
⑨ 肖立晟、何帆、李平：《国际间财富转移会影响人民币实际汇率吗？》，中国社会科学院世界经济与政治研究所国际金融研究中心工作论文，2012 年。

际汇率进行面板数据回归。在政策空间方面,王义中(2010)[①]提出,以不同理论得到的均衡汇率值为参考,根据现实经济动态变化,设置好人民币"事前均衡汇率",努力朝此均衡水平调整,进而推行"人民币汇率升值隐性目标区间制"。

现有关于人民币实际汇率问题的研究取得了重要成果和进展,为我们的研究奠定了基础。在"闭环"状态下,汇率既是当下资源约束以及经济增长方式运行转变进程中的状态变量,又是进入下一个时期开放经济宏观经济运行的控制变量。因此,在一个动态框架下对货币的公允价值进行令人信服的准确评判往往困难较大。加强对人民币汇率合理定价研究工作,特别是对人民币均衡汇率进行定量测度,不仅有利于理解"保持人民币汇率在合理、均衡水平上的基本稳定"的内涵与外延,更为重要的是为人民币成为国际货币做好了准备。为此,本文分析重点是:从实际汇率出发,揭示"合理、均衡水平"的理论边界与政策内涵,在此基础上,拓展"基本稳定"的含义及其政策空间。后续内容包括三部分:第二节为理论分析,对微观经济的宏观条件进行均衡实际汇率的"市场调整渠道"分析;第三节是实证研究;第四节是本文的结论与政策含义。

第二节 理论分析

一、微观基础:价格变化的工资、货币表达

假设家庭的效用函数取决于消费 ($\frac{1}{1-\rho}C_i^{1-\rho}$)、实际货币余额 $\left[\frac{\chi}{1-\varepsilon_m}\left(\frac{M_i}{P}\right)^{1-\varepsilon_m}\right]$ 和闲暇 ($-\frac{\eta}{2}L_i^2$),见式(6-1):

[①] 王义中:《人民币内外均衡汇率:1982~2010年》,《数量经济技术经济研究》2009年第5期。

第六章 总供求视角下汇率动态与人民币均衡实际汇率

$$\begin{cases} \max: U_i = \frac{1}{1-\rho}C_i^{1-\rho} + \frac{\chi}{1-\varepsilon_m}\left(\frac{M_i}{P}\right)^{1-\varepsilon_m} - \frac{\eta}{2}L_i^2 \\ s.t. \quad M_i + PC_i = M_{i,0} + T + W_iL_i + \Pi_i \end{cases} \quad (6-1)$$

其中，C_i 表示消费者 i 在时期 t 的消费，ρ 为不同商品之间的替代弹性，χ 为货币需求的变动参数，ε_m 为物价的弹性系数，$\frac{M_i}{P}$ 表示消费者 i 在时期 t 拥有的实际货币余额，L_i 代表劳动力供给，η 表示闲暇的需求转换系数；在预算约束条件中，$M_{i,0}$ 为行为人的初始货币持有量，T 为来自政府的税收及转移支付，Π_i 为利润分红，W_iL_i 为工资收入。求解家庭效用函数最大化一阶条件，可得式（6-2），整理式（6-2）可得到式（6-3）：

$$\frac{\varepsilon_1}{\varepsilon_1 - 1}\left(\frac{\eta L^2}{\frac{L}{P}(C)^{-\rho}}\right) = W \quad (6-2)$$

$$P = \frac{W}{\frac{\varepsilon_1}{\varepsilon_1 - 1}\left(\frac{\eta L}{(C)^{-\rho}}\right)} = \frac{\varepsilon_1 - 1}{\varepsilon_1}\frac{(C)^{-\rho}}{\eta L}W \quad (6-3)$$

结合式（6-3）及厂商的利润最大化条件（边际产量等于实际工资，即 MPL=W/P），可以得出 $MPL = \frac{\varepsilon_1}{\varepsilon_1 - 1}\left(\frac{\eta L}{(C)^{-\rho}}\right)$。在此基础上，加各总部门收入，将其简化表示为 $Y = MPL \times L$，再结合费雪方程 $MV = PY$，并且假设货币流通速度 V 与劳动力 L 之比 $V/L = k$ 基本稳定，从而可以得出工资的代理变量 $W = (PY)/L = (MV)/L = kM$，其变化率形式可表示为 $\dot{w} = \dot{m}$。其中，$\dot{w}$ 为一般工资 W 的变化率，$\dot{m}$ 为货币供给流动性 M_{12}（狭义货币 M_1 与广义货币 M_2 之比）的变化率。

二、实际汇率动态的分解：基于外部实际汇率的定义表达

假设国内居民消费商品篮子构成包括可贸易品 X（比重为 α）以及不可贸易品 Y（比重为 $1-\alpha$），从而消费可定义为 $C = X^{\alpha}Y^{1-\alpha}$。在国内外，各自生产的可贸易品价格为 P_T 和 P_T^*，各自生产的不可贸易品价格为 P_N 和 P_N^*。可贸易品定价由国际市场所决定，不可贸易品定价由国内市场所决定。从而对于可贸易品，一价定律成立，$P_T = SP_T^*$。其中，S 为直接标价法下的名义汇率。在此基础上，外部实际汇率 Q 可定义表达为：

· 123 ·

$$Q = \frac{SP^*}{P} = \frac{SP_T^{*\alpha}P_N^{*(1-\alpha)}}{P_T^{\alpha}P_N^{(1-\alpha)}} = \left(\frac{SP_N^*}{P_N}\right)^{1-\alpha} \tag{6-4}$$

根据巴拉萨效应假定,劳动者在一国内可以自由流动,但跨国流动存在较大障碍。劳动者在国内自由流动使得可贸易品部门 W_T 与不可贸易品部门 W_N 之间的工资拉平为 W,即 $W_T = W_N = W$。此外,对于不可贸易品部门再进一步假设劳动生产率在国内外相同,即 $MPL_N = MPL_N^*$。在此基础上,结合厂商利润最大化条件,可得到 $\frac{P_N^*}{P_N} = \frac{W_N^*/MPL_N^*}{W_N/MPL_N} = \frac{W^*}{W}$。进而整理式(6-4)可以得到式(6-5),对其两边取自然对数后再对时间 t 求导可得式(6-6):

$$Q = \frac{SP^*}{P} = \left(\frac{SP_N^*}{P_N}\right)^{1-\alpha} = \left(\frac{SW^*}{W}\right)^{1-\alpha} \tag{6-5}$$

$$\dot{q} = (1-\gamma)(\dot{s}+\dot{w}^*-\dot{w}) \tag{6-6}$$

其中,小写字母上标一点表示对应变量的变化率。参见式(6-6),实际汇率动态变化率 $\dot{q}$ 取决于不可贸易品比重 $(1-\gamma)$,名义汇率动态变化率 $\dot{s}$ 和国内外工资变化的差异 $(\dot{w}^*-\dot{w})$。结合前文分析工资变化率可由货币供给流动性变化率替代 $(\dot{w}=\dot{m})$,实际汇率动态变化率可最终表示为:

$$\dot{q} = (1-\gamma)(\dot{s}+\dot{m}^*-\dot{m}) \tag{6-7}$$

国内生产的不可贸易品比重 ← 名义汇率 → 国内外货币差异

由式(6-7)可知,实际汇率动态主要取决于:第一,国内生产的不可贸易品比重 $(1-\gamma)$;第二,名义汇率动态 $\dot{s}$;第三,国内外货币供给流动性的差异 $(\dot{m}^*-\dot{m})$。

三、均衡汇率的宏观条件:总供求视角下的"市场调整"

定义均衡实际汇率 $(\bar{q})$ 是实际汇率动态变化过程中所潜含的与经济金融结构相协调的外部实际汇率(q 为直接标价法),并以此作为本文均衡实际汇率研究的出发点。对于均衡实际汇率的决定,在中短期采取总供求框架下的两国 AS-IS 模型进行分析,见式(6-8)至式(6-11),在本模型中,y 为国民收入,q 为实际汇率,$(\Delta p)^e$ 为通胀预期,ε 为总需求冲击,μ 为总供给冲击,相应变量带星号表示对应的国外变量。为了得到均衡实际汇率,基本思路是:将国内外总需求做差,在资本自由流动条件下,结合利率平价条件消掉国内外实际利差($r-r^*$),进而可得到国内外产出差异($y-y^*$)的表达式;再将国内外总供给做差,又可以得到国内外产出差异($y-y^*$)的另一表达式;使国内外总供求的产出差异相等,进而联立求解整理可得均衡实际汇率表达如式(6-12)所示。其中,$B = 2\alpha_1 + 2\beta_1(1+\alpha_3) > 0$,$\alpha_1$、$\alpha_2$、$\alpha_3$、$\beta_1$、$\beta_2$ 均为正的弹性系数。见式(6-12),均衡实际汇率取决于国内外预期通胀差异 $[(\Delta p)^e - (\Delta p^*)^e]$ 以及来自总供求的冲击($\varepsilon - \varepsilon^*$)和($\mu - \mu^*$)。

(国内总供给 AS 曲线) $y = -\beta_1 q + \beta_2 (\Delta p)^e + \varepsilon$ (6-8)

(国外总供给 AS 曲线) $y^* = \beta_1 q + \beta_2 (\Delta p^*)^e + \varepsilon^*$ (6-9)

(国内总需求 IS 曲线) $y = \alpha_1 q - \alpha_2 r + \alpha_3 y^* + \mu$ (6-10)

(国外总需求 IS 曲线) $y^* = -\alpha_1 q - \alpha_2 r^* + \alpha_3 y + \mu^*$ (6-11)

$$\bar{q} = \frac{1}{B}\{\beta_2(1+\alpha_3)[(\Delta p)^e - (\Delta p^*)^e] + (1+\alpha_3)(\varepsilon - \varepsilon^*) - (\mu - \mu^*)\}$$

(6-12)

在现实中市场可通过不同渠道做出调整并呈现不同的宏观条件。结合式(6-7)和式(6-12),面对经济的内外失衡,市场进行调整的渠道因素主要是:第一,在短期,利率平价与开放条件下的通胀预期相联系。第二,在中期,国际收支与开放条件下总需求冲击相联系。第三,在长期,购买力平价及巴拉萨—萨缪尔森(B-S)效应与总供给冲击相联系。从而"市场调整渠道"① 的关键因素:购买力平价、本外币因素与利率平价,分别对应总供给和总需求冲击以及微观预期。

1. 利率平价与短期内微观(通胀)预期

基于金融开放面向预期的短期分析:中国资本项目尚未完全可自由兑换,利率平价在中国成立缺乏条件。② 在短期均衡分析中,结合非抛补利

――――――
① 易纲、张帆:《宏观经济学》,中国人民大学出版社 2008 年版,第 525-527 页。
② 但是,非抛补利率平价 UIP 摩擦系数(θ)仍可作为检测汇率升贬值压力的参考,只不过对于市场化程度低的货币,在短期内不具有预测功能。

率平价 UIP 条件，考虑中短期内风险收益调整后的实际汇率动态变化 $\Delta q^e = r^e - r^{*e} + \theta$。其中，$\Delta p^e$ 是实际汇率预期值与观测值之差，$r^e = i - \Delta p^e$ 和 $r^{*e} = i^* - \Delta p^{*e}$ 为费雪效应下国内外的事前实际利率，θ 为风险升水补贴。进而实际汇率可表示为：$q = q^e - (r^e - r^{*e}) - \theta$，主要取决于实际汇率本身的长期预期值以及预期实际利率差异和风险升水的预期轨迹。在理性预期条件下，作为实际汇率系统性构成实际汇率的长期预期与均衡实际汇率相等：$q^e = \bar{q}$。

2. 购买力平价与长期内总供给冲击

结合 B-S 效应面向总供给的长期分析：当绝对购买力平价成立时，理论上 PPP=P/P*（直接标价法下），实际汇率（eP*/P）应等于 1。但由于不可贸易品的出现和对本国商品的偏好在国内外可能会有所不同。假设其他条件不变，结合价格指数（$P = P_T^{\alpha} P_N^{1-\alpha}$），PPP 对数线性化可得：

$$PPP = [\alpha p_T + (1-\alpha)p_N] - [\alpha p_T^* + (1-\alpha)p_N^*] \tag{6-13}$$

$$(p_T - p_T^*) - PPP = (1-\alpha)[(p_T - p_N) - (p_T^* - p_N^*)]$$
$$= (1-\alpha)[(p_N^* - p_T^*) - (p_N - p_T)] \tag{6-14}$$

对于不可贸易品比重，见式（6-14），$(1 - \alpha)$ 与购买力平价偏离 $[(p_T - p_T^*) - PPP]$ 以及国内外不同国家按可贸易品衡量的不可贸易品相对价格差异 $[(p_N^* - p_T^*) - (p_N - p_T)]$ 相关。在长期均衡分析中，以人民币汇率为例，伴随人民币汇率升值并趋向 PPP，假设购买力平价偏离趋于恒定 $(p_T - p_T^*) - PPP = \tau$，从而就总供给 AS 层面来看，对于构成价格因素的总供给冲击，不可贸易品比重 $(1-\alpha)$ 主要取决于国内外按可贸易品衡量的不可贸易品相对价格差异 $[(p_N^* - p_T^*) - (p_N - p_T)]$。

3. 国际收支与中期内总需求冲击

考虑经常项目并将其相对于国民收入比率表示为：

$$CA_t = v(\widetilde{B}_{F,t}^i - B_{F,t-1}^i) + gB_{F,t-1}^i, \quad ca_t = v(\widetilde{b}_{F,t}^i - b_{F,t-1}^i) + \frac{g(1+v)}{1+g}b_{F,t-1}^i \tag{6-15}$$

在式（6-15）中，g 为名义 GDP 增长率，进而经常项目取决于可贸易品相对价格竞争力，特别是名义汇率（e）和来自国外净资产 $B_{F,t}^i$ 的净收入，即：$ca_t = \kappa e + \frac{i^*}{1+g} b_{F,t-1}^i$。其中，$\kappa$ 为名义汇率对经常项目弹性系数

第六章 总供求视角下汇率动态与人民币均衡实际汇率

（κ>0），$b_{F,t-1}^i$ 为国外净资产与 GDP 之比，进而整理得：

$$e = \frac{1}{\kappa}\left[v\tilde{b}_{F,t}^i - \left(v + \frac{i^* - g(1+v)}{1+g}b_{F,t-1}^i\right)\right] \tag{6-16}$$

在中期均衡分析中，CA 是总需求的重要组成部分，假定名义汇率对经常项目的弹性系数 κ，国外利率以及经济增长率 g 和国外净资产变化参数 v 基本不变，则对于总需求 AD 冲击而言，构成均衡实际汇率的名义汇率主要受到国外净资产相对于 GDP 之比的影响。

4. 货币结构因素的引入

基于国际收支的货币分析，进行面向预期的长短期跨期分析，对于预期因素的冲击，还可通过引入货币供给的结构因素：在反映空间维度上的货币供给流动性（M_1/M_2）放大效应的同时，通过（M_2-M_1）/M_1 反映时间维度上货币供给跨期的放大效应。从整体层面来考察，对于执行价值储藏功能的具有资产性的准货币（M_2-M_1），这部分货币主要是定期存款和储蓄存款等，主要影响居民未来的资产选择行为（如购置房产等），其与微观行为主体的预期密切相关并构成未来潜在总需求。对于微观行为主体的购买与支付行为，主要以现实流通中的货币（即狭义货币 M_1）为载体，对应于当期现实的总供给。因此，界定货币结构因素——准货币与狭义货币之比（M_2-M_1）/M_1，为现实总供给条件下所能支撑的未来潜在总需求的货币载体，即宏观货币杠杆，体现了货币构成的"资产化"程度。

四、连接总供求与货币供求的均衡实际汇率"三元边际"

将中国开放经济分为四大模块：开放经济的总需求、总供给、货币需求和货币供给。见图 6-1，总需求模块决定产出 Y 并产生名义汇率 e 变动的需求冲击。对于总需求层面的名义冲击 μ，在中短期主要体现为名义汇率波动。总供给模块决定通胀 π 并产生不可贸易品比重（1-γ）变化的供给冲击。对于总供给层面的实际冲击 ε，在中短期主要体现为国内外按可贸易品衡量的不可贸易品相对价格差异 $[(p_N^* - p_T^*) - (p_N - p_T)]$ 及其所体现的相对劳动生产率差异，可以用消费者价格指数与生产者价格指数之比（CPI/PPI）来表示。

可贸易品与不可贸易品不同部门的货币需求，形成货币供给流动性（M_1/M_2）的基础，而货币供给又成为总需求的载体。由于中国的资本项目尚未完全开放，因此利率平价短期内对微观（通胀）预期的反映可能并不完全和充分。特别是在利率尚未完全市场化情况下，引入国内外货币结构差异，作为反映国内外预期因素的代理变量，将国内外相对货币结构表示为（$m_F - m_H$）= log（M_{21}_F/M_{21}_H），用以反映与国内外通胀预期差异要求相一致的微观主体行为在宏观层面的整体货币诉求，进而参与到货币供给的派生循环之中。

根据总供求模型，对于一国而言，正的总供给冲击（$\varepsilon > 0$）会导致经济的潜在产出水平发生改变，从而产出增加、物价水平下降；而正的总需求冲击（$\mu > 0$）在中短期内会提升产出和通胀预期（价格黏性下则对物价影响不大），在长期由于理性预期仅影响价格而不影响产出。考虑国外因素，见式（6-12），理论上国内外相对总需求的正向冲击将伴随国内外相对通胀预期的正向差异，但由于两者的符号相反，考虑两者在对均衡实际汇率的决定上可能存在的相互抵消，进而均衡实际汇率主要取决于国内外相对总供给冲击。结合以上分析，均衡实际汇率可表示为：

$$\bar{q} = \bar{q}\left([(p_N^* - p_T^*) - (p_N - p_T)],\ v\tilde{b}_{F,t}^i - \left(v + \frac{i^* - g(1+v)}{1+g}\right)b_{F,t-1}^i,\ (m_H - m_F) \right)$$

(6-17)

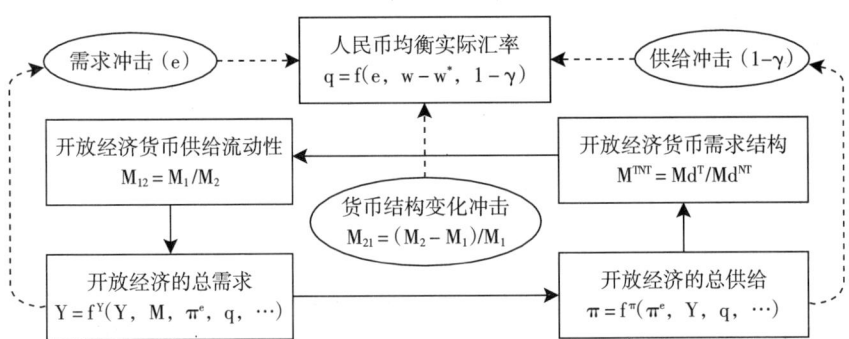

图6-1　人民币均衡实际汇率"三元边际"与开放经济总供求及货币供求的关系

第三节 实证研究

本文的计量分析主要包括以下内容：协整检验、稳健性检验、动态分析及其应用与拓展。

一、变量选取与数据说明

在变量选取上，按照理论分析中均衡实际汇率决定的分析选取相应变量，对反映国内外差异的结构性因素尽可能采取相对比率形式，并进行取对数处理以减少不同单位量纲影响。

第一，对被解释变量进行如下处理，人民币实际有效汇率 REER_CN 采用间接标价法，reer=log（REER_CN）数值越大表示人民币实际汇率越会升值。

第二，采用净国外资产每季度增加量 NFA_CN 与 GDP_CN 之比 NFA=NFA_CN/GDP_CN 作为实际汇率重要解释变量，以说明总需求冲击。经取对数处理后表示为 nfa=log（NFA）。

第三，对于国内可贸易品相对于不可贸易品部门的相对生产率差异，采用消费者价格指数CPI与生产者价格指数PPI之比近似替代，即 $\left(\frac{P^N}{P^T}\right)^{1-\gamma} = \frac{CPI}{PPI}$ 为国内的相对生产率差异指数 RPI，国内外相对相对劳动生产率可表示为 rpi_i=log（RPI_CN/RPI_i）（i=US，EU，JP），用以说明总供给冲击。

第四，选取国内相对于国外（M_2-M_1）/M_1 之比的对数值 $m_{21}\_i=\log(M_{21}\_CN/M_{21}\_i)$（i=US，EU，JP）用以说明货币结构变化冲击。[①]

主要数据及来源说明如下：样本区间为 2000 年第一季度至 2013 年第

[①] 在实证分析中，由于实际汇率是间接标价，所以国内外 rpi 和 m_{21} 均为对应的国内量与国外量的对比差异，这与理论部分中汇率直接标价法下 $[(p_N^* - p_T^*)-(p_N-p_T)]$ 和 $(m_F-m_H)=\log(M_{21}\_F/M_{21}\_H)$ 国外量与国内量的对比差异正好相反。

二季度,共包含 54 个季度样本点。所有数据均来源于国际货币基金组织 IFS 数据库。所使用的计量软件是 EViews6.0,并使用 X-11 方法对 GDP 数据进行处理以消除季节影响。

二、协整检验与均衡分析

作为揭示变量之间长期稳定均衡关系的重要方法,协整是均衡关系在统计上的表述。通过检验经济时间序列之间是否存在协整关系,来判断对应变量之间是否存在经济意义上的"均衡"关系。在分析经济变量之间是否存在协整关系之前,首先要检验变量的平稳性。

1. 协整检验的初始分析

在全样本区间内(2000 年第一季度至 2013 年第二季度),选取时间序列 reer 作为被解释变量与 NFA、rpi_US、rpi_EU、rpi_JP 及 m_{21}_US、m_{21}_EU 和 m_{21}_JP 进行协整检验(模型 0)。见表 6-1,经对数调整后各时间序列(NFA 未经取对数调整,全样本期间有负值)单位根检验结果显示,在 5% 显著水平下,相关变量均为一阶单整序列 I(1),可进一步作协整回归。

表 6-1 各时间序列的单位根检验结果

变量名称	检验形式 (c, t, k)	ADF 检验统计量	5%水平临界值	变量名称	检验形式 (c, t, k)	ADF 检验统计量	5%水平临界值
reer	(c, 0, 1)	−0.130545	−2.918778	Δreer	(c, 0, 0)	−4.767729*	−2.918778
NFA	(c, 0, 1)	−1.955843	−2.918778	ΔNFA	(c, 0, 0)	−13.16220*	−2.918778
rpi_US	(c, 0, 2)	−0.454064	−2.919952	Δrpi_US	(c, 0, 1)	−5.527064*	−2.919952
rpi_EU	(c, 0, 0)	−1.104630	−2.917650	Δrpi_EU	(c, 0, 0)	−5.678682*	−2.918778
rpi_JP	(c, 0, 0)	−0.680894	−2.917650	Δrpi_JP	(c, 0, 0)	−5.474250*	−2.918778
m_{21}_US	(c, 0, 4)	−0.441946	−2.922449	Δm_{21}_US	(0, 0, 3)	−2.055815*	−1.947665
m_{21}_EU	(c, 0, 5)	−0.007682	−2.923780	Δm_{21}_EU	(0, 0, 4)	−2.416371*	−1.947816
m_{21}_JP	(c, 0, 0)	−1.783122	−2.917650	Δm_{21}_JP	(c, 0, 0)	−6.855367*	−2.918778

注:检验形式中的 c 和 t 表示带有常数项和趋势项,k 表示滞后阶数,Δ 表示一阶差分,* 表示 5%显著水平下显著不为零,以下同;** 表示 10%显著水平下显著不为零(下同)。

采取 E-G 两步法,第一步经过静态回归得到方程式(6-18),第二步对静态回归的残差进行单位根检验。方程式(6-18)的残差序列形式为(c, 0, 0),ADF 统计量分别为−4.409529,绝对值大于 5%水平临界值−2.917650 的绝对值,检验结果表明残差序列不存在单位根为平稳序列。因此，上述变量之间存在均衡的协整关系（模型6-1）：

$$\text{reer} = 4.903699 - 0.552857\text{NFA} + 0.564151\text{rpi\_US} - 0.748668\text{rpi\_EU}$$
$$(58.51149) \quad (-3.381547) \quad (2.659366) \quad (-1.480565)$$
$$+ 1.363653\ \text{rpi\_JP} + 0.129390 m_{21}\_\text{US} - 0.015062 m_{21}\_\text{EU}$$
$$(2.464422) \quad (1.726633) \quad (-0.190543)$$
$$- 0.047914 m_{21}\_\text{JP}$$
$$(-1.973798)$$

$$R^2 = 0.850902 \quad \text{D.W.}= 0.945501 \tag{6-18}$$

第一，从总需求层面来看，见式（6-18），净国外资产增加量占GDP比率对于人民币实际汇率升值压力的弹性系数为负，这表明即使外汇占款增幅相对下降也并不意味着人民币实际汇率升值压力减轻。

第二，从供给层面来看，如果中国相对于美国和日本的相对生产率提升，则人民币实际汇率将面临升值压力。但是，中国相对于欧盟的相对生产率提升，人民币实际汇率将面临贬值压力。其中，中国相对于美日的生产率赶超伴随人民币实际汇率升值压力，这表明中美和中日之间的货币竞争与经济赶超是B-S效应在中国成立的结构性因素。此外，对于实体经济运行，从"一篮子"货币汇率管理浮动来看，增加欧元的权重有助于降低人民币实际有效汇率升值压力。

第三，考虑国内外相对货币结构因素，中国相对于欧盟和日本的货币结构"资产化"程度提升，将带来人民币实际有效汇率的贬值压力；中国相对美国货币结构"资产化"程度提升，将带来人民币实际有效汇率的升值压力。

2. 稳健性检验

如图6-2所示，2012年第四季度净国外资产增加量nfa为负值，以此为分界点把全样本分为两个区间：区间1（2000年第一季度至2012年第三季度）和区间2（2013年第一季度和第二季度）。由于区间2较短，因而对区间1进行与上面相类似的分析（模型6-2）。模型6-1的不同之处是在区间1内NFA均为正数从而可以对其取对数的处理，具体结果如表6-2所示。

如表6-2所示，由于国内相对于欧盟的（M_2-M_1）/M_1之比对数值m_{21}_EU并不显著，将其剔除后再次进行回归得到模型6-3。模型6-3的各项均较为显著，其残差序列形式为（c，0，0），ADF统计量分别为-3.633938，绝对值大于5%水平临界值-2.921175的绝对值，检验结果表明残差序列不存在单

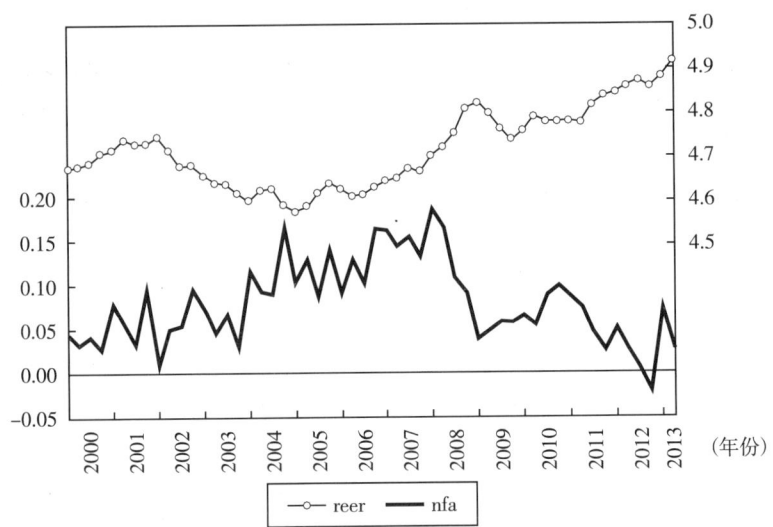

图 6-2 全样本期间 (2000Q1~2013Q2) reer 与 nfa 走势

位根为平稳序列。因此，上述变量之间存在均衡的协整关系。由模型 6-3 可发现：

第一，从总需求层面来看，净国外资产增加量占 GDP 比率对于人民币实际汇率升值压力的弹性系数为负且数值接近于零，这表明从方向来看，外汇占款增幅相对下降也并不意味着人民币实际汇率升值压力减轻，从效果来看，净国外资产增量占 GDP 比重对人民币实际汇率变化不产生显著影响。

第二，从总供给层面来看，对于实体经济总供给运行，结合"一篮子"货币汇率管理浮动，增加欧元的权重有助于降低人民币实际有效汇率升值压力。其中，中国相对于美国和日本的相对生产率提升 1%，则人民币实际汇率将分别面临 0.6% 和 1.6% 的升值压力；中国相对于欧盟的相对生产率提升 1%，则人民币实际汇率将面临 1% 的贬值压力。

第三，考虑国内外相对货币结构因素，中国相对于日本的货币结构"资产化"程度提升 1%，将带来人民币实际有效汇率 0.06% 的贬值压力；中国相对美国货币结构"资产化"程度提升 1%，将带来人民币实际有效汇率 0.15% 的升值压力。纳入相对货币结构因素 m_{21}，可反映出总需求因素名义汇率冲击下净国外资产头寸累积与实际汇率升值的同向变动诉求。

第六章　总供求视角下汇率动态与人民币均衡实际汇率

表 6-2　协整检验

变量	协整检验（模型 6-1，区间 2000Q1~2013Q2）		协整检验（模型 6-2，区间 2000Q1~2012Q3）		协整检验（模型 6-3，区间 2000Q1~2012Q3，剔除m_{21}_EU）	
	系数	T检验值	系数	T检验值	系数	T检验值
c	4.903699	58.51149	4.809998	39.14265	4.801984	55.29032
nfa（或 NFA）	−0.552857	−3.381547	−0.026793	−2.304722	−0.026928	−2.361462
rpi_US	0.564151	2.659366	0.579774	2.416359	0.573819	2.509431
rpi_EU	−0.748668	−1.480565	−1.024097	−1.842472	−1.017029	−1.868168
rpi_JP	1.363653	2.464422	1.568101	2.522568	1.563556	2.551934
m_{21}_US	0.129390	1.726633	0.146809	1.551302	0.141583	1.877890
m_{21}_EU	−0.015062	−0.190543	−0.008085	−0.093260	—	—
m_{21}_JP	−0.047914	−1.973798	−0.061670	−2.380468	−0.063458	−3.685469
R^2	0.850902		0.786631		0.786588	
D.W.	0.945501		0.707742		0.707803	

3. 动态分析

在模型 6-2 的基础上，以 reer 作为被解释变量与 nfa、rpi_US、rpi_EU、rpi_JP 与 m_{21}_US、m_{21}_EU 和 m_{21}_JP 进行协整回归，进一步采用误差修正调整机制，对模型的动态调整进行描述，相应的残差序列为：

$$ecm_t = reer - 4.809997 + 0.026792 nfa - 0.579774 rpi\_US$$
$$+ 1.024097 rpi\_EU - 1.568101 rpi\_JP - 0.146809 m_{21}\_US$$
$$+ 0.008085 m_{21}\_EU + 0.061670 m_{21}\_JP \qquad (6-19)$$

采用式（6-19）作为非均衡误差，建立 reer 误差修正模型（见表6-3）。

表 6-3　reer 的误差修正模型分析

变量	模型 6-4 (2000Q1~2012Q3)		模型 6-4-a (2000Q1~2005Q2)		模型 6-4-b (2005Q3~2011Q3)	
	系数	T检验值	系数	T检验值	系数	T检验值
c	0.004246	1.393047	−0.006040	−1.041918	0.009430*	2.350000
ecm_{t-1}	−0.212235*	−2.492481	−0.193524	−1.148832	−0.166915	−1.444299
Δnfa_t	−0.301611	−1.469307	−0.462912	−0.844197	−0.469441*	−1.868105
Δrpi_US_t	0.036143	0.077127	0.881157	0.817070	−1.007818	−1.258521
Δrpi_EU_t	0.463292	0.918546	−0.192711	−0.207049	1.495520*	1.659347
Δrpi_JP_t	0.188924*	2.084483	−0.010291	−0.053752	0.233669*	1.776136

· 133 ·

续表

变量	模型 6-4 (2000Q1~2012Q3)		模型 6-4-a (2000Q1~2005Q2)		模型 6-4-b (2005Q3~2011Q3)	
	系数	T检验值	系数	T检验值	系数	T检验值
$\Delta m_{21}\_US_t$	-0.042479	-0.555210	0.096517	0.721476	-0.121124	-1.024444
$\Delta m_{21}\_EU_t$	-0.014492	-0.488256	0.015613	0.395846	0.083216	0.926232
$\Delta m_{21}\_JP_t$	0.004246	1.393047	-0.006040	-1.041918	0.009430*	2.350000
R^2	0.272691		0.317479		0.347964	
D.W.	1.667474		2.009676		1.632951	

由于 2005 年 7 月人民币汇率制度进行了改革，因此以下采取分样本多次回归的方法，即在整个样本期间（模型 6-4）和 2000 年第一季度至 2005 年第二季度（模型 6-4-a）以及 2005 年第三季度至 2012 年第三季度（模型 6-4-b）进行 3 次回归。如表 6-3 所示，在不同样本期间内误差修正系数分别为-0.212235、-0.193524 和-0.166915，表明当出现人民币实际有效汇率非均衡时，具有一定的趋向长期均衡的反向调整机制，但是自 2005 年人民币汇率改革以来，reer 的反向调整机制有所减弱。为了更好地反映经济主体行为决策的深刻内涵，避免处理方法上的随意性，进一步运用不同的计量经济关系对理论解释进行估计。相应增加了解释变量和被解释变量的滞后项，用以解释可能的序列相关及定式偏误。参见表 6-4 中的模型 6-5 和模型 6-6，加入内生变量 reer 和其他解释变量的滞后项，考虑货币结构因素影响，模型的拟合优度得以改善，表明人民币实际有效汇率受自身前期影响较大，并且国内相对于美国的相对生产率提升是重要的影响因素，上一期的 rpi_US_{t-1} 对当期 reer 的弹性系数为正（约为 0.77）。在此过程中，结合 Chow 检验零假设（在给定的时点没有结构性断点），选取样本期间中的 2005 年第三季度作为断点进行 Chow 检验。如表 6-3 所示的结果，预测检验拒绝该零假设，从而反映出人民币实际有效汇率在全样本期间内具有自身不稳定性。

第六章 总供求视角下汇率动态与人民币均衡实际汇率

表 6-4 动态模型分析

变量	动态分析（模型 6-5）		动态分析（模型 6-6）	
	系数	T 检验值	系数	T 检验值
c	0.430846	1.240363	0.723530*	1.904583
nfa_t	−0.005502	−1.126787	−0.009409	−1.599271
nfa_{t-1}	0.004660	0.781107	0.001530	0.241884
rpi_US_t	−0.267450	−1.291957	−0.254978	−1.273239
rpi_US_{t-1}	0.510820*	2.229601	0.772334*	3.185555
rpi_EU_t	0.387611	0.791441	−0.244147	−0.467684
rpi_EU_{t-1}	−0.270570	−0.546100	−0.005460	−0.011443
rpi_JP_t	−0.141020	−0.262076	0.531110	0.918057
rpi_JP_{t-1}	−0.113035	−0.204527	−0.674208	−1.193734
m_{21}_US	—	—	0.007177	0.180169
m_{21}_EU	—	—	−0.035774	−0.628304
m_{21}_JP	—	—	−0.026189*	−1.918341
$reer_{t-1}$	0.909050	0.077152	0.842911	10.69385
R^2	0.954304		0.962902	
D.W.	1.560939		1.924789	
稳定性检验				
Chow 断点	16.55856*		17.68291	
Chow 预测	72.43407*		77.98145*	

三、实际汇率失调测度

将各解释变量进行 HP 滤波处理后代入相应的协整方程和动态回归方程，可得到合意的实际汇率 $\bar{q}$（在此，为取对数后处理后的均衡汇率），进而可考察实际汇率失调情况 $MIS=(reer-\bar{q})/\bar{q}$。将涉外因素按照人民币与主要核心货币（美元、欧元和日元）之间的相关变量的对比变化方式进行分解，即纳入人民币汇率货币篮的结构变化后，基于模型 6-3 的人民币均衡实际汇率失调分析，表明近 10 年来人民币实际汇率失调并不严重。如图 6-3 所示，人民币实际汇率失调（取对数处理后）仅为 2%，基于模型 6-5 和模型 6-6 的人民币均衡实际汇率失调（取对数处理后）也并不严重，人民币实际汇率失调不超过 2%。并且模型 6-5 和模型 6-6 比模型 6-3 的人民币实际汇率失调程度甚至更低。

总之，不论是基于长期均衡的协整，还是动态回归分析，取对数后的人民币实际汇率 MIS 在一般情况下不超过±2%。在综合考虑实体经济基本面因素和货币金融因素后，在本文均衡实际汇率分析框架下，如图 6-3 所示，进入 2011 年人民币实际汇率已接近均衡实际汇率。尽管在 2005 年 7 月汇改后，人民币均衡实际汇率呈现升值趋势，但是未来人民币 reer 继续升值的空间已不大，因此，需要注意 reer 在自身惯性下的过度升值。因此，保持人民币汇率在合理均衡水平上基本稳定，可理解为：将人民币实际有效汇率 reer 作为目标汇率，实现 reer 在其中心平价上下围绕均衡实际汇率上下波动。央行在进一步发挥 reer 自身对非均衡反向调节机制的同时，对实际汇率进行适当管理，从而实现 reer 向均衡实际汇率动态回归。

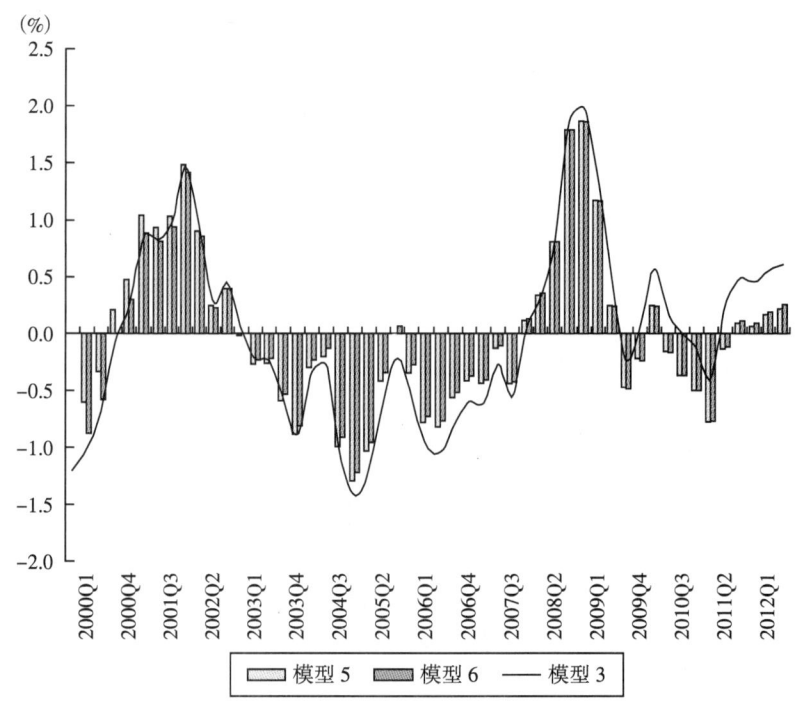

图 6-3 人民币实际汇率失调（取对数处理后）（模型 6-3、模型 6-5、模型 6-6）

第六章 总供求视角下汇率动态与人民币均衡实际汇率

第四节 结论与政策含义

后金融危机时代，人民币汇率在自主可控前提下稳步升值，逐渐向均衡汇率的水平靠拢，不但对国内宏观经济的健康发展具有积极意义，而且也为世界经济的可持续发展做出贡献。在未来的战略机遇期内，随着中国由一个高速发展的经济赶超大国向负责任的国际强国转变，我们有理由期待人民币会成为全球货币体系的重要支柱之一。人民币实现国际化，应保持人民币币值的相对稳定，并需要明确以下问题：第一，名义汇率还是实际汇率？第二，中美双边汇率还是有效汇率指数？如何理解合理均衡？如何解释基本稳定？对此，本章的主要工作是结合具有微观基础的均衡实际汇率宏观条件分析，归纳人民币均衡实际汇率的主要核心决定因素。基本结论是：人民币汇率在"去美元化"和"国际化"进程中，中国汇率政策目标应保持人民币 reer 合理均衡动态稳定，从而实现人民币对单个货币有升有贬双向浮动，但在整体上的有效汇率指数保持合理均衡水平上基本稳定，而基本稳定的含义是在目标区间围绕均衡实际汇率中心平价上下小幅波动。相关的政策建议如下：

一、建立适应人民币国际化的汇率动态管理机制

货币当局可根据均衡实际汇率及其决定因素测算，既可以是在以时快时慢、快慢不一，时高时低、高低不等的对外升值引导，也可以是应激策略下的主动贬值微调，甚至是危机管理下的重新盯住：应对国际收支变化，动态把握本币汇率的升值节奏，避免汇率超调，并增强货币政策独立性；在可控应对外部冲击的同时，提升国内资源在可贸易品与不可贸易品部门之间的合理配置效率；注重国内相对于美国、欧盟和日本的生产率变化以及货币结构变化差异，特别是控制好国内准货币（属于资产性货币）与狭义货币（属于交易性货币）之比。在国际主要货币汇率波动频繁、人民币实际有效汇率仍将继续升值的背景下，选择折中的汇率形成机制——篮子平价区间爬行（BBC）作为中国汇率战略的过渡。

二、实现参考"一篮子"货币有管理浮动的"动态稳定"

为了实现开放条件下的中国宏观金融稳定,应在确保人民币汇率动态稳定的同时推进人民币国际化。通过人民币与美元、欧元和日元等主要货币构成的货币篮子有效联动,将人民币汇率的短期小幅波动和长期稳定结合起来。从短期来看,名义汇率与国际收支状况应保持一定联系;从长期来看,实际汇率应基本维持在与经济、货币结构相协调的均衡区间内。从实体经济运行层面出发,就"一篮子"货币汇率管理浮动来看,降低美元权重,增加欧元权重有助于降低人民币实际有效汇率升值压力。从货币金融层面出发,就"一篮子"货币汇率管理浮动来看,在适当权重组合配置下,可以促进人民币实际有效汇率基本稳定的实现。

三、建立均衡实际汇率目标区,实现人民币汇率制度的动态转换

借助"均衡实际汇率"理论与模型开发,在更多体现市场供求的基础上,测算人民币实际汇率目标区间,对可能的突破弹性区间的实际汇率进行动态管理。通过建立均衡实际汇率弹性波动区间,实现人民币实际有效汇率的动态稳定;通过均衡区间内汇率弹性浮动,实现外部冲击与国内经济缓冲带功能;通过减少政策干预成本,进而为货币政策有效性提升创造空间。在现有人民币汇率形成机制改革基础上,需要进一步明确均衡实际汇率中心汇率平价的合理定价方式,在确定中心平价基础上,结合汇率形成机制改革对微观经济层面特别是企业的影响的动态情景分析,对汇率浮动过程遵循渐进、适度、自主原则进行动态调整,实现人民币汇率制度的动态转换,促进人民币资本项目开放与汇率浮动的自由化进程相统一。

第七章 人民币均衡名义汇率与本外币政策协调性测算[①]

保持人民币汇率在合理均衡水平上的基本稳定，是我国汇率改革长期以来所一直强调的重要内容。当前，人民币汇率的均衡水平究竟在哪里？仍需要深入研究其判据[②]。汇率的合理均衡水平之所以重要，是因为它不但是各方评判汇率高估或低估的基础，也是央行制定汇率政策以及实现本外币政策协调的参考。其背后的经济逻辑可解释为：在人民币汇率市场化进程中，外汇市场代表性行为主体基于其所认可的货币汇率合理价位形成对未来人民币汇率走势的预期，进而完成其本外币资产选择过程，并且在央行参与下形成外汇供求的相互作用。在此过程中，现实中的汇率在市场主体的货币汇兑中得以体现，其相对于合理均衡水平的波动与偏离（即汇率失调）反映了市场和政策之间的相互平衡，而微观层面市场代表性行为主体的本外币资产选择又会影响宏观层面央行的本外币资产持有。

在人民币汇率升值预期及结售汇管理下，微观行为主体资产选择持有本币，外汇集中到央行，进而央行资产配置的外化程度升高。2001年，我国央行总资产中"国外资产"占比41.01%，到2010年该比重已上升到83.09%[③]。与此同时，人民币币值面临"被动"超发的挑战，本外币政策协调压力也越来越大。如何协调好汇率目标与货币目标，从而"管好货币、稳定币值"，成为影响货币政策调控执行效力的关键所在。对此，本章试图在人民币汇率市场化不断推进背景下，构建人民币均衡名义汇率的

[①] 本章相关内容已在《金融研究》发表，王爱俭、林楠：《人民币均衡汇率测算与应用研究》，《金融研究》2013 第 7 期。
[②] 周小川：《人民币资本项目可兑换的前景和路径》，《金融研究》2012 年第 1 期。
[③] 王国刚：《中国货币政策调控工具的操作机理：2001~2010》，《中国社会科学》2012 年第 4 期。

国际货币体系多元化与人民币汇率动态研究

"回溯—前瞻"分析框架,测算中短期内人民币汇率的合理均衡水平。在此基础上,进一步求解涉外经济微观行为的宏观条件,并尝试结合汇率失调以及人民币汇率风险溢价,进行本外币政策协调性的量化评估,作为人民币均衡汇率测算的应用与拓展。

第一节 文献综述

作为汇率理论中的核心问题之一,均衡汇率是判断汇率水平是否失调以及汇率政策是否需要调整的主要依据。但是,围绕着均衡汇率问题充满着各种争议和疑问。首先,对于均衡汇率的存在意义是有争议的。凯恩斯曾提出均衡汇率的理论雏形,而罗宾逊夫人利用储蓄和投资分析法却认为均衡汇率这个概念没有多大意义[1]。其次,如果存在可供识别的某个特定均衡汇率水平,如何进行衡量?从均衡名义汇率研究来看,国外代表性文献是 Obstfeld 等[2]在外汇市场供求均衡条件下求解均衡汇率并纳入外汇储备与广义货币量之比作为汇率变动的显著预测指示。从均衡实际汇率研究来看,Cenedese 和 Stolper[3]将汇率的合理价值(Currency Fair Value)评估方法类型概括为:一是调整后的 PPP(巴拉萨—萨缪尔森效应和 Penn 效应);二是行为均衡汇率模型族(标准的行为均衡汇率 BEER、持久均衡汇率 PEER、均衡实际汇率 ERER、高盛动态平衡汇率 GSDEER);三是潜在均衡分析法(基本均衡汇率 FEER、宏观经济平衡方法 MB);四是外部可持续法(ES);五是自然均衡实际汇率法(NATREX);六是间接公允价值法(IFV)。其中,对于私人部门的模型应用,高盛公司(Goldman Sachs)GSDEER 模型较具代表性,其最新版本主要是基于 Penn 效应并进

---

[1] 陈岱孙、厉以宁:《近代货币与金融理论研究——主要流派理论比较》,商务印书馆1997年版,第112—113页。
[2] Obstfeld, Maurice, Jay C. Shambaugh and Alan M. Taylor, "Financial Stability, the Trilemma, and International Reserves", *American Economic Journal: Macroeconomics*, Volume 2, Issue 2, April 2010.
[3] Gino Cenedese, Thomas Stolper, "Currency Fair Value Models", in *Jessica James*, Ian W. Marsh, Lucio Sarno, editors, *Handbook of Exchange Rates*, Chapter 11, 313–342 (John Wiley & Sons, Inc.), 2012.

行截面数据回归及残差平稳性检验。

对于人民币均衡汇率分析,国外研究主要探讨的是中长期概念,关注的是剔除了价格因素之后的实际汇率。值得注意的是,既有均衡汇率理论研究的出发点是论证与经济结构相协调的汇率水平,其标准常规测算方法大多以经济结构稳定为前提,这与我国经济转型的现实国情不尽吻合,其因适用的变量、数据和方法不同,所得到的均衡汇率水平也存在较大差距。对此,Cheung、Chinn 和 Fujii[①] 针对国外所采用的主要理论框架——相对购买力平价理论、Penn 效应、生产率方法、行为均衡汇率模型(BEER)、基本均衡汇率方法(FEER)及宏观经济平衡方法(MB)等,指出这些基于实际汇率的估计结果在人民币被低估49%到被高估36%范围内较为分散,这表明,在不同情况下如何构建正确的汇率模型尚未达成共识。一方面,均衡汇率模型应用的争议性也增大了其结论适用于政策考量的难度;另一方面,在中短期对于均衡汇率的分析应用提出了进一步结合政策与预期因素进行拓展的诉求。

从政策层面来看,国外将均衡汇率与金融稳定和货币政策相联系的研究并不多见,更多是将汇率置于政策目标函数之中,如以包含汇率的泰勒规则形式进行分析,Garcia 等[②] 指出,对于金融脆弱的新兴经济体,将汇率纳入政策反应函数具有一定意义。Ostry 等[③] 从"双目标"(通胀和汇率)以及"双工具"(政策利率和外汇市场干预)角度对新兴市场经济体的货币政策和汇率政策进行分析。在国内,对于人民币名义汇率升值,姜波克等[④] 根据名义汇率变动的比价属性和杠杆属性,建立了反映相对价格关系的人民币均衡汇率 P-e 平面,并指出价格水平 P 和汇率水平 e 的配合,实际上意味着一系列政策工具的配合。

---

① Cheung, Yin-Wong, Menzie D. Chinn and Eiji Fujii, "Measuring Renminbi Misalignment: Where Do We Stand?", *Korea and the World Economy*, 2010, 11: 263-296.

② Garcia, Carlos, Jorge Restrepo, and Scott Roger, "How Much Should Inflation Targeters Care about the Exchange Rate?", *Journal of International Money and Finance*, Vol. 30, 2011: 1590-1617.

③ Jonathan D. Ostry, Atish R. Ghosh, and Marcos Chamon, "Two Targets, Two Instruments: Monetary and Exchange Rate Policies in Emerging Market Economies", *IMF Staff Discussion Note*, 2012.

④ 姜波克等:《人民币均衡汇率问题研究——中国经济增长的汇率条件:理论、方法、技术、指标》,经济科学出版社2011年版,第74—75页。

从汇率预期层面来看，Fratzscher 和 Mehl[①] 指出，外汇储备多元化和汇率制度转换是影响市场参与者对汇率变化预期的重要驱动因素。Chen 和 Tsang[②] 通过反映预期和风险溢价的收益曲线因素将货币基本面因素和政策相联系，能比随机游走更好地解释汇率波动。在国内，金雪军、陈雪[③] 指出，被动紧缩型政策会促使人民币汇率的风险溢价进入高波动状态，资产持有者会要求更高的风险补偿，这会进一步强化人民币的升值预期。金中夏、陈浩[④] 采用应用本外币利差减去远期升贴水率的方式，构建了人民币即期汇率升值压力指标，以此从动态视角观察分析，指出利率平价所内含的均衡机制在我国也产生了作用，主要体现为外汇储备累积速度的变化，而非以汇率自由浮动实现平价的形式所体现。

综上所述，近年来国内外学者在均衡汇率及相关问题研究方面取得了重要进展，但其中仍不免存有许多疑问与争议。①从研究对象来看，汇率问题从中短期和表象上看是货币问题，从中长期和本质上看是效率问题；名义汇率问题更主要的是货币问题，而实际汇率问题更主要的是效率问题[⑤]。目前关于均衡汇率的测算，购买力平价、换汇成本和可计算均衡汇率等都有一套复杂模型，但大都没有能够给出一个明确的、具体的均衡数值，并且在外汇市场上是不成立的[⑥]。②从理论上讲，我们能够寻找到充分体现市场均衡的人民币汇率水平，但是，这是以具有充分的外汇供给与需求的市场条件为假设前提的[⑦]。显然，实践中存在着国内经济状况与均衡汇率理论的基本假设不符，与均衡汇率的概念发生抵触的问题[⑧]。③从实践来看，政策制定者不能直接改变实际汇率，而是通过调整名义汇率和通过货币政策影响国内价格水平来改变实际汇率，那么，是否意味着实际汇率所

---

① Marcel Fratzscher and Arnaud Mehl, "China's Dominance Hypothesis and the Emergence of a Tri-polar Global Currency System", *European Central Bank Working Paper Series*, No. 1392 / October 2011.
② Chen Y-C, Tsang BKP, "What Does the Yield Curve Tell Us about Exchange Rate Predictability?", *Mimeo*, 2011.
③ 金雪军、陈雪：《人民币汇率风险溢价波动的状态转换研究》，《浙江大学学报》（人文社会科学版）2011 年第 9 期。
④ 金中夏、陈浩：《利率平价理论在中国的实现形式》，《金融研究》2012 年第 7 期。
⑤ 姜波克：《均衡汇率理论和政策的新框架》，《中国社会科学》2006 年第 1 期。
⑥ 谢平：《汇率和利率市场化》，《中国金融四十人论坛月报》2012 年第 12 期（总第 57 期）。
⑦ 夏斌：《关于当前人民币汇率调整策略的思考》，《中国金融》2007 年第 15 期。
⑧ 王曦、才国伟：《人民币合意升值幅度的一种算法》，《经济研究》2007 年第 5 期。

指明的政策含义最终可以用名义汇率表达？对此，本章以名义汇率作为核心分析变量，尝试通过理论构建"回溯—前瞻"分析框架，实证检验双重"协整"分析，研究均衡条件下货币供给流动性与人民币名义汇率之间的稳定关联，并进行均衡名义汇率的测算与应用拓展。后续安排如下：第二节为理论模型，第三节是实证研究，第四节是结论与政策含义。

第二节　理论模型

在本章的分析中，"均衡汇率" $\tilde{e}$ 是指不存在央行对外汇市场的管制和干预下外汇市场供求处于平衡状态时所形成的汇率（余永定，2010；谢平，2012）。尽管我国现实情况与均衡汇率的要求存在一定距离，均衡汇率 $\tilde{e}$ 作为理论汇率，可通过如下的分析方式间接而得。

一、模型的基本假设

假设 1：汇率由开放经济基本面所决定，经济可持续发展，特别是国际收支持续顺差，汇率趋向升值。

第一，对于开放经济基本面 θ 可表示为决定汇率主要因素的函数：①
$$\theta = \theta(购买力因素 P，利率因素 i，国际收支因素 BOP，价格黏性和货币政策因素 MV) \tag{7-1}$$

式（7-1）中的 P、i、BOP、M 和 V 分别代表物价因素、利率因素、国际收支因素、名义货币供给因素和货币流通速度等。借鉴 Obsfeld 等（2010），假设人民币汇率 e 如下给定 $e(\theta) = \delta\theta$，其中，弹性系数 $\delta > 0$。

第二，直接标价法下，中美双边名义（即期）汇率为 1 单位美元所表示的人民币价格，从而当 θ 的数值相对较低时表明经济状态相对较好，e 数值下降，人民币对美元即期汇率升值。

第三，对于人民币汇率的决定基础，在长期由货币金融方面与实体经

---

① 何帆、徐奇渊等：《人民币汇率改革的经济学分析》，上海财经大学出版社 2008 年版。

济方面因素共同决定，在中期主要是国际收支（特别是经常项目），在短期主要是货币性资产市场机制和预期。[①]

假设 2：行为人基于对经济基本面判断，形成汇率预期，并基于此进行货币汇兑和本外币资产选择。

第一，人民币对美元汇率预期表示为 $E\{e(\theta)|\theta+\varepsilon_i\}=\delta(\theta+\varepsilon_i)$，其中，$\varepsilon_i$ 为代表性主体 i 在上一期 t_0 形成的对当前经济不确定性预期的噪声项，并且 ε_i 在区间 $[-\bar{\varepsilon},\bar{\varepsilon}]$ 内服从均匀分布，$\theta-\bar{\varepsilon}>0$。第二，对于实体经济方面，从购买力因素来看，消费者价格指数 CPI 与生产者价格指数 PPI 的差别导致了居民和企业的不同感受[②]，引入 bs = CPI/PPI 作为反映货币购买力影响企业利润的相对价格因素。第三，对于货币方面，从价格黏性和政策可信度来看，在理性预期和短期货币动力学中，汇率的决定主要取决于货币供给，结合开放经济恒等关系式——储蓄减投资等于进出口（S - I = CA），以及货币供给流动性 m 可作为投资和消费的信心表达，引入狭义货币 M_1 与广义货币 M_2 之比（$m = M_1/M_2$）作为经常项目 CA 动态变化信心因素的货币冲击反应[③]，并假设短期内经济基本面预期扰动主要来自货币冲击。

假设 3：人民币资本项目不完全开放，利率平价不完全成立。

第一，假设国内微观主体可持有本外币资产，而国外交易者持有人民币资产受到限制，外汇市场行为者并非风险中性，即对人民币汇率风险要求一定风险溢价补偿。第二，定义汇率风险溢价 rp 为国内利率减去国外利率再减去预期汇率变化率，以人民币汇率风险溢价变大表示人民币汇率存在的升值压力也在增加（金中夏、陈浩，2012）。第三，对于金融方面，汇率风险溢价 rp 在汇率决定上发挥重要作用，并且是影响国际资本流动的重要因素。

---

① 关于人民币汇率决定的基础，王元龙：《中国抉择：人民币汇率与国际化战略》，中国金融出版社 2012 年版。
② 一般而言，对工业企业来说，其产品销售价格通货膨胀率 PPI 是推动其利润增长的，而 CPI 通货膨胀率实际上对企业利润是一个负的贡献，从而 CPI/PPI 与工业企业利润负相关，进而会影响企业的投资意愿。
③ 从理论上讲，货币供给流动性具有顺周期性。当 M_1/M_2 值趋小时，一方面可能表明人们的消费信心不强（黄达，2012）；另一方面消费市场的不活跃，可能会使定期储蓄增加，进而信贷增加，投资率上升，从而资本形成率不断提升。

假设 4：资本项目部分管制下，央行资产配置外化对应于微观主体本外币资产配置内化，本外币政策协调压力与之相关联。

第一，在央行资产外化程度较高，人民币汇率问题与我国基础货币发行相联系情况下，货币政策与汇率政策相互协调的压力也相应较大。第二，假设在无货币危机冲击下央行资产外化程度降低，意味着本外币政策协调性压力减小（即两者正相关）。第三，央行资产外化程度降低，可通过"藏汇于民"，即私人部门资产外化程度提升（本币资产占比降低）来实现，从而私人部门代表性微观主体资产配置中本币资产占比与央行资产外化程度正相关，进而微观主体资产配置中本币资产占比与本外币政策协调压力之间也正相关。

二、人民币均衡汇率分析的基本框架

在短期，行为人基于汇率预期进行本外币资产选择对应于汇率预期与自身认可的均衡汇率的比较，结合外汇市场供求状况，可"回溯"求解得到上一期均衡汇率（及其决定因素）。结合假设1至假设3（见图7–1），在 Obsfeld 等（2010）的基础上对汇率预期设定如下：

$$E\{e(\theta)|bs, rp, m+\varepsilon_i\} = E\{e(P, i, BOP, MV, \varepsilon_i, \delta)|bs, rp, m+\varepsilon_i\}$$
$$= \delta \cdot bs^{\alpha} \cdot rp^{\beta} \cdot (m+\varepsilon_i)^{\gamma} \tag{7-2}$$

在式（7–2）中，α、β、γ 分别为相对价格 bs 对经常项目的实际冲击弹性系数、货币供给流动性 m 对经常项目的货币冲击弹性系数以及汇率风险溢价 rp 对资本项目的金融冲击弹性系数。[①]

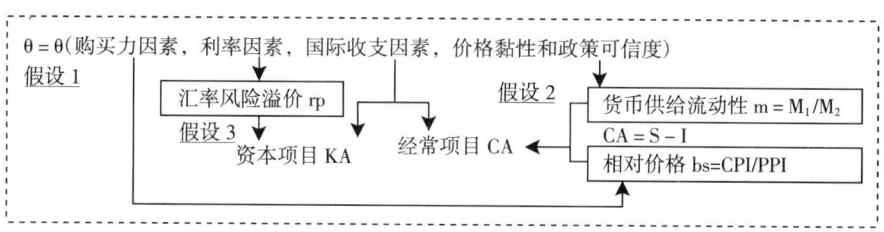

图 7–1 假设1、假设2、假设3与决定经济基本面的相关因素

---

① 假设 α+β+γ=0，如当 β=2 时，α=γ=–1。其中，β=2 是出于以下考虑，即人民币汇率风险溢价可能出现负值。

在中期，国际收支方程（经常项目 CA+资本金融项目 KA+官方储备交易 INT=0）作为汇率决定的隐式方程决定汇率。根据国际收支 BOP=CA+KA，BOP=-INT，从而国际收支的结果表现为央行储备资产的吸收和持有。将外汇市场置于模型中心，与国际收支 BOP=CA+KA 相联系，对现实汇率附加相关约束条件（INT=0），在基础上，利用外汇市场均衡条件可进一步分析均衡汇率的"前瞻"特性并获得均衡汇率 $\tilde{e}$ 的线性表达。

1. 短期内人民币汇率升值预期条件下均衡汇率的回溯求解

假设对于 t_1 时期的汇率预期，相对于前一期期初 t_0 的均衡汇率（如图 7-2 所示 A 点），存在基本面稳定及人民币汇率升值预期。在此情况下，涉外微观经济主体将通过本外币资产选择实现资产负债配置调整，例如外贸盈余企业及个人向结售汇银行办理美元结汇。即当

$$E\{e(CA, KA, \varepsilon_i, \delta) | m+\varepsilon_i, rp\} = \delta \cdot bs^{\alpha} \cdot rp^{\beta} \cdot (m+\varepsilon_i)^{\gamma} \leq e_0 \quad (7-3)$$

$$\varepsilon_i \leq \left(\frac{e_0}{\delta \cdot bs^{\alpha} \cdot rp^{\beta}}\right)^{\frac{1}{\gamma}} - m \quad (7-4)$$

微观经济主体将卖出所持有的外汇资产进行本外币汇兑进而持有本币资产，从而其资产负债表中的美元资产下降，本币资产上升。与此同时，结售汇银行资产负债表中的本币存款和准备金都增加，并且商业银行倾向于将其持有的外汇盈余出售给中央银行，进而央行资产负债表的外汇资产与准备金也都增加。在此过程中，广义货币 M_2 也将会上升。从人民币对美元汇率形成来看，微观经济主体对人民币超额需求对应于央行持有的外汇资产 R（单位：美元）：

$$\frac{M_2}{2\bar{\varepsilon}} \int_{-\bar{\varepsilon}}^{\left(\frac{e_0}{\delta \cdot bs^{\beta}}\right)^{\frac{1}{\gamma}}-m} d\varepsilon_i = \frac{M_2}{2\bar{\varepsilon}}\left[\left(\frac{e_0}{\delta \cdot bs^{\alpha} \cdot rp^{\beta}}\right)^{\frac{1}{\gamma}} - m + \bar{\varepsilon}\right] = Re_0 \quad (7-5)$$

令 $\beta = 2$ 时，$\alpha = \gamma = -1$，则 $\frac{2\bar{\varepsilon}R}{M_2}e_0^2 + (m-\bar{\varepsilon})e_0 - \frac{\delta \cdot rp^2}{bs} = 0$，解得上一期 t_0 的均衡汇率：

$$\tilde{e}_0 = \left[\sqrt{(m-\bar{\varepsilon})^2 + \frac{8\delta rp^2 \bar{\varepsilon}}{bs} \cdot \frac{R}{M_2}} - (m-\bar{\varepsilon})\right] / \left(4\bar{\varepsilon} \cdot \frac{R}{M_2}\right) \quad (7-6)$$

2. 短期内人民币汇率贬值预期条件下均衡汇率的回溯求解

在 t_{j+1} 时期，同理，相对于上一期 t_j 的均衡汇率（如图 7-2 所示 C 点），当存在基本面不稳定及人民币汇率贬值预期，微观主体将购买外汇，

第七章 人民币均衡名义汇率与本外币政策协调性测算

即当

$$E\{e(CA, KA, \varepsilon_i, \delta)|m + \varepsilon_i, rp\} = \delta \cdot bs^{\alpha} \cdot rp^{\beta} \cdot (m + \varepsilon_i)^{\gamma} \geq e_j \quad (7-7)$$

$$\varepsilon_i \geq \left(\frac{e_j}{\delta \cdot bs^{\alpha} \cdot rp^{\beta}}\right)^{\frac{1}{\gamma}} - m \quad (7-8)$$

国内居民需要对换的外汇总量（以本币为单位）对应于央行将出售外汇储备 R（单位：美元）：

$$\frac{M_2}{2\bar{\varepsilon}} \int_{\left(\frac{e_j}{\delta \cdot bs^{\alpha} \cdot rp^{\beta}}\right)^{\frac{1}{\gamma}} - m}^{\bar{\varepsilon}} d\varepsilon_i = \frac{M_2}{2\bar{\varepsilon}} \left[\bar{\varepsilon} - \left(\frac{e_j}{\delta \cdot bs^{\alpha} \cdot rp^{\beta}}\right)^{\frac{1}{\gamma}} + m\right] = Re_0 \quad (7-9)$$

令 $\beta = 2$ 时，$\alpha = \gamma = -1$，则 $\frac{2\bar{\varepsilon}R}{M_2}e_j^2 - (m + \bar{\varepsilon})e_j + \frac{\delta \cdot rp^2}{bs} = 0$，解得 t_j 时期的均衡汇率：

$$\tilde{e}_j = \left[\sqrt{(m + \bar{\varepsilon})^2 - \frac{8\delta rp^2\bar{\varepsilon}}{bs} \cdot \frac{R}{M_2}} + (m + \bar{\varepsilon})\right] / \left(4\bar{\varepsilon} \cdot \frac{R}{M_2}\right) \quad (7-10)$$

结合式（7-6）和式（7-10），除了与经常项目、资本和金融项目密切关联的 m 和 rp，均衡汇率还取决于外汇储备占比广义货币 R/M_2，并且以上变量之间呈现非线性关系。

如图 7-2 所示，相对于期初 t_0 时期的均衡汇率，假设在 t_1 时期的现实汇率（人民币对美元名义即期汇率）在 B 点，此状态对应于上述分析的情况 1。在 t_1 时期，外汇市场中的美元供给与美元需求曲线相对于 t_0 时期还没来得及发生位移变化，进而形成人民币汇率升值压力缺口，央行持有的外汇资产（外汇储备）不断累积。在中期内，美元供给与美元需求曲线在之前升值预期自我实现过程中，均向右平移。假设 t_{j+1} 时期的现实汇率位于 D 点，此状态对应于上述分析的情况 2，对应于人民币汇率贬值压力缺口。假设现实汇率在适当区间围绕"中心平价"上下波动，如图 7-2 所示，区间的上下边界体现了政府行为，区间的中心平价即均衡汇率体现的是市场力量并且是潜含的，而现实汇率则是政府行为和市场力量共同作用的结果。

3. 中期内人民币均衡汇率的前瞻特性与线性化表达

如图 7-2 所示，名义汇率决定于实体经济商品与劳务供求所产生的外汇供求（通过 CA 渠道）以及资本金融经济中的资产供求所派生的外汇供求（通过 KA 渠道）。此外，名义汇率具有显著的货币特性（夏斌、陈国富，

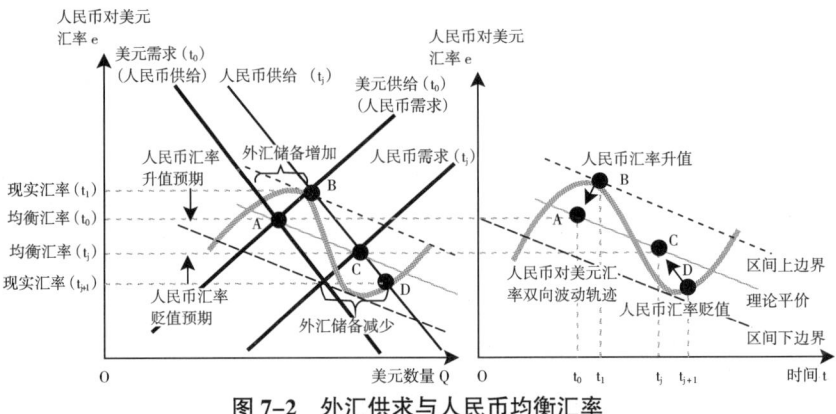

图 7-2 外汇供求与人民币均衡汇率

2011),即货币的不稳定性在汇率上也会有相应体现。见式(7-6)和式(7-10),均衡汇率 ē 与其影响因素并非简单的线性关系。结合内外均衡条件,基于汇率的资产价格特性,可进一步分析均衡汇率的前瞻特性(Forward-looking),对于均衡汇率ē,可看作是现实汇率 e 附加如下条件约束:

$$\underbrace{\alpha e_t}_{\text{外部平衡}} + \underbrace{\beta(e_t - E_t e_{t+1}) + \gamma m_t}_{\text{内部平衡}} = INT_t \tag{7-11}$$

其中,α、β、γ 分别为经常项目、资本金融项目及开放经济相对货币条件弹性系数(并且 $\alpha = \gamma$),INT_t 是 t 时期货币当局净外币购买,$E_t e_{t+1}$ 表示在时期 t 基于可得信息集的市场汇率预期。式(7-11)左边 3 项分别表示:第一,对于经常项目 CA,汇率通过相对价格产生持续影响,即 αe_t。第二,对于资本项目 KA,预期汇率变化率对国际资本流动具有明显效应,即。$\beta(e_t - E_t e_{t+1})$。第三,对于决定汇率走势的货币因素,与国际收支状况相联系的反映储蓄(消费)和投资的货币状态,在价格存在黏性(而不能对货币供给变化做出反应)时,将会导致汇率调整即 γm_t,并且汇率可能比货币供给变化更大幅度进行补偿(即汇率超调)。进一步来看,如果 m_t 是反映经济基本面内外平衡其他相关因素的线性组合,那么在 CA 和 KA 所反映的国际收支外部平衡(外汇供求平衡)条件下可得到均衡汇率 ē,进而根据均衡汇率的定义,令 $INT_t = 0$,整理可得到均衡汇率的表达式:

第七章 人民币均衡名义汇率与本外币政策协调性测算

$$\tilde{e}_t = \frac{\beta E_t e_{t+1} - \gamma m_t}{\delta + \beta} = E_t \sum_{j=0}^{\infty} \rho^j \left(-\frac{\gamma m_{t+j}}{\delta + \beta} \right) \tag{7-12}$$

其中，贴现因子 $\rho \equiv \frac{\beta}{\delta + \beta}$（可测量资本金融项目在国际收支中的相对重要程度）。以上分析的优势是能对汇率的前瞻性特征进行说明，这也是汇率作为资产价格的最重要特性体现。

为了使模型可操作，假设满足外部平衡的内部平衡基本面货币因素线性组合遵循自回归过程并且符合 I（1）过程，参见式（7-13）：

$$\Delta m_t = \theta + \theta_1 \Delta m_{t+1} + \mu_t \tag{7-13}$$

考虑特定扰动分布从而可以得到均衡汇率分析解，在式（7-13）中 u_t 为白噪声，在此基础上，均衡汇率 $\tilde{e}_t$ 可表示为：

$$\tilde{e}_t = E_t \sum_{j=0}^{\infty} \rho^j \left(-\frac{\gamma m_{t+j}}{\delta + \beta} \right) = -\frac{\gamma}{\delta} b - \frac{\gamma}{\delta} m_t - \frac{\gamma}{\delta} \cdot \frac{\rho \theta_1}{1 - \rho \theta_1} \Delta m_t \tag{7-14}$$

其中，$b \equiv \frac{\theta \rho}{(1-\rho)(1-\rho\theta_1)}$。式（7-14）表明外汇市场均衡条件下人民币名义汇率与货币供给流动性之间的相互关联，均衡汇率 $\tilde{e}_t$ 与外部平衡状况相适应的反映内部平衡基本面的货币因素线性组合 m_t 之间的协整关系，其协整向量为 $\left[1, \frac{\gamma}{\delta}\right]$。因此，可通过对均衡汇率决定非线性关系进行协整（Co-integration）线性化表达，进而为实证分析提供理论基础。

三、人民币均衡汇率的应用分析

伴随人民币汇率市场化进程不断推进，市场中代表性行为主体基于其所认可的均衡汇率形成对未来人民币汇率走势的预期，进而完成自身的本外币资产选择过程，并且现实汇率在市场主体的汇兑过程中得以体现。假设外私人部门将其资产配置于美元资产的比重为 w，配置于人民币资产的比重为（1-w），则其资产组合的总回报为 $r = w \cdot r^{US} + (1-w) \cdot r^{CH}$。

1. 本外币资产不完全替代下外汇市场微观行为及其宏观条件

假设私人部门微观行为主体风险厌恶，即希望其总资产组合的风险越小越好，而其总资产回报的预期越高越好。用均值—方差模型表示资产组合预期回报和方差如下：

$$E(r) = wE(r^{US}) + (1-w)E(r^{CH}) \tag{7-15}$$

$$V(r) = w^2 V(r^{US}) + (1-w)^2 V(r^{CH}) + 2w(1-w) Cov(r^{US}, r^{CH}) \qquad (7-16)$$

由于美元为安全资产（且美元资产无流动性风险），人民币资产存在流动性风险，从而美元资产回报为 $r^{US} = i^{US}$，人民币资产回报为 $r^{CH} = i^{CH} - \dot{e}$，并且假设微观行为主体在进行决策时两国利率已经确定，从而利率的方差为 0，只有即期汇率的预期变化不确定时，$Cov(r^{US}, r^{CH})$ 才可由现实汇率相对于均衡汇率偏离（即汇率失调）的方差 $V(\dot{e})$ 所代替。需要强调的是，这一转换是将均衡汇率分析应用于本外币政策协调的重要一步。

基于以上分析，均值—方差模型可进一步表示为：

$$E(r) = w(i^{US}) + (1-w)(i^{CH} - \dot{e}) \qquad (7-17)$$

$$V(r) = (1-w)^2 V(\dot{e}) \qquad (7-18)$$

假设私人部门微观行为主体并同时关心上述均值和方差，其试图最大化有关均值和方差的某个函数 $\Phi[E(r), V(r)]$，为了选择 w 而使其效用最大化，可以求 Φ 对 w 的微分：

$$\frac{d\Phi}{dw} = \frac{d\Phi}{dE(r)} \frac{dE(r)}{dw} + \frac{d\Phi}{dV(r)} \frac{dV(r)}{dw} \qquad (7-19)$$

求式（7-17）和式（7-18）对 w 的导数，并代入式（7-19），可得：

$$\frac{d\Phi}{dw} = \frac{d\Phi}{dE(r)} (i^{US} - i^{CH} + \dot{e}) - \frac{d\Phi}{dV(r)} [2(1-w)V(\dot{e})] \qquad (7-20)$$

令式（7-20）等于 0，从而求解 w 得到投资者资产组合最优配置：

$$w = 1 - \frac{i^{CH} - i^{US} - \dot{e}}{\left\{\left[-2\frac{d\Phi}{dV(r)}\right] / \left[\frac{d\Phi}{dE(r)}\right]\right\} V(\dot{e})} \qquad (7-21)$$

令 $RRA^{CH} = \left[-2\frac{d\Phi}{dV(r)}\right] / \left[\frac{d\Phi}{dE(r)}\right]$ 为微观主体的相对风险厌恶系数，并且 $RRA^{CH} > 0$ 表示风险厌恶。结合人民币汇率风险溢价 $rp^{CH} = i^{CH} - i^{US} - \dot{e}$，以及本外币资产风险状况，将现实汇率相对于均衡汇率偏离的方差 $V(\dot{e})$ 以 δ_{CH}^2 来表示。进而国内私人部门微观主体将其资产配置于人民币资产的比重 x 为：

$$x = 1 - w = \frac{rp^{CH}}{RRA^{CH} \delta_{CH}^2} \qquad (7-22)$$

2. 均衡汇率分析应用（Ⅰ）：本外币政策协调性测算

整理式（7-22）可得 $rp^{CH} = (RRA^{CH} \delta_{CH}^2)x$，当风险厌恶系数大于零时，

人民币汇率风险溢价 rp^{CH} 是私人部门持有人民币资产比重 x 的增函数（见图 7-3），并且人民币汇率风险溢价也为正数。假设其他条件不变，对于正的人民币汇率风险溢价，$\frac{dx}{drp^{CH}}>0$，$\frac{dx}{RRA^{CH}}<0$，$\frac{dx}{\delta^2_{CH}}<0$。即人民币汇率风险溢价增大，微观行为主体风险厌恶降低，现实汇率相对于均衡汇率偏离的方差降低，均对应于私人部门微观行为主体持有人民币资产的比重增加（也意味着央行持有外汇资产上升）。显然，这与上文的情况 1 分析相一致。由于当人民币汇率风险溢价大于零时，人民币资产投资具有更高的收益率，会吸引更多的资金进入国内。如果汇率市场化程度较小，就无法通过非抛补套利机制抑制资金流入的动机，资本的大量流入会抵消货币政策的紧缩性效果（金雪军、陈雪，2011）。结合假设 4，可知当人民币汇率风险溢价大于零时，人民币汇率风险溢价 rp 与本外币政策协调压力 CP 正相关，人民币对美元名义汇率相对于均衡汇率偏离（即汇率失调）的方差 sd 与本外币政策协调压力 CP 负相关。进而可建立反映本外币政策协调压力的指标 CP=rp/sd 对本外币政策协调压力进行量化判断，并且 rp/sd 比值越大，本外币政策协调压力 CP 越大。①

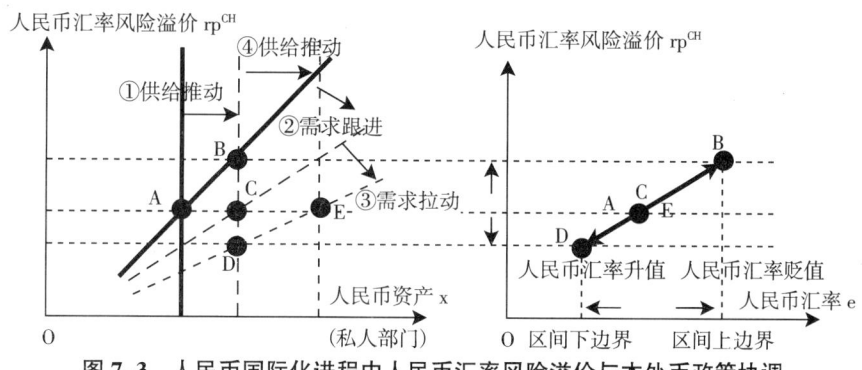

图 7-3 人民币国际化进程中人民币汇率风险溢价与本外币政策协调

3. 均衡汇率分析应用（Ⅱ）：人民币国际化进程的前瞻性预测

进一步应用私人部门的本外币资产选择与汇率风险溢价模型，分析人

---

① 见式（7-22），如果人民币汇率风险溢价为负，则意味风险厌恶系数小于零（即微观行为主体是风险偏好的）。在此情况下，人民币汇率风险溢价仍然是私人部门持有人民币资产比重 x 的增函数，并不改变上述对于正的人民币汇率风险溢价分析的相关结论。

民币国际化和人民币市场的关系。如图7-3左侧所示，结合人民币汇率风险溢价与私人部门资产选择本币资产占比关系式 $rp^{CH} = (RRA^{CH}\delta_{CH}^2)x$，图中斜率为 $RRA^{CH}\delta_{CH}^2$ 的本币资产需求曲线反映了这一关系。图中垂直于横轴的直线代表本币资产的供给曲线，其由央行决定，与风险溢价无关。对于人民币国际化，如果是供给推动，则人民币汇率风险溢价将上升（如图7-3左侧A→B）；如果是需求拉动，则人民币汇率风险溢价将会下降（如图7-3左侧B→C）。

从现实数据来看，2008年以来人民币汇率风险溢价大于零且不断增大，这意味着人民币国际化的启动阶段对应的是①供给推动。伴随人民币国际化不断推进，私人部门资产选择人民币占比x将会不断提升，结合假设4，可得到推论1：人民币国际化进程初期将存在本外币政策协调较大压力。如图7-3所示，未来后续阶段是否可持续依赖于人民币，资产需求能否及时跟进，即能否形成②需求跟进→③需求拉上→④供给推动的良性循环。结合式（7-22），在风险偏好不变情况下，人民币资产需求的不断增加（需求曲线斜率变小），对应于现实汇率相对于均衡汇率偏离的方差越来越小，进而可得到推论2：保持人民币汇率在合理均衡水平上的基本稳定有助于实现人民币资产需求的跟进与提升。在此过程中，人民币汇率风险溢价将表现为先变大后变小而后再变大（如图7-3左侧A→B→C→D所示）。参见图7-3右侧，结合人民币汇率风险溢价的定义式和推论2，可得到推论3：伴随人民币汇率风险溢价的灵活伸缩，人民币对美元名义汇率将更好地反映经济基本面走向，并且呈现汇率区间内上下双向波动的自由浮动态势。

第三节　实证研究

与基于购买力平价（PPP）的均衡汇率决定货币分析法不同，在本框架中，如图7-2所示，名义汇率及其动态变化以外汇市场供求平衡的均衡汇率（而非PPP）为中心平价，并且如果m能够表示为反映经济基本面内外平衡其他相关因素F的线性组合，进而可以把反映汇率决定的经济基本面相关因素纳入开放经济货币供给流动性 m（协整检验一）。在此基础上，再通过分析均衡条件下的开放经济货币供给流动性与人民币名义汇率之间的稳定关联（协整检验二），可以求解均衡汇率的线性表达。对此，可通过以下双重协整检验进行实证研究：协整检验一（模型 7-1）的计量方程为 $m_t = \phi F + \omega_t$，其中，ω_t 代表均值为零的平稳随机变量，该式表明 m 与经济基本面内外平衡其他相关因素 F 之间的稳态关系。协整检验二（模型 7-2）的计量方程如式（7-14）所示，其协整向量为 $\left[1, \frac{\gamma}{\delta}\right]$。

一、变量选取与初步的数据分析

从长期而言，人民币对美元汇率取决于中美两国劳动生产率变化和货币政策松紧程度，目前及未来可预见时间内人民币汇率非常接近均衡汇率（易纲，2012）。对此，本文主要从中短期进行分析，以人民币对美元名义即期汇率 e 为最终的核心分析变量，并结合理论模型推导和分析需要进行相关变量选取。

（1）从国际收支经常项目 CA 来看：①引入国内的相对生产率差异指数（CPI_PPI），采用消费者价格指数 CPI 与生产者价格指数 PPI 之比（CPI/PPI）近似替代，以反映国内相对价格因素。②以国内货币供给流动性（狭义货币 M_{1CH} 与广义货币 M_{2CH} 之比 M_{12CH}），体现与国际收支经常项目状况相联系的反映投资和消费信心的货币状态。

（2）从国际收支资本金融项目 KA 来看：①引入反映汇率预期的代理变量，人民币对美元无本金交割远期汇率 NDF（直接标价法），相对于人民币对美元名义即期汇率 e（直接标价法），预期汇率变化率为 $\dot{e} = (NDF - e)/e$。②结合人民币基准利率（1 年期存款利率 i_CH）和美元基准利率（联邦基金利率 i_US），进而可得到人民币汇率风险溢价 $rp = i\_CH - i\_US - \dot{e}$。

（3）对于从理论模型推导中得到的关键变量：①引入中国外汇储备 RE（单位：美元）与广义货币供给 M_2（单位：元）之比 RE_M$_2$，反映本外币政策协调下的金融稳定。②进一步考虑国外货币金融因素对人民币汇率的影响，引入美国货币供给流动性 M_{12US}，以反映开放条件下美国货币政策的外生冲击。

相关数据来源如下：人民币对美元名义即期汇率（月均值）e 源自国

家外汇管理局官网，人民币 1 年期 NDF 汇率（月均值）源自 Bloomberg 数据库，存款利率（储蓄存款 1 年期）i_CH、中国外汇储备 RE、狭义货币 M_{1CH} 及广义货币 M_{2CH} 来源于中国人民银行官网，联邦基金利率 i_US、美国狭义货币 M_{1US} 及广义货币 M_{2US} 源于美联储官网，国内消费者价格指数 CPI 与生产者价格指数 PPI 来源于 IMF 国际金融统计 IFS。所有数据的样本跨度均为 2001 年 1 月至 2012 年 12 月，共包含 144 个月度样本点。所使用的计量软件是 EViews7.2。相关变量的趋势如图 7-4 至图 7-7 所示。

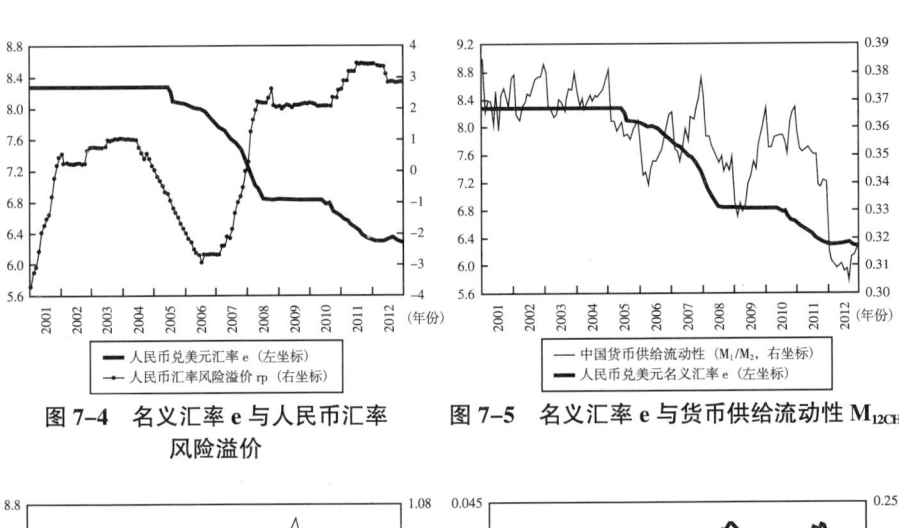

图 7-4 名义汇率 e 与人民币汇率风险溢价

图 7-5 名义汇率 e 与货币供给流动性 M_{12CH}

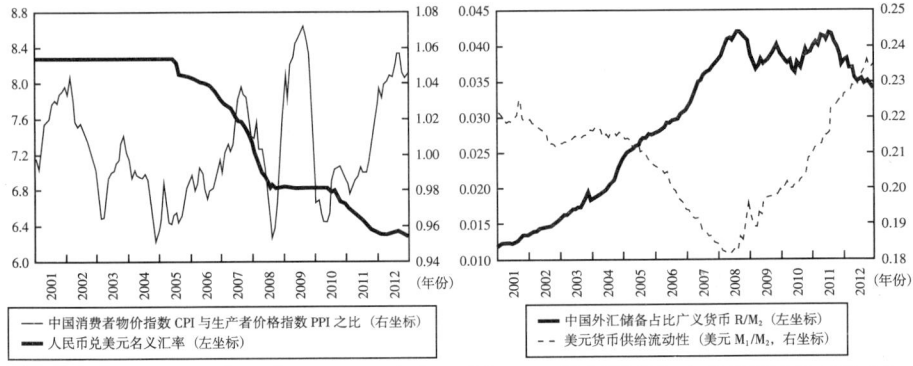

图 7-6 名义汇率 e 与国内 CPI/PPI 之比

图 7-7 外汇储备与广义货币之比 RE_M_2 与 M_{12US}

二、单整与协整分析

在分析经济变量之间是否存在协整关系之前,先要检验变量的平稳性。由各时间序列的单位根检验结果可以看出(见表 7-1),所有序列均为一阶单整序列 I(1)。

1. 货币因素与反映汇率决定其他相关因素的协整关系检验

结合变量选取,在本部分协整分析中,通过检验国内货币供给流动性 M_{12CH} 和人民币汇率风险溢价 rp、美国货币供给流动性 M_{12US}、中国外汇储备占比广义货币 RE_M_2 以及国内消费者价格指数与生产者价格指数 CPI_PPI 等经济时间序列之间是否存在协整关系,来判断对应变量之间是否存在经济意义上的"均衡"关系,M_{12CH} 能否由其他相关变量稳定地线性表达。选取时间序列 M_{12CH} 作为被解释变量,与 CPI_PPI、rp、M_{12US}、RE_M_2 进行 E-G 两步法协整检验。第一步,经过静态回归得到模型 7-1(见表 7-2)。第二步,对模型 7-1 静态回归的残差进行单位根检验,其残差序列形式为(c,0,0),ADF 统计量分别为 -4.177071,绝对值均大于 5% 水平临界值 -2.577591 的绝对值,检验结果表明残差序列均不存在单位根,均为平稳序列。因此,上述变量之间存在协整关系,M_{12CH} 可表示为 CPI_PPI、rp、M_{12US}、RE_M_2 的线性组合,即:$M_{12CH} = 0.75336 - 0.19818 \cdot CPI\_PPI + 0.0018 \cdot rp - 0.7329 \cdot M_{12US} - 1.6324 \cdot RE\_M_2$。

表 7-1 各时间序列的单位根检验结果

变量名称	检验形式 (c, t, k)	ADF 检验统计量	5%水平临界值	变量名称	检验形式 (c, t, k)	ADF 检验统计量	5%水平临界值
e	(c, 0, 2)	0.189008	-2.881978	Δe	(c, 0, 1)	-4.131333*	-2.881978
rp	(c, 0, 3)	-1.702544	-2.882127	Δrp	(c, 0, 1)	-4.045819*	-2.881978
M_{12CH}	(c, 0, 0)	1.135358	-2.881685	ΔM_{12CH}	(c, 0, 0)	-10.28989*	-2.881830
M_{12US}	(c, 0, 3)	-0.251097	-2.882127	ΔM_{12US}	(c, 0, 2)	-5.114267*	-2.882127
RE_M_2	(c, 0, 3)	-1.745107	-2.882127	ΔRE_M_2	(c, 0, 3)	-3.771693*	-2.882127
CPI_PPI	(c, t, 1)	-3.031282	-3.441777	ΔCPI_PPI	(c, t, 0)	-7.698656*	-3.441777

注:检验形式中的 c 和 t 表示带有常数项和趋势项,k 表示滞后阶数,Δ 表示一阶差分,* 表示 5% 显著水平下显著不为零,以下同。

表 7-2 协整检验

变量	协整检验一（模型 7-1）(被解释变量：M_{12CH})		协整检验二（模型 7-2）(被解释变量：e)	
	系数	T 检验值	系数	T 检验值
C	0.753359	21.1600	−8.411341	−10.96968
[M_{12CH}]			44.78040	20.79107
CPI_PPI	−0.198180	−6.363913	注：将相关数据代入 [M_{12CH}]= 0.753359 − 0.1981799·CPI_PPI+ 0.001783·rp − 0.732900·M_{12US} − 1.632432×RE_M_2	
rp	0.001783	2.894992		
M_{12US}	−0.732900	−8.438962		
RE_M_2	−1.632432	−12.50643		
R^2	0.673771		0.752729	
D.W.	0.401477		0.088648	
序列形式	(c, 0, 0)		(c, 0, 0)	
ADF 统计量	−4.177071*		−2.522083*	
5%临界值	−2.577591		−1.615220	
是否协整	是		是	

2. 人民币名义汇率与均衡条件下货币供给流动性的协整关系检验

在以上协整分析的基础上，令 [M_{12CH}] 为反映经济基本面内外平衡其他相关因素的线性组合，根据式（7-14），将名义汇率（作为被解释变量）与基于协整回归线性表达的国内货币供给流动性 [M_{12CH}]（作为解释变量），再次进行 E-G 两步法协整检验，进而求解人民币均衡名义汇率。如表 7-2 所示，对模型 7-2 静态回归得到的残差进行单位根检验，其残差序列形式为（0，0，1），ADF 统计量分别为−2.522083，绝对值均大于 5%水平临界值−1.615220 的绝对值，检验结果表明残差序列均不存在单位根，为平稳序列。因此，e 与基于模型 7-1 线性表达的 [M_{12CH}] 之间存在显著协整关系。

为了判断 e 和 [M_{12CH}] 的趋势水平之间的影响关系，将通过 HP 滤波得到的趋势成分 ehp 和 [M_{12CH}]hp 进行 Granger 影响关系检验，结果如表 7-3 所示，两者之间存在显著的双向 Granger 影响。对于趋势成分，采用 HP 滤波分离出的人民币名义汇率 e 和开放条件下货币供给流动性线性表达 [M_{12CH}] 各自的趋势线，如图 7-8 所示。伴随 [M_{12CH}] 趋于下降，人民币名义汇率不断升值。对于循环序列成分，如图 7-9 所示，人民币名义汇率相对于自身趋势变化的失调与均衡条件下货币供给流动性的循环序列相

第七章 人民币均衡名义汇率与本外币政策协调性测算

对表达基本相当，两者之间存在着一定的正相关关系，表明人民币名义汇率不存在明显的汇率超调。

表 7-3　ehp 和 [M_{12CH}] hp 之间的 Granger 影响关系

原假设	F 统计量
[M_{12CH}] hp 非 Granger 影响 ehp	130.370
ehp 非 Granger 影响 [M_{12CH}] hp	175.682

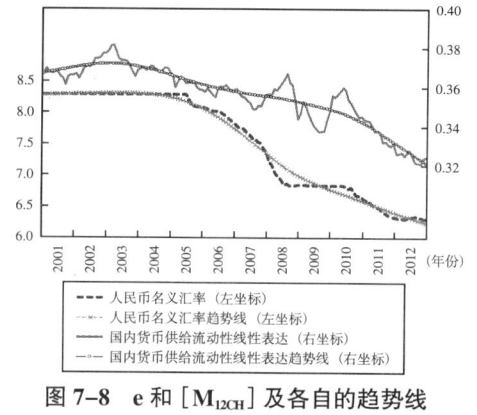

图 7-8　e 和 [M_{12CH}] 及各自的趋势线

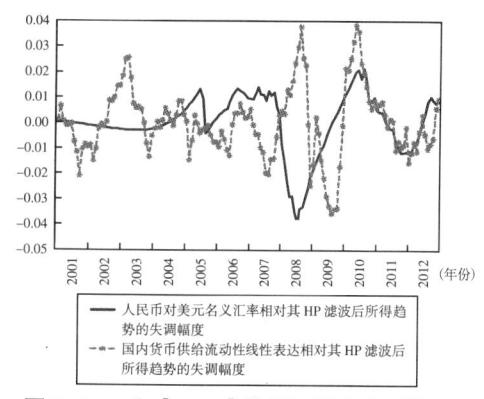

图 7-9　e 和 [M_{12CH}] 的循环要素序列的相对表达

三、人民币均衡汇率的测算与应用

对于人民币均衡汇率的测算。基本思路是将基于协整检验一（模型 7-1）所得到的 [M_{12CH}] 进行 HP 滤波，并将 [M_{12CH}] hp 代入协整检验二（模型 7-2）的协整方程中，根据模型回归所得到的解释变量回归系数，对应相乘，进而得到均衡汇率 s。如图 7-10 所示，人民币对美元现实汇率围绕人民币均衡汇率上下波动，均衡汇率 s 的标准差为 0.615309。结合图 7-10 不难发现，在样本期间内，人民币名义汇率在非对称边界（上边界为 s+0.4，下边界为 s-0.6）区间内围绕均衡汇率上下波动并呈现名义汇率升值趋势。

对于汇率失调 MIS，定义 MIS =（e-s）/s。如图 7-11 所示，人民币名义汇率失调 MIS 大约在（-8%，6%）的范围内，并且在 2001~2007 年以及 2012 年期间人民币名义汇率存在一定低估（不超过 6%）。2008 年美国

· 157 ·

金融危机全球蔓延，中国经济受到影响出现回落，人民币对美元名义汇率在 2008~2009 年存在一定的高估（不超过 8%）而后汇率失调逐渐减小。2011~2012 年初期人民币汇率失调不超过±4%，人民币名义汇率在该时期已经非常靠近均衡汇率。进入 2012 年以来，人民币汇率低估开始有所增大，从而人民币对美元汇率升值压力也再次出现。总之，从本研究来看，人民币对美元名义汇率失调并不严重。

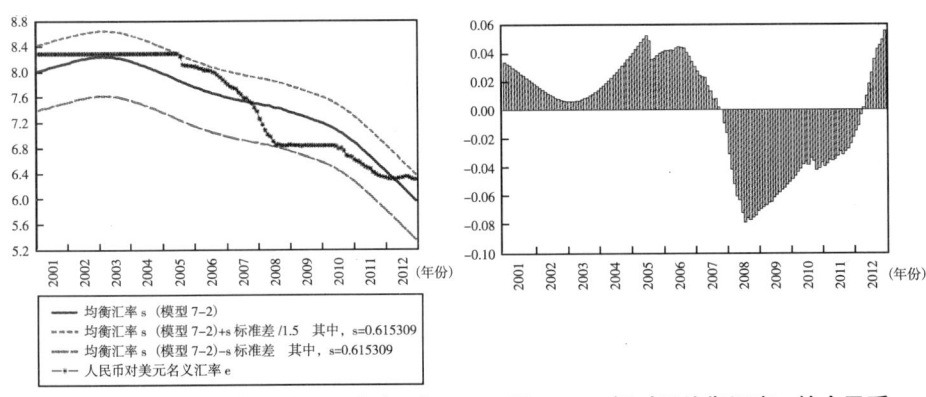

图 7-10　人民币均衡汇率 s 及波动区间　　图 7-11　相对于均衡汇率 s 的人民币汇率失调

对于中国本外币政策协调性，根据前文分析，反映本外币政策协调压力的指标 CP=rp/sd 的绝对值越大，本外币政策协调压力 CP 越大。见图 7-4 中的人民币汇率风险溢价 rp 和图 7-12 中的人民币对美元名义汇率相对于均衡汇率偏离（即汇率失调）的方差 sd，可进行本外币政策协调压力的量化判断，具体结果如图 7-13 所示。在 2012 年初期，CP 出现突出的尖点，表示本外币政策协调压力较大，主要是美国次贷危机后量化宽松货币政策冲击影响很大。见图 7-4 和图 7-7，国际金融危机爆发后，特别是在美国的低利率政策和量化宽松货币政策冲击下，伴随美元流动性 M_{12}_US 扩张，人民币汇率风险溢价 rp 增大，加之人民币汇率偏离均衡汇率的汇率失调波动在 2012 年初降低接近零线，进而本外币政策协调问题的压力陡然提升（见图 7-13）。

从本外币政策协调压力 CP 的构成来看，图 7-13 中所出现的"尖点"对应于图 7-11 和图 7-12 中汇率失调中的"零点"。这意味着在人民币国际化不断推进背景下，当人民币名义汇率趋向合理均衡水平时，我国本外

第七章 人民币均衡名义汇率与本外币政策协调性测算

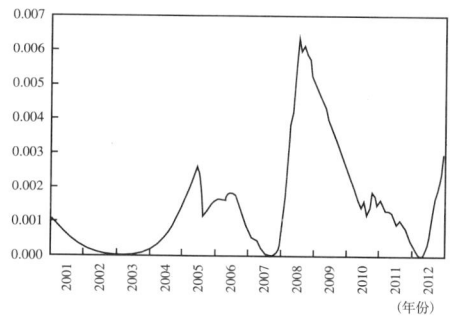

图 7-12 人民币汇率失调的方差 sd
（sd=（MIS-0.001057）^2）

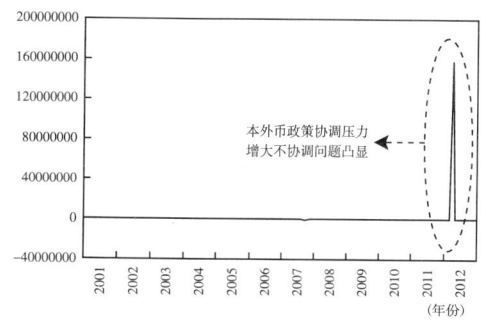

图 7-13 本外币政策协调性的指示指标
（rp/sd）

币政策协调压力可能反而增大。对于图 7-13 中 2012 年以来本外币政策协调压力 CP 陡增，一方面印证了前文所提出的"人民币国际化进程初期将存在本外币政策协调较大压力"推论 1，另一方面反映出在美国量化宽松货币政策冲击下，央行面临在人民币汇率市场化推进与本外币政策协调压力承担之间的平衡与抉择。

第四节 结论与政策含义

在人民币汇率市场化不断推进背景下，本章构建人民币均衡名义汇率的"回溯—前瞻"分析框架，基于均衡名义汇率和汇率失调，结合本外币资产不完全替代下外汇市场微观行为及其宏观条件，对人民币国际化进程中的本外币政策协调性进行拓展分析。在此基础上，通过基于双重"协整"分析实证检验，研究发现：①人民币名义汇率与均衡条件下货币供给流动性之间存在稳定关联，测算显示 2011~2012 年人民币名义汇率已接近均衡水平。②人民币名义汇率不存在明显的汇率超调。从全样本（2001~2012 年）来看，Granger 影响关系表明人民币名义汇率与均衡条件下货币供给流动性，两者的趋势变化相互影响，两者的循环序列的相对表达基本相当且呈一定的正相关关系。围绕均衡汇率 s 在（s-0.6，s+0.4）区间内人民币汇率上下波动保持基本稳定并呈现升值趋势。③本外币政策失调的时期尖点及失调性大小量化测算结果与人民币国际化进程初期将存在本外币政策协调较大压力的理论推论相一致。在美国的量化宽松货币政策冲击下，我国本外币政策协调压力增大，从政策空间优化来看，汇率市场化的方向并非一味地追求现实汇率接近均衡水平，而应是平衡好汇率目标与货币目标进一步深化汇率形成机制改革。相关政策含义具体阐述如下：

第一，坚持和优化汇率政策目标，保持人民币汇率在合理均衡水平上的基本稳定。保持人民币汇率稳中有升，促进人民币汇率趋向合理均衡后再转向浮动有助于实现人民币资产需求的跟进与提升。为了经济可持续发展，国家仍需要维持具有竞争性的汇率，即加强国际竞争力、强化增长潜力仍然是汇率政策的核心所在。因此，应采取渐进推进策略，避免跨境短期资本大规模进出对金融体系形成较大冲击，创造一定的时间条件使得国内微观经济主体适应汇率波动并消化汇率变动的压力。

第二，从中国货币市场和外汇市场的经济效率出发，大力拓展市场参与者的层次结构。培育更多有实力的商业银行，提升它们在外汇市场中的地位；通过市场扩容，逐步吸收非银行金融机构释放的本币和外汇风险敞口头寸；促进企业居民自主地决定外汇供需，在此基础上促进合理的市场汇率的形成。在考虑市场的有限性与监管需要的基础上，进一步提升中国外汇交易中心的资源配置功能，通过培育和强化外汇经纪人制度，促进外汇市场定价效率的提升，促进人民币汇率理性回归。

第三，伴随资本项目自由化，人民币汇率风险溢价灵活伸缩，人民币对美元名义汇率将更正确地反映经济基本面走向，并且呈现汇率区间内上下双向波动的自由浮动态势。将扩大汇率波幅作为增强汇率弹性的重要制度改进，根据市场供求状况引导人民币汇率双向波动。通过增强汇率弹性有效抑制短期资本持续大规模地流动，消除对人民币汇率波动的单边预期。结合跨境资本流动状况，进一步增强人民币汇率弹性。

第四，采取人民币汇率市场化、利率市场化和资本项目审慎开放交叉推进方式，促进人民币国际化可持续发展。我国货币金融经济与实体经济相互匹配的关键在于调整内外经济关系失衡，其中，人民币汇率问题是纲领性问题。鉴于我国的货币政策实际上主要是负债管理，即在外汇资产发生变化时，央行负债方结构被动调整，从而人民币汇率市场化也是解决我国货币发行机制问题的关键所在。综合考虑国内外货币经济条件因素，人民币汇率市场化亟待进一步推进。这不仅是我国涉外金融的重要任务，也是扩大跨境人民币使用、促进人民币成为国际货币的基础性制度要求。因此，当务之急是在人民币成为区域化和国际化货币初级阶段，加快汇率市场化以降低外部不平衡，解决我国基础货币发行机制问题；加快利率市场化促进货币政策逐渐由数量调控向价格调控转变并实现本外币政策协调，协同推进汇率市场化、利率市场化及人民币资本项目审慎开放，为最终实现人民币资本项目可兑换做好准备。

第八章 对策建议

从人民币国际化的含义来看,一方面是指非居民之间的人民币的可自由兑换性,从这个角度来看,人民币国际化过程的实质就是中国的资本项目自由化过程。另一方面根据货币国际化的含义,人民币国际化是人民币在制度安排上突破中国境内的限制,在国际市场上逐步发挥计价制度、交易媒介和贮藏手段等功能的演进过程。在此过程中,最重要的驱动力是进一步的改革开放,主要涉及利率、汇率的进一步市场化改革,资本项目的可兑换有序推进以及金融市场的进一步深化和发展。特别是人民币资本项目可兑换将是一项十分复杂的工作,既与学术界的分析研究进展有很大的关系,也与国际、国内的环境、条件等密切相关。

第一节 现存问题与争论:基于人民币国际化路线图的再思考

在战略层面,对于人民币国际化,我国"十二五"规划纲要中虽然没有明确提及,但所指出的要"稳步推进利率市场化改革,加强金融市场基准利率体系建设。完善以市场供求为基础的有管理的浮动汇率制度,推进外汇管理体制改革,扩大人民币跨境使用,逐步实现人民币资本项目可兑换"以及"支持中国香港地区发展成为离岸人民币业务中心和国际资产管理中心"和"积极推动国际金融体系改革,促进国际货币体系合理化"等内容都与人民币国际化密切相关。实际上,只有围绕人民币国际化程度的渐次推进,人民币利率市场化、汇率弹性和资本项目管制的放开,才存在不偏离中国经济利益的最后追求。

从宏观层面而言,作为中国金融开放的核心利益追求,人民币国际化的战略意义在于战略布局，在于在追求和推进人民币国际地位的长期过程中，推进国内各种制度的改革和金融市场的开放、改善经济结构、提高经济增长效率，并在此过程中推动创造稳定的国际货币环境。中国政府在处理人民币国际化进程中的贸易摩擦和人民币升值压力方面，要准备应对更加尖锐复杂的局面。人民币国际化正是对于国际金融危机所暴露出的美国政策外部性、人民币升值压力以及外汇储备过度累积等问题的应对之策。

从微观层面而言，人民币国际化的根本理由在于，能够让中国居民把资产在境内外进行合理分配，从而更有效地管理风险。因此，一个急迫的任务是完善金融市场体系、完善和审慎开放，使其成为动员储蓄、分散风险、为越来越多样化的企业配置资本的主要工具。总之，中国在改革国内宏观管理体制和金融制度的同时，积极推进经济结构调整，人民币国际化成为我国经济中长期发展的必由之路。

目前，人民币国际化路线图是：人民币作为进口结算货币→增加境外人民币存量→引导人民币回流（出口结算货币、人民币存款、人民币债券、人民币 FDI 和人民币 RQFII）→增加境外人民币需求→人民币海外使用增加，最终成为储备货币。该过程由政府政策推动，并且是在人民币汇率有管理浮动和仍然存在资本项目管制情况下进行的。其中需要明确的问题与争论归纳如下：

一、推进人民币国际化，解决中国外汇储备"美元陷阱"问题

目前，人民币在东南亚地区很受欢迎，在有的国家甚至可以全境通用。但在美欧等发达市场，使用人民币进行跨境贸易结算的意愿仍然较低。尽管跨境贸易人民币结算推进曾面临重重阻力，但较试点初期人民币进口支付远大于出口收入的"跛足"状况已有改善。央行数据显示，2012年第一季度，跨境贸易人民币结算实际收付 5500 亿元，收付比由 2011 年的 1∶1.7 提高至 1∶1.4。为何会出现人民币跨境贸易结算"跛足"？这只是人民币从国内货币向国际性货币发展所出现的暂时现象吗？以人民币贸易结算货币为起点，发展离岸人民币市场能否使中国摆脱"美元陷阱"？

对此，首先要指出的是由于中国资本项目管制以及对外汇交易的限制，人民币海外持有量还很有限，在国际市场上尚未形成完善的人民币回

第八章 对策建议

流机制,人民币国际化仍处于初级阶段。虽然中国对外出口可以接收人民币,但由于对方缺乏人民币,人民币结算难以实现。相比较而言,中国对外进口人民币结算更易于达成。在人民币汇率升值条件下,人们更愿意持有人民币作为资产,加之最终采用什么货币支付结算是由垄断的买方所决定,因此,本来可以支付美元,从而尽可能花掉美元,现在采用人民币支付,并导致美元仍在累积。

实际上,人民币国际化初衷来自"美元陷阱"评价,但在近期人民币国际化似乎尚不能破解"美元陷阱"问题。近两年来的人民币国际化实际上是境外居民和企业将手中的美元、港元资产与中国居民和企业手中的人民币资产相互置换的过程,该过程中用强币(人民币)资产置换弱币资产,在人民币汇率升值条件下将导致国内福利损失。尽管2011年第四季度中国外汇储备开始减少,但是在中国的国际收支及货币运行机制下外汇储备可能会继续积累,从而国内基础货币和广义货币量增加的压力仍在,国内金融政策的自主权仍受到一定制约。此外,人民币国际化前期"跛足"格局虽出现改善,但究竟是长期的趋势变化还是短期的周期波动,还需要进一步观察,不能急于下结论,在趋于平衡之前,关注这一问题很重要,如何从战略层面尽快摆脱美元陷阱仍迫在眉睫!

二、处理好人民币国际化推进与资本项目可兑换之间的相互关系

一般而言,人民币资本项目可兑换是人民币国际化所必然要求的技术性条件。国外学者也认为,货币管制问题有可能成为人民币国际化的阻碍因素。从实际情况来看,人民币国际化与资本项目一定管制并不完全矛盾,货币国际化是需求主导型模式,货币自由可兑换是供给主导型模式,后者并非前者的必然前提和先决条件,两者可以在时间和空间上同步推进。尽管在上述观点上存在分歧,但是在人民币国际化不必等到资本项目实现可兑换后再进行,甚至可通过推进人民币国际化为资本项目可兑换创造条件方面已达成初步共识。在此过程中,除了资本项目可兑换,是否还需要统筹利率、汇率市场化等必要性问题?是否需要进行排序以及如何排序?

为了确保国际化进程中的货币能够很方便地流出和流入,确保流动性

充裕,资本项目可兑换是非常重要的条件。利率、汇率市场化则是提升人民币资产在流动性、风险和收益上具有吸引力的重要内容。国际经验表明,在利率市场化逐渐放开的过程中,加快汇率市场化,畅通外汇渠道,有利于平缓国内利率市场的不稳定,有助于利率市场化程度的加深。在宣布资本项目可兑换前后都在增强汇率弹性,而加快推进汇率形成机制改革,推动利率市场化,又为实施资本项目可兑换提供缓冲、减少流动性压力。因此,人民币国际化的路线图不能回避汇率和利率市场化,应在正确时序把握下不断完善人民币的输出、回流与定价等各个环节。对于金融改革新浪潮与改革次序之辩,一方主张加快推进资本项目可兑换,不需要等待利率市场化、汇率形成机制改革或者人民币国际化条件完全成熟,并且利率市场化、汇率形成机制改革、人民币国际化与资本项目可兑换是循序渐进、协调配合、相互促进的,具体的改革开放措施是成熟一项,推进一项。另一方则认为,人民币国际化应慎行,中国当前不应盲目推进人民币国际化,中国金融改革应先内后外。

三、人民币国际化与汇率稳定,跨越"中等收入陷阱"与汇率动态之间的联系

当前对于人民币国际化是否要求一个与之相适应的人民币汇率稳定机制?以史为鉴,英镑、美元国际化的成功都借助各自与白银、黄金之间兑换率的稳定机制;浮动汇率背景下,流通渠道合理透明,马克稳定,国际地位不断上升;保护体制根深蒂固,日元升值难以适应,国际化却并不成功。在警惕重蹈当年"广场协议"的覆辙,人民币"升值恐惧"占优的同时,不应忽略的是,对于经济赶超派生的汇率升值(巴拉萨—萨缪尔森效应)和"中等收入陷阱"问题,最终挣脱"中等收入陷阱"而跻身"高收入经济"之列的正是快速升值的后发型经济体(日本、韩国和中国台湾地区),而非以出口导向增加收益"升值恐惧"的拉美国家。从中长期看,人民币国际化进程中汇率升值将是大势所趋,如何从内涵本质上促进效率提升日益紧迫。

总之,伴随人民币大规模跨境使用,必然会要求资本项目可兑换;而要推动货币可兑换,不论是自由浮动汇率制还是有管理浮动汇率制,其汇率均要反映并接近均衡值。当前中国外汇储备和人民币对美元汇率出现的

最新动态（储备开始减少，汇率曾连续跌停）是否表明人民币汇率已接近其均衡水平？这依赖于我国经常账户顺差下降可持续以及中国经济结构调整有效推进。从趋向真正市场意义上的市场均衡汇率来看，我国央行冲销"被动发钞"外汇政策成本巨大且不可持续，如何实现市场力量引导汇率接近可持续水平，改变市场化不充分情况下，即使汇率弹性增加，人民币汇率中间价较为稳定，汇率波动的趋势仍然被限定等问题已迫在眉睫。

第二节　后危机时代人民币汇率改革的政策空间优化

当前人民币国际化需要相对稳定的货币汇率机制，但从中长期来看，中国经济将在货币状态上升中崛起，中国金融将在汇率动态中更加开放。针对人民币汇率形成机制改革存在多种政策选择：人民币对美元小幅渐进升值或一次性大幅升值后重回盯住美元、参考"一篮子"货币（BBC）或硬性盯住"一篮子"货币以及自由浮动等汇率制度。选择折中的汇率形成机制——篮子平价区间爬行（BBC）作为战略过渡，有助于央行在一定程度上把握本币汇率的升值节奏，并增强货币政策独立性，在避免汇率超调、可控应对外部冲击的同时，改善国内资源配置。结合图8-1，可进一步提出以下五个建议。

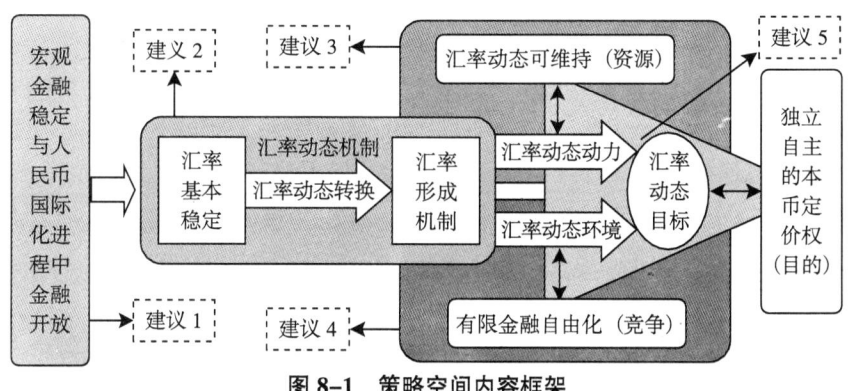

图8-1　策略空间内容框架

建议1：促进金融开放条件下人民币完全可兑换与自由浮动在汇率动态中相互统一。如何为中国未来经济增长创建一个有利的和可控的汇率机制，实现人民币完由浮动与资本项目完全可兑换，需要实现从单一盯住美元向参考"一篮子"货币转变的基础上，扩大篮子波动区间宽度，并且使得该区间随时间推移动态非对称性扩张。在此过程中，强化对实际有效汇率（REER）的管理，合理确定在内外均衡以及存量与流量均衡下的均衡实际汇率区间，纠正实际汇率失调，进而与均衡实际汇率保持一致。从货币管理角度看，金融开放下的人民币国际化需要借助名义驻锚来稳定自身价值，尽快实现人民币汇率在市场价格形成过程中向符合自身国民利益的价值水平的理性回归，成为人民币国际化的重要节点所在。

建议2：保持人民币币值稳定是开放条件下汇率动态的策略基点。人民币的对内币值必须要保持稳定，即突出物价稳定的重要性。保持人民币的对外币值相对稳定是强调汇率在合理、均衡水平区间内的基本稳定，并且突出的并非人民币对美元汇率的基本稳定，而是人民币对"一篮子"货币的实际有效汇率基本稳定。在发挥汇率调控的杠杆作用方面，参考"一篮子"货币与盯住单一美元相比更具优势，从而实现人民币对单个货币有升有贬双向浮动，在整体上有效汇率指数保持合理均衡的基础上稳定。

建议3：坚持市场供求为基础，增加汇率弹性，动态优化参考"一篮子"货币有管理浮动。对于均衡汇率水平，货币当局很难事先知晓。在一个动态的框架下预测人民币的公允价值更加困难。实际上只有市场知道汇率的"均衡"在哪里，而均衡汇率的形成需要一定的弹性波动区间来"试错"产生。既可以是以时快时慢、快慢不一，时高时低、高低不等对外升值引导，也可以是应激策略下的主动贬值微调，甚至是危机管理下的重新盯住。但是无论如何，在上述调控过程应当是经济金融稳定约束下的相机抉择，并且调控对象是人民币有效汇率而非中美双边汇率，逐渐把实际有效汇率水平作为人民币汇率水平的参照系，并且让公众在汇率改革的市场化进程中不断"学习"，强化"学习"过程和"学习"效应，通过参与国际竞争逐渐学会如何争夺定价权。

建议4：面对美元货币压制，要忍辱克制，后发制人，蓄势择机反击，这要求货币当局在边际转折点进行策略切换时达到汇率调控科学与艺术的有机结合。在此过程中确定汇率动态管理的战略任务和策略重点，需要与国家的总体实力协调发展。选择好"汇率浮动"的时机把握，对于金融全球化，不是无保留地接受，而是坚持有限开放下渐进过程的政策"空间"逐步拓展；并且重在突出"自主"，特别是本币和本币资产的定价权自主。坚持资本项目管理作为中国汇率战略实施进程中最后放开的一道"防火墙"。与促进人民币国际化的汇率战略目标相对应，重点关注：经济持续稳定增长下汇率的合理水平和合意区间的追寻→合意汇率下资本账户自由化的把控→国民福利增强下本国货币国际化的推进。

建议 5：处理好人民币国际化的时机把握，既能够保证后金融危机时代中国经济可持续增长，又能够避免人民币国际化对国内金融体系和资产定价体系在长期产生大的冲击。在此过程中确定汇率动态管理的战略任务和策略重点；需要与国家的总体实力协调发展。将汇率作为以不同国家货币为载体，考察反映负载在其上国与国之间社会经济关系力量的表现。开放条件下人民币汇率动态，应突出汇率动态管理策略的战略物质基础和金融支柱的资源属性，以国家综合国力为后盾，以汇率动态管理的战略资源为核心，根据人民币国际化和汇率战略目标的要求，积极应对金融全球化冲击。

第三节 加快汇率机制改革，助推人民币国际化

近年来，伴随我国央行资产负债表规模跃居世界第一，央行资产配置的外化程度也在不断提升。2011 年末中国人民银行总资产达到 28.0977 万亿元人民币，其中外汇储备占比高达 83%，较 2007 年总资产为 16.9139 万亿元人民币，外汇储备占比 68%，有较大提升。由于我国央行的国外资产主要是外汇储备，但其买卖的决策权掌握在外贸部门和国外部门的手中，从而我国的货币政策实际上主要是负债管理，即在外汇资产变化时，央行负债方结构被动调整。表现为国际收支持续双顺差、外汇市场美元供大于求，央行要维护人民币汇率走势平稳，就需要动用基础货币大量购汇，在银行间外汇市场上进行买卖操作形成基础货币的吞吐。在央行每天用基础货币不断大手购汇发行货币的同时，为平衡外汇干预形成的基础货币，央行需要对"被动发钞"进行冲销干预，进而央行票据规模膨胀、存款准备金率高企，冲销干预外汇政策成本不断增大。

国际货币体系多元化与人民币汇率动态研究

一、当前我国已开始进入人民币跨境使用与循环的新阶段

实际上,人民币汇率机制正是当前我国货币发行机制问题的症结所在。并且由于中国人民银行通过市场化手段控制基础货币供应量的能力仍然有限,人民币基础货币发行与回流表现为缺乏稳定回流机制下的开放式循环。对于人民币的信用基础,就基础货币发行而言,主要是外汇储备,而从外汇储备投向的资产来看,相当部分是美国国债。在美元汇率贬值,"美元陷阱"带来我国国家财富缩水潜在风险加大的情况下,人民币的信用基于国外信用而非基于中国国家信用,这显然不利于人民币国际化的推进。

与此同时,近年来跨境人民币业务不断发展。从中国的贸易格局来看,中国对于东亚大部分国家和地区处于贸易逆差状态,这有利于人民币对外输出。东亚地区尤其是东南亚地区是推进人民币国际化的天然阵地,更是构建人民币区域化的必经之地。但是,美国主导的东亚地缘政治变局,事实上增加了人民币在东亚尤其是东南亚地区国际化进程的阻力。尽管如此,在实际商业需求驱动下,人民币正在快速被接纳。2012年人民币交易量达到4250亿美元,同比增幅接近30%。对于人民币境外循环,主要体现为跨境人民币的输出与回流:

第一,跨境人民币输出。人民币在国际收支双顺差背景下,除了经常项目常规途径以及贸易融资等方式外,进一步支持国内金融机构扩大在海外(特别是东亚地区)开设分支机构,接受人民币存款,提供人民币资金的海外存放和投资渠道,从而进一步扩大人民币的国际流通量已成为下一步的重点。

第二,跨境人民币回流。在央行货币互换、跨境贸易结算人民币资金回流渠道的基础上,境外人民币离岸市场的人民币境外投资,特定境外机构的特定人民币资金投资国内债券市场,以及跨境人民币贷款等业务相继开闸后,将会在扩大境外人民币回流渠道的同时,促进资本项目可兑换向前进一步推进。

伴随境内的金融机构获取人民币的途径被拓宽以及人民币国际化过程中的"金融脱媒"加速,这将会削弱央行的货币政策调控,尤其是数量型

工具的作用，央行继续以货币供应量作为货币政策中介目标的有效性也将下降。因此，从人民币境内外双循环角度来看，当务之急是在人民币国际化进程中，加快汇率政策调整降低外部不平衡；促进货币政策由数量调控向价格调控转变，实现利率自由化；最终实现资本项目开放与人民币国际化相统一。

二、保持人民币汇率动态稳定是人民币国际化的重要基础

后金融危机时代，人民币汇率在坚持不屈服外压的"自主性"、央行有管理浮动的"可控性"和保持汇率基本稳定的"渐进性"原则下稳中有升。2012年上半年，人民币对"一篮子"货币的名义有效汇率升值1.6%。保持汇率动态稳定对于人民币国际化具有重要意义。

从国际经验来看，货币国际化与汇率稳定具有一定联系。①英镑、美元国际化的成功都借助了各自与白银、黄金之间兑换比率的稳定机制。②浮动汇率背景下，马克尽管也会贬值但幅度不大，而马克汇率稳中有升，增强了人们对其信心，使得马克成为欧洲的"货币锚"。③"广场协议"后日元汇率大幅升值，日元币值波动影响了其币值信心，日元国际化并不成功。

人民币作为经济追赶、持续增长的新兴经济体的货币，相对于国际核心货币，仍具有其潜在的不稳定性。①在货币领域，"美元陷阱"下中国存在"国家财富缩水"的潜在风险。②在金融领域，中国存在股市融资功能弱、房市调控压力大等问题。③在外部环境方面，美国等发达国家持续的量化宽松货币政策进一步加剧了中国输入型通胀压力以及未来国际资本流向逆转风险。

为了实现人民币的稳定，中国仍需要对资本交易进行适当的管理。我国的人民币国际化进程，是在人民币汇率有管理的浮动并且仍存在资本项目部分管制的情况下，最终实现完全自由兑换。一方面，人民币要走向国际化，就必须保持人民币币值的相对稳定，特别是对内币值的稳定，从而引导人民币通胀预期和对外升值预期。另一方面，人民币汇率在实现趋向均衡后再走向浮动，可减少跨境资本单向流出的情况产生，也有助于避免可能出现的脱离实体经济而与金融交易和资本异动相关、由预期或投机因

素所导致的本币汇率剧烈波动。

基于人民币汇率升值预期和政策推动而缺乏币值稳定微观基础的人民币国际化可能将不可持续。短期内人民币国际化的利益基础在于资本项目审慎开放下的贸易扩张。如何消除汇率风险，扩大人民币在贸易领域的使用，促进人民币在金融市场的借贷和投资，已成为现阶段需要重点解决的问题。

实现人民币汇率动态趋向合理均衡，依赖于我国经常项目顺差下降的可持续以及经济结构调整的有效推进。在各项一揽子措施的结构性因素以及国际金融危机以来全球经济金融形势变化的周期性因素的共同作用下，2012年上半年中国经常项目顺差与GDP之比已下降至2.1%，较2007年顶峰时的10.1%下降了8个百分点。对此，如果中国外部失衡主要是结构性因素所引发，则意味着与2007年相比，人民币的确已更接近均衡汇率；但是如果主要是周期性所引起，那么人民币汇率可能还没有达到中长期均衡，未来货币政策仍面临被动应对外汇流入的挑战。

三、加快人民币汇率机制平衡转轨是人民币国际化的关键

人民币汇率机制之所以重要，是因为这是我国诸多经济难题的源头问题，人民币国际化也受其制约。目前，现行人民币汇率形成机制的内容及特点是：①按照我国对外经济发展的实际情况，选择若干主要货币，赋予相应权重，组成货币篮子；②根据国内外金融形势，以市场供求为基础，参考"一篮子"货币多边汇率指数的变化，对人民币汇率进行管理和调节；③维护人民币汇率在合理均衡水平上的基本稳定。在此基础上，人民币汇率机制平衡转轨，除了人民币汇率形成机制改革以外，还应包括人民币汇率的基准以及人民币汇率制度选择与战略转换。对此，给出如下相关对策：

对策1：完善人民币汇率形成机制改革，核心在于人民币汇率中间价的形成。进一步加强人民币汇率中间价基于多方询价、协商的基础，突出价格指标参与主体是多元组合，而非单一盯住美元，进而更好地体现出各交易品种的权重差异。从中国外汇市场组织的经济效率出发，应大力拓展市场参与者的层次结构。提升更多有实力的商业银行在外汇市场中的地

第八章 对策建议

位,实现外汇市场扩容。应进一步优化中国外汇交易中心的资源配置功能,大力发展银行间人民币远期、掉期市场,促进外汇市场定价效率的提升,促进人民币汇率理性回归。

对策2:进一步加大人民币汇率合理的弹性波动区间。伴随2012年4月,人民币兑美元汇率波幅由0.5%扩大至1%,这是自2007年5月首次扩大人民币兑美元汇率单日波动幅度(从0.3%到0.5%)以来汇率弹性的再次提高。扩大汇率波幅是增强汇率弹性的重要制度改进。汇率弹性的增加,可依靠汇率弹性本身有效抑制短期资本持续大规模的流动,并消除对人民币汇率单边升值的预期。未来还需要进一步扩大汇率的波动幅度,来刺激企业避险的需求,从而刺激避险企业的发展伴随外汇市场基础设施趋于完善,交易品种不断增加,交易主体逐渐成熟,自主定价能力增强,微观主体能够承受更大的汇率波动弹性,从而进一步发挥市场机制将在汇率形成中更大的基础性作用。

对策3:审慎推进人民币资本项目开放。结合人民币汇率形成机制改革,在发达经济体外量化宽松环境低利率背景下,在国内外投资收益率和融资成本存在较大息差的情况下,面对跨境套利机会的增多,在跨境人民币输出和回流过程中,加强国内资本流动的控制和监管。采取不对称地放开外部资本账户控制,控制资本流入和资本流出,防止对人民币汇率的单向投机导致热钱冲击。

对策4:加快建立人民币实际有效汇率目标区,实现人民币汇率制度动态转换。在现有人民币汇率形成机制改革基础上,需要进一步明确均衡实际汇率中心汇率平价的合理方式,在确定中心汇价基础上尝试对实际汇率进行具有一定浮动区间的目标区管理。央行对此汇率目标区进行调控,当汇率偏离中心幅度较大时再进行干预。在此过程中实现汇率向中心汇率靠拢,逐步降低央行干预成本,使得汇率在自身预期和央行干预共同作用下在目标区内动态波动。

对策5:逐步实现人民币基础货币开放式循环向封闭式循环的转变。转变规范基础货币的发行机制,进一步完善人民币境内循环的回流机制,尝试转向政府依据本国信用发行国债,央行通过买卖国债在公开市场上调节货币量和利率,使得人民币基础货币在封闭式循环中运行。围绕此目标,展开汇率市场化、利率市场化及人民币国际化的稳步推进。

对策6:加快货币政策数量型工具调控向价格型工具调控转变。按照

"汇率市场化—利率市场化—资本项目审慎开放"顺序进行交叉推进。第一,加快汇率机制改革,实现人民币汇率在合理均衡区间内基本稳定,扩大汇率波动弹性区间,加大市场供求在汇率形成中的主导作用。第二,适时允许存款利率适度向上浮动,加快存款利率市场化步伐,对风险较大的资本项目保留管制,采取额度控制等方式,逐步放开资本项目。第三,在人民币汇率市场化基础上,扩大存款利率上浮区间和贷款利率下浮区间,在利率市场化基础上,逐步扩大部分资本项目的额度限制。

对策7:在利率市场化推进过程中,进一步完善名义利率与实际汇率的相互协调,最终实现有管理浮动汇率安排下人民币实际汇率在合理均衡区间内的动态稳定。通过央行对事前汇率变化的前瞻性预测和事后的汇率评估把握汇率变动趋势,采取货币调控措施(管理货币结构),最终使人民币实际有效汇率维持在最优弹性区间内围绕中心平价上下波动。需要强调的是,在此过程中,应注重国内相对于美国、欧盟和日本的生产率变化以及货币结构变化差异,特别是控制好国内准货币(属于资产性货币)与狭义货币(属于交易性货币)之比,结合汇率形成机制改革对微观经济层面特别是企业的影响的动态情景分析,对汇率浮动过程遵循渐进、适度、自主原则进行动态调整。

参考文献

卜永祥:《中国外汇市场压力和官方干预的测度》,《金融研究》2009年第1期。

陈岱孙、商德文:《近代货币与金融理论研究——主要流派理论比较》,商务印书馆1997年版。

陈共:《财政学》(第七版),中国人民大学出版社2012年版。

陈建奇:《破解"特里芬"难题——主权信用货币充当国际储备的稳定性》,《经济研究》2012年第4期。

陈蓉、郑振龙:《结构突变、推定预期与风险溢酬:美元/人民币远期汇率定价偏差的信息含量》,《世界经济》2009年第6期。

陈雨露、罗伯特·蒙代尔:《关于"后危机时代"国际货币体系改革的八点建议》,中国人民大学国际货币研究所工作论文,2010年6月。

陈雨露、汪昌云:《金融学文献通论(宏观金融卷)》,中国人民大学出版社2006年版。

陈雨露、王芳、杨明:《作为国家竞争战略的货币国际化:美元的经验证据——兼论人民币国际化问题》,《经济研究》2005年第2期。

陈雨露:《国际金融》(第四版),中国人民大学出版社2011年版。

丁志杰、郭凯、闫瑞明:《非均衡条件下人民币汇率预期性质研究》,《金融研究》2009年第12期。

范从来、邢军峰:《全球失衡的新解释:资产短缺假说》,《学术月刊》2013年第2期。

范从来:《开放条件货币政策研究》,商务印书馆2010年版。

范小云、潘赛赛、王博:《国际资本流动突然中断的经济社会影响研究评述》,《经济学动态》2011年第5期。

范小云、肖立晟、方斯琦:《从贸易调整渠道到金融调整渠道——国际金融外部调整理论的新发展》,《金融研究》2011年第2期。

高海红等:《国际金融体系:改革与重建》,中国社会科学出版社 2013 年版。

谷宇、高铁梅、付学文:《国际资本流动背景下人民币汇率的均衡水平及短期波动》,《金融研究》2008 年第 5 期。

何帆、徐奇渊等:《人民币汇率改革的经济学分析》,上海财经大学出版社 2008 年版。

何帆:《人民币国际化的现实选择》,《国际经济评论》2009 年第 4 期。

胡春田、陈智君:《人民币是否升值过度?——来自基本均衡汇率(1994~2008)的证据》,《国际金融研究》2009 年第 11 期。

胡晓炼:《有管理的浮动汇率制度的三个要点》,中国人民银行官方网站,2010 年 7 月 22 日。

胡晓炼:《资本项目可兑换与人民币跨境使用》,《第一财经日报》2012 年 11 月 29 日。

胡宗义、刘亦文:《人民币国际化的动态 CGE 研究》,《当代经济科学》2009 年第 11 期。

黄达:《金融学(第二版)精编版》,中国人民大学出版社 2009 年版。

黄志刚、郑良玉:《中国经常账户盈余下降是周期性的吗?》,《国际金融研究》2013 年第 7 期。

黄志刚:《加工贸易经济中的汇率传递:一个 DSGE 模型分析》,《金融研究》2009 年第 11 期。

姜波克:《国际金融新编》(第五版),复旦大学出版社 2012 年版。

姜波克:《均衡汇率理论和政策的新框架》,《中国社会科学》2006 年第 1 期。

姜波克等:《人民币均衡汇率问题研究——中国经济增长的汇率条件:理论、方法、技术、指标》,经济科学出版社 2011 年版。

金雪军、陈雪:《人民币汇率风险溢价波动的状态转换研究》,《浙江大学学报》(人文社会科学版)2011 年第 9 期。

金雪军、王义中:《理解人民币汇率的均衡、失调、波动与调整》,《经济研究》2008 年第 1 期。

金雪军、王义中:《人民币汇率升值的路径选择》,《金融研究》2006 年第 11 期。

金中夏、陈浩:《利率平价理论在中国的实现形式》,《金融研究》2012 年第 7 期。

金中夏:《全球流动性管理与中央银行的作用》,《国际经济评论》2011 年第

6 期。

金中夏:《中国资本账户开放与国际收支动态平衡》,《国际经济评论》2013 年第 3 期。

李波等:《国际汇率监督——规则的嬗变》,中国金融出版社 2012 年版。

李稻葵、刘霖林:《人民币国际化:计量研究及政策分析》,《金融研究》2008 年第 11 期。

李稻葵等:《人民币国际化道路设计》,科学出版社 2013 年版。

李健:《金融学》,高等教育出版社 2010 年版。

李若谷:《国际货币体系改革与人民币国际化》,中国金融出版社 2009 年版。

李绍荣、李四光:《中国和东盟人民币贸易结算的经济学分析》,《经济研究》2010 年第 2 期。

李天栋、张卫平、薛斐:《国际美元本位制能继续维系吗?》,《统计研究》2010 年第 8 期。

李扬、张晓晶:《失衡与再平衡:塑造全球治理新框架》,中国社会科学出版社 2013 年版。

李扬:《推动国际货币体系多元化的冷思考》,《上海金融》2009 年第 4 期。

李增新:《人民币国际化是长期过程——专访 IMF 总裁特别助理朱民》,《新世纪周刊》2011 年 2 月 14 日。

林楠:《国际货币体系多元化、美元估值效应与人民币汇率政策》,《金融评论》2013 年第 1 期。

林楠:《开放条件下人民币汇率动态研究》,中国金融出版社 2012 年版。

林楠:《汇率动态与总供求视角下人民币均衡实际汇率》,《金融评论》2013 年第 6 期。

林楠:《货币博弈下人民币实际汇率动态与政策空间研究》,《经济学动态》2013 年第 1 期。

林毅夫:《从西潮到东风》,中信出版社 2012 年版。

刘莉亚、程天笑、关益众、杨金强:《资本管制能够影响国际资本流动吗?》,《经济研究》2013 年第 5 期。

梅新育:《国际收支、汇率与增长的政策选择》,《中国金融》2012 年第 13 期。

裴长洪:《进口贸易结构与经济增长:规律与启示》,《经济研究》2013 年第 7 期。

裴长洪等:《中国金融服务理论前沿(6)》,社会科学文献出版社 2010 年版。

秦朵、何新华：《人民币失衡的测度：指标定义、计算方法及经验分析》，《世界经济》2010年第7期。

沈丹阳：《美国是如何促进服务贸易出口的》，中国商务出版社2013年版。

谭雅玲：《美元之作与人民币之痛的经验教训》，《国际贸易》2013年第9期。

汪涛、胡志鹏、翁晴晶：《变化的国际收支与波动的资本流动》，《银行家》2013年第6期。

王爱俭、林楠：《人民币均衡汇率测算与应用研究》，《金融研究》2013年第7期。

王爱俭、林楠：《虚拟经济与实体经济视角下的人民币汇率研究》，《金融研究》2010年第3期。

王道平、范小云：《现行的国际货币体系是否是全球经济失衡和金融危机的原因》，《世界经济》2011年第1期。

王国刚：《中国货币政策调控工具的操作机理：2001~2010》，《中国社会科学》2012年第4期。

王国刚：《走出"全球经济再平衡"的误区》，《财贸经济》2010年第10期。

王国刚等：《货币政策与价格波动》，中国社会科学出版社2013年版。

王曦、才国伟：《人民币合意升值幅度的一种算法》，《经济研究》2007年第5期。

王义中：《人民币内外均衡汇率：1982~2010年》，《数量经济技术经济研究》2009年第5期。

王元龙：《中国抉择：人民币汇率与国际化战略》，中国金融出版社2012年版。

王泽填、姚洋：《人民币均衡汇率估计》，《金融研究》2008年第12期。

吴晓灵、乔依德：《国际货币体系改革：过去、现在和未来》，上海远东出版社2013年版。

吴信如、潘英丽：《美元汇率与美国国际投资头寸》，《华东师范大学学报》（哲学社会科学版）2011年第6期。

夏斌、陈道富：《中国金融战略：2020》，人民出版社2011年版。

夏斌：《关于当前人民币汇率调整策略的思考》，《中国金融》2007年第15期。

肖立晟、陈思羽：《中国国际投资头寸表失衡与金融调整渠道》，《经济研究》2013年第7期。

肖立晟、何帆、李平：《国际间财富转移会影响人民币实际汇率吗？》，中国社会科学院世界经济与政治研究所国际金融研究中心工作论文，No. 2012W17，2012。

谢平：《汇率和利率市场化》，《中国金融四十人论坛月报》2012年第12期（总第57期）。

徐建炜、杨盼盼：《理解中国的实际汇率：一价定律偏离还是相对价格变动？》，《经济研究》2011年第7期。

徐奇渊、刘力臻：《人民币国际化进程中的汇率变化研究》，中国金融出版社2009年版。

杨长江、皇甫秉超：《人民币实际汇率和人口年龄结构》，《金融研究》2010年第2期。

杨治国、宋小宁：《随机开放经济条件下的均衡汇率》，《世界经济》2009年第9期。

易纲、张帆：《宏观经济学》，中国人民大学出版社2008年版。

易纲：《中国金融改革思考录》，商务印书馆2009年版。

易纲：《抓住机遇、防范风险，以平常心看待企业"走出去"》，北京大学国家发展研究院中国宏观经济中心：《CRMC中国经济观察》第30次季度报告，2012年7月。

余永定：《人民币国际化路线图再思考》，中国社科院国际金融中心讨论稿，2011年9月14日。

余永定、张明：《资本管制和资本项目自由化的国际新动向》，《国际经济评论》2012年第5期。

余永定：《再论人民币国际化》，《国际经济评论》2011年第5期。

元惠萍：《国际货币地位的影响因素分析》，《数量经济技术经济研究》2011年第2期。

张斌：《中国对外金融的政策排序——基于国家对外资产负债表的分析》，《国际经济评论》2011年第2期。

张定胜、成文利：《"嚣张的特权"之理论阐述》，《经济研究》2011年第9期。

张光平：《人民币国际化与产品创新》（第4版），中国金融出版社2013年版。

张礼卿：《国际金融》，高等教育出版社2011年版。

张明：《国际收支改善的原动力》，《中国外汇》2013年第3期。

张明：《人民币国际化的最新进展与争论》，《经济学动态》2011年第12期。

张明：《中国国际收支双顺差：演进前景及政策涵义》，《上海金融》2012年第 6 期。

张屹山、孔灵柱:《基于权力范式的汇率决定研究》,《经济研究》2010 年第 3 期。

张宇燕:《人民币国际化:赞同还是反对?》,《国际经济评论》2010 年第 1 期。

郑红:《国际货币基金组织 CGER 方法介绍及评述》,《国际金融研究》2009 年第 6 期。

中国人民银行金融研究所:《人民币汇率形成机制改革回顾与展望》,中国人民银行官网,2011 年 10 月。

周其仁:《货币的教训——汇率与货币系列评论》,北京大学出版社 2012 年版。

周晴:《三元悖论原则:理论与实证研究》,中国金融出版社 2008 年版。

周小川:《关于改革国际货币体系的思考》,中国人民银行官网,2009 年 3 月 23 日。

周小川:《人民币资本项目可兑换的前景和路径》,《金融研究》2012 年第 1 期。

[加拿大] 蒙代尔:《蒙代尔经济学文集(第六卷)》,向松祚译,中国金融出版社 2003 年版。

[加拿大] 蒙代尔:《蒙代尔经济学文集(第四卷)》,向松祚译,中国金融出版社 2003 年版。

[美] 巴里·埃森格林:《嚣张的特权——美元的兴衰和货币的未来》,陈召强译,中信出版社 2011 年版。

[美] 保罗·克鲁格曼:《汇率的不稳定性》,张兆杰译,北京大学出版社、中国人民大学出版社 2000 年版。

[美] 罗伯特·特里芬:《黄金与美元危机——自由兑换的未来》,陈尚霖、雷达译,商务印书馆 1997 年版。

[美] 罗纳德·麦金农:《失宠的美元本位制:从布雷顿森林体系到中国崛起》,李远芳等译,中国金融出版社 2013 年版。

[美] 麦金农:《麦金农经济学文集第四卷(上册)》,覃东海、郑英译,中国金融出版社 2006 年版。

[美] 麦金农:《美国经常账户赤字与美元本位的可维持性:一个货币方法》,载 [美] 埃里克·赫莱纳、乔纳森·柯什纳:《美元大趋势》,东北财经大学出版社 2012 年版。

[美]詹姆斯·里卡兹:《谁将主导世界货币?》,常世光译,中信出版社 2012年版。

Abdul Abiad, Prakash Kannan, and Jungjin Lee, "Evaluating Historical CGER Assessments: How Well Have They Predicted Subsequent Exchange Rate Movements?", *IMF Working Paper* WP/09/32, 2009.

Agnes Benassy-Quere, "Optimal Pegs for Asian Currencies", Working Papers 1997-14, *CEPII Research Center*.

Aizenman, J., Chinn, M.D. and Ito, H., "Trilemma Configurations in Asia in an Era of Financial Globalization", In (Eds.), Asia and China in the Global Economy, 2010.

Ales Melecky, Martin Melecky, "From Inflation to Exchange Rate Targeting: Estimating the Stabilization Effects for a Small Open Economy", *Economic Systems*, 2010 (34): 450-468.

Ball, L. & Sheridan, N., "Does Inflation Targeting Matter?", *In B. Bernanke & M.Woodford (Eds.), The Inflation-Targeting Debate*, University of Chicago Press, 2005.

Barry Eichengreen, "The Renminbi as an International Currency", *Journal of Policy Modeling*, 2011 (33): 723-730.

Benjamin Carton, "The Impossible Trinity Revised: An Application to China", CEPII, Working Paper No. 2011-27.

Borio, C., Disyatat, P., Global Imbalances and the Financial Crisis: Link or No Link? BIS Working Papers No. 346, May. Revised and Extended Version of "lobal Imbalances and the Financial Crisis: Reassessing the Role of International Finance", *Asian Economic Policy Review*, Vol. 5, 2011: 198-216.

Chen Y-C, Tsang BKP, "What does the Yield Curve Tell Us about Exchange Rate Predictability?", *Mimeo*, 2011.

Chen, Xiaoli, and Yin-Wong Cheung, "Renminbi Going Global", *China and the World Economy*, 2011, 19, No.2: 1-18.

Cheung, Yin-Wong, Menzie D. Chinn and Eiji Fujii, "Measuring Renminbi Misalignment: Where Do We Stand?", *Korea and the World Economy*, 2010, 11: 263-296.

Cheung, Y-W and H. Ito, "Cross-sectional Analysis on the Determinants of International Reserves Accumulation", Mimeo, *University of California*, Santa Cruz, 2007.

Chris Kubelec and Filipa Sá, "The Geographical Composition of National External Balance Sheets: 1980-2005", Bank of England Working Paper No. 384, 2010.

Cline, William R. and John Williamson, "Notes on Equilibrium Exchange Rates: January 2010", *Policy Brief PB*10-2 (Washington, DC: Peterson Institute for International Economics, January), 2010.

Dunaway, Steven, LAmin Leigh and Xiangming Li, "How Robust are Estimates of Equilibrium Real Exchange Rates: The Case of China", *Pacific Economic Review*, 2009, 14 (3): 361-375.

E. Papaioannou et al., Optimal Currency Shares in International Reserves: The Impact of the Euro and the Prospects for the Dollar, J. Japanese Int. Economies, 2006.

Eichengreen, Barry, *Exorbitant Privilege: The Rise and Fall of the Dollar and the Future of the International Monetary System*, New York: Oxford University Press, 2011.

Eiichi Sekine, "Yuan-denominated Trade Settlement and the Internationalization of China's Currency", *Nomura Journal of Capital Markets*, Spring 2010, Vol.2, No.1.

Frankel, Jeffrey A., and Andrew Rose, "Currency Crashes in Emerging Markets: An Empirical Treatment", *Journal of International Economics*, 1996, 41 (3-4): 351-366.

Garcia, Carlos, Jorge Restrepo, and Scott Roger, "How Much Should Inflation Targeters Care about the Exchange Rate?", *Journal of International Money and Finance*, Vol. 30, 2011: 1590-1617.

Ghosh, A., M. Chamon, C. Crowe, J. Kim, and J. Ostry, "Coping with the Crisis: Policy Options for Emerging Market Countries", *IMF Staff Position Note* SPN/09/08, 2009.

Gino Cenedese, Thomas Stolper, "Currency Fair Value Models", in *Jessica James*, Ian W. Marsh, Lucio Sarno, editors, *Handbook of Exchange*

Rates, Chapter 11, 313–342 (John Wiley & Sons, Inc. 2012).

Goldberg, Linda, & Cedric Tille, Macroeconomic Interdependence and the International Role of the Dollar, NBER Working Paper 13820 (February), Cambridge, MA: *National Bureau of Economic Research*, 2008.

Goldberg, Linda, "Currency Invoicing of International Trade", In Jean Pisani-Ferry and Adam S. Posen (Eds.), *The Euro at Ten: The Next Global Currency?* July, pp. ISBN Paper 978-0-88132-430-3.

Guonan Ma, Robert N. McCauley, "The Evolving Renminbi Regime and Implications for Asian Currency Stability", *Journal of The Japanese and International Economics*, 2011, 25: 23–38.

IMF, "Methodology for CGER Exchange Rate Assessments" (*Washington: International Monetary Fund*, 2006).

IMF, "People's Republic of China: Staff Report for the 2011 Article IV Consultation", *Country Report No.* 11/193, 2011.

International Monetary Fund, The Fund's Mandate –Future Financing Role, 2010 (http://www.imf.org/external/np/pp/eng/2010/032510a.pdf).

International Monetary Fund, "Review of the Method of Valuation of the SDR", October 26, 2010.

Jeffrey A. Frankel, "New Estimation of China's Exchange Rate Regime", Pacific Economic Review (Wiley), special issue, "China's Impact on the Global Economy", edited by Menzie Chinn, 2009.

Jeffrey Frankel, "The Latest on the Dollar's International Currency Status", Vox, 6 December 2013, http://www.voxeu.org/article/dollar-s-international-status.

Jeong and Mazier, "Exchange Rate Regimes and Equilibrium Exchange Rates in East Asia", *Revue Economique*, Vol. 154, No. 15, 2003: 1161–1182.

Jonathan D. Ostry, Atish R. Ghosh, and Marcos Chamon, "Two Targets, Two Instruments: Monetary and Exchange Rate Policies in Emerging Market Economies", *IMF Staff Discussion Note*, SDN/12/01, 2012.

Juthathip Jongwanich, "Equilibrium Real Exchange Rate, Msialignment, and Export Performance in Developing Asia", ADB Economics Working Paper Series No.151, 2009.

Kazuko Shirono, "Yen Bloc or Yuan Bloc: An Analysis of Currency Arrangements in East Asia", *IMF Working Paper* WP/09/3, 2009.

Keynes, J.M., The Future of the Foreign Exchange, Lloyels Bank Limited: Monthly Review 6, Oct. 1935.

Kuo-chun Yeh, "Renminbi in the Future International Monetary System", *International Review of Economics and Finance*, 2012 (21): 106-114.

Li, David Daokui and Linlin Liu, "RMB Internationalization: An Empirical Analysis", *Presentation at Hong Kong Institute for Monetary Research Conference: Currency Internationalization: International Experiences and Implications for the Renminbi*, 15-16 October, 2007, Hong Kong.

Marcel Fratzscher and Arnaud Mehl, "China's Dominance Hypothesis and the Emergence of a Tri-polar Global Currency System", *European Central Bank Working Paper Series*, No. 1392 / October 2011.

Michael P. Dooley, David Folkerts-Landau, and Peter M. Garber, "Interest Rates, Exchange Rates and International Adjustment", *NBER Working Paper* No. 11771, November 2005.

Mundell, R. A., "The Monetary Dynamics of International Adjustment under Fixed and Flexible Exchange Rates", *The Quarterly Journal of Economics*, 1960, 74 (2): 227-257.

Obstfeld, M., Shambaugh, J. C. and Taylor, A. M., "Financial Instability, Reserves, and Central Bank Swap Lines in the Panic of 2008", *American Economic Review*, 2009, 92 (2): 480-486.

Obstfeld, M., "Financial Flows, Financial Crises, and Global Imbalances", *Journal of International Money and Finance*, 2011 (10): 3.

Obstfeld, Maurice, Jay C. Shambaugh and Alan M. Taylor, "Financial Stability, the Trilemma, and International Reserves", *American Economic Journal: Macroeconomics*, Volume 2, Issue 2, April 2010.

Ostry, Jonathan D., Atish Ghosh, Karl Habermeier, Marcos Chamon, Mahvash S. Qureshi, and Dennis B.S. Reinhardt, "Capital Inflows: The Role of Controls", *IMF Staff Position* Note 10/04 (Washington: International Monetary Fund), 2010.

Qureshi, M. S., Ostry, J. D., Ghosh, A. R., & Chamon, M., "Managing

Capital Inflows: The Role of Capital Controls and Prudential Policies", NBER Working Papers 17363, National Bureau of Economic Research, Inc., 2011.

Radelet, Steven, and Jeffrey Sachs, "The East Asian Financial Crisis: Diagnosis, Remedies, and Prospects", Brookings Papers on Economic Activities, 1998, 1: 1-74.

Ricardo J. Caballero & Emmanuel Farhi, "A Model of the Safe Asset Mechanism (SAM): Safety Traps and Economic Policy", NBER Working Papers 18737, National Bureau of Economic Research, Inc., 2013.

Rodrik, Dani and Andres Velasco, "Short-term Capital Flows", Annual Bank Conference on Economic Development, Washington: World Bank, 1999.

Rose, A. K., "A Stable International Monetary System Emerges: Inflation Targeting is Bretton woods, Reversed", *Journal of International Money and Finance*, 2007, 26 (5): 663-681.

Rudrani Bhattacharya, Ila Patnaik and Ajay Shah, "Monetary Policy Transmission in an Emerging Market Setting", Working Paper 2011-78, January 2011, NIPFP-DEA Research Program on Capital Flows and their Consequences, National Institute of Public Finance and Policy, New Delhi, 2011.

Stolper, T., Stupnitzka A., Meechan M., "GSDEER-Re-estimation and Test-based Adjustment", *Goldman Sachs: The Foreign Exchange Market*, 2009.

Victor Pontines and Reza Y. Siregar, "Exchange Rate Asymmetry and Flexible Exchange Rates under Inflation Targeting Regimes: Evidence from Four East and Southeast Asian Countries", August 2010, Mimeo.

Y. Li, Matsui, A., "A Theory of International Currency: Competition and Discipline", *Journal of the Japanese and International Economics*, 2009, Vol. 23: 407-426.

索 引

A

安全资产 10,43,47,55,66,69,150

B

巴拉萨—萨缪尔森效应 64,89,119,140,166
本外币政策协调 82,139,140,141,143,145,147,149,150,151,152,153,155,157,158,159,160,161
博弈 8,9,21,23,28,54,59,71,73,74,75,77,78,79,80,81,83,84,85,87,89,91,93,95,108,109,116,177
布雷顿森林体系 2,3,4,7,8,22,31,42,52,53,54,55,57,58,59,80,105,108,180

C

储备货币选择 28,56

D

DSGE 16,59,60,102,176
大趋同 43,54
对内贬值对外升值 86,88

F

风险溢价 14,66,68,69,74,90,103,104,105,140,142,144,145,150,151,152,153,154,158,160
浮动汇率 5,6,7,8,9,24,31,33,52,54,55,56,57,59,71,72,78,85,95,112,120,163,166,171,174,176

G

购买力平价 59,63,64,87,89,90,121,125,126,141,142,152
国际货币体系多元化 5,11,27,49,51,53,55,56,57,61,63,65,67,69,71,73,75,77,79,81,83,85,87,89,91,92,93,177
国际流动性 1,5,27,29,30,31,33,35,37,39,41,42,43,44,

45，47，51，55

H

汇率失调　40，79，92，94，120，135，136，139，140，150，151，157，158，159，168

汇率体制　27，29，30，31，33，35，37，39，41，43，45，47，111，113

L

利率平价　56，59，90，125，126，128，142，144，176

M

美元陷阱　9，24，71，77，79，82，116，164，165，170，171

蒙代尔—弗莱明模型　57，85

N

内外均衡　8，13，57，63，64，88，89，90，98，122，148，168，178

Q

全球失衡　1，2，6，9，10，21，23，27，55，69，175

S

三元悖论　9，49，50，51，52，56，180

T

特里芬难题　4，10，41，42，43，69

W

微观基础　59，60，116，122，137，172

X

嚣张的特权　1，3，4，55，78，79，179，180

Y

一价定律　121，124，179

Z

资本项目可兑换　18，24，44，97，100，101，161，163，165，166，170，176，180

后　记

本书是我在中国社会科学院金融研究所博士后研究工作报告的基础上，结合参与的国家社科基金重大项目（11&ZD017）相关研究，进一步完善而成，也是我主持的国家自然科学基金青年项目"人民币国际化'三元相平衡'下汇率动态与货币能值测控研究"（项目编号：71203152）的成果之一。在本书的写作和出版过程中，得到了很多专家学者和老师的指导和帮助，在此向他们表示衷心的感谢！

在国际金融领域的研究中，我非常有幸得到了多位恩师的悉心点拨与指导。在发现问题、解决问题、应对新问题的研究过程中，初步体现了问题导向原则。感谢我的博士后合作导师中国社会科学院金融研究所所长王国刚研究员，是王国刚老师引领我进入了国际货币体系的研究领域，并在研究和工作中指点迷津，给予我极大的鼓励、支持和帮助。恩师宽容博爱和严谨务实的治学之风，让我受益良多，进步很快。在此，谨向恩师王国刚老师致以最由衷的感谢！感谢我的硕士和博士导师天津财经大学副校长王爱俭教授，是王爱俭老师带领我步入了国际金融汇率的研究殿堂，并在言传身教中指引我不断提升。在此，谨向恩师王爱俭教授表示最深切的谢意！

研究工作是充满挑战的，还好在自己遇到困难或是倦怠之时，总能得到家人、同事和朋友的鼓励和帮助。特别是要深深感谢父母多年来对我学习和工作的默默支持，父母的养育之恩、爱人的牵挂和鼓励是我不断前行的永恒动力。感谢中国社会科学院金融研究所各位同事在工作和生活中的关心、指导和帮助。我将继续努力，争取更大的进步！

最后，还要感谢中国社会科学院及人力资源和社会保障部共同设立的《中国社会科学博士后文库》，感谢经济管理出版社各位同人的辛勤工作。

感谢参与的国家社科基金重大项目、主持的国家自然科学基金青年项目对本研究的大力支持。

林　楠
2013 年 12 月 25 日
于洪湖雅园寓所